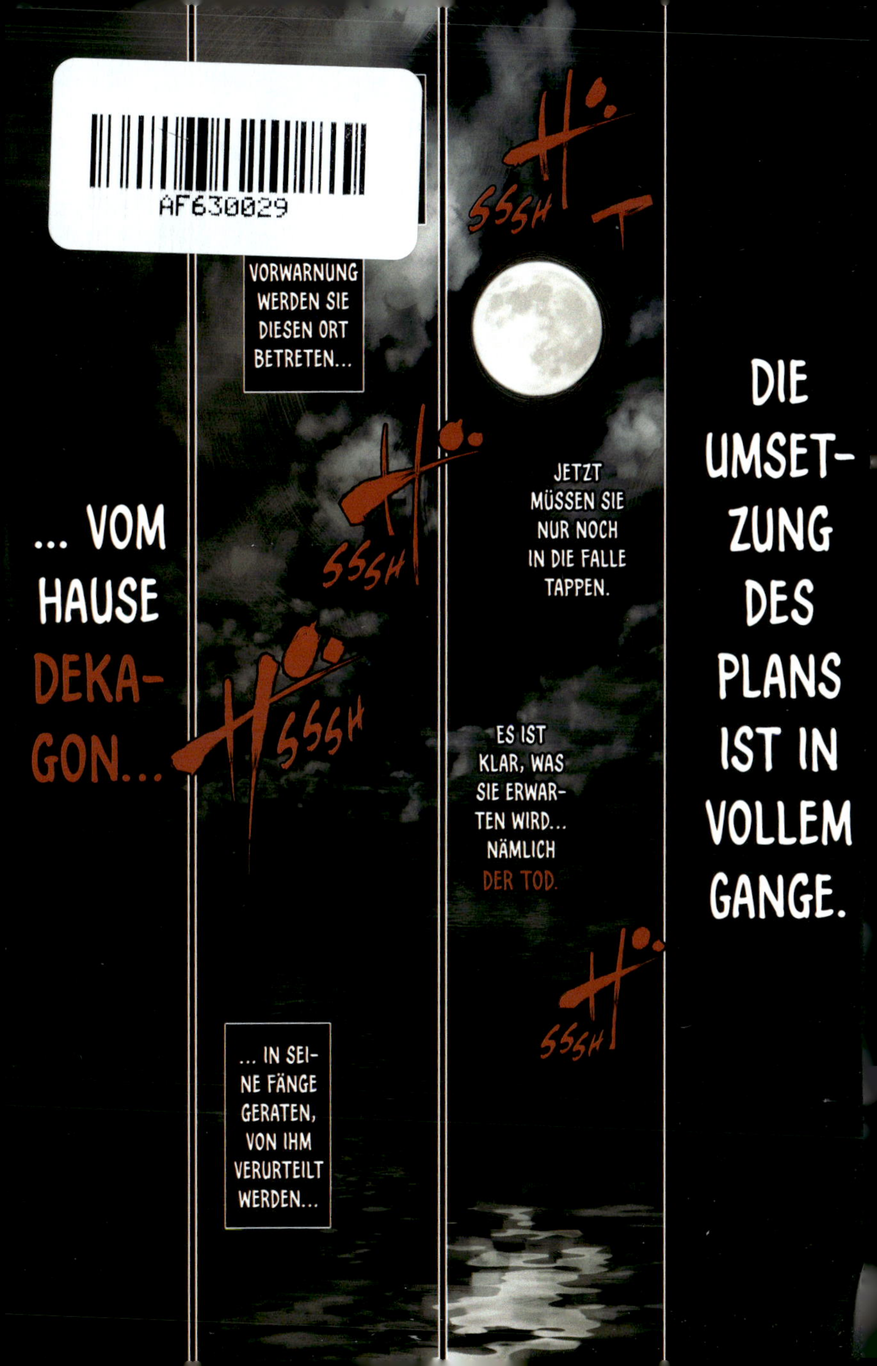
DIE UMSET-
ZUNG DES PLANS IST IN VOLLEM GANGE.
JETZT MÜSSEN SIE NUR NOCH IN DIE FALLE TAPPEN.
ES IST KLAR, WAS SIE ERWARTEN WIRD... NÄMLICH DER TOD.
SSSH
VORWARNUNG WERDEN SIE DIESEN ORT BETRETEN...
... IN SEINE FÄNGE GERATEN, VON IHM VERURTEILT WERDEN...
SSSH
... VOM HAUSE DEKAGON...

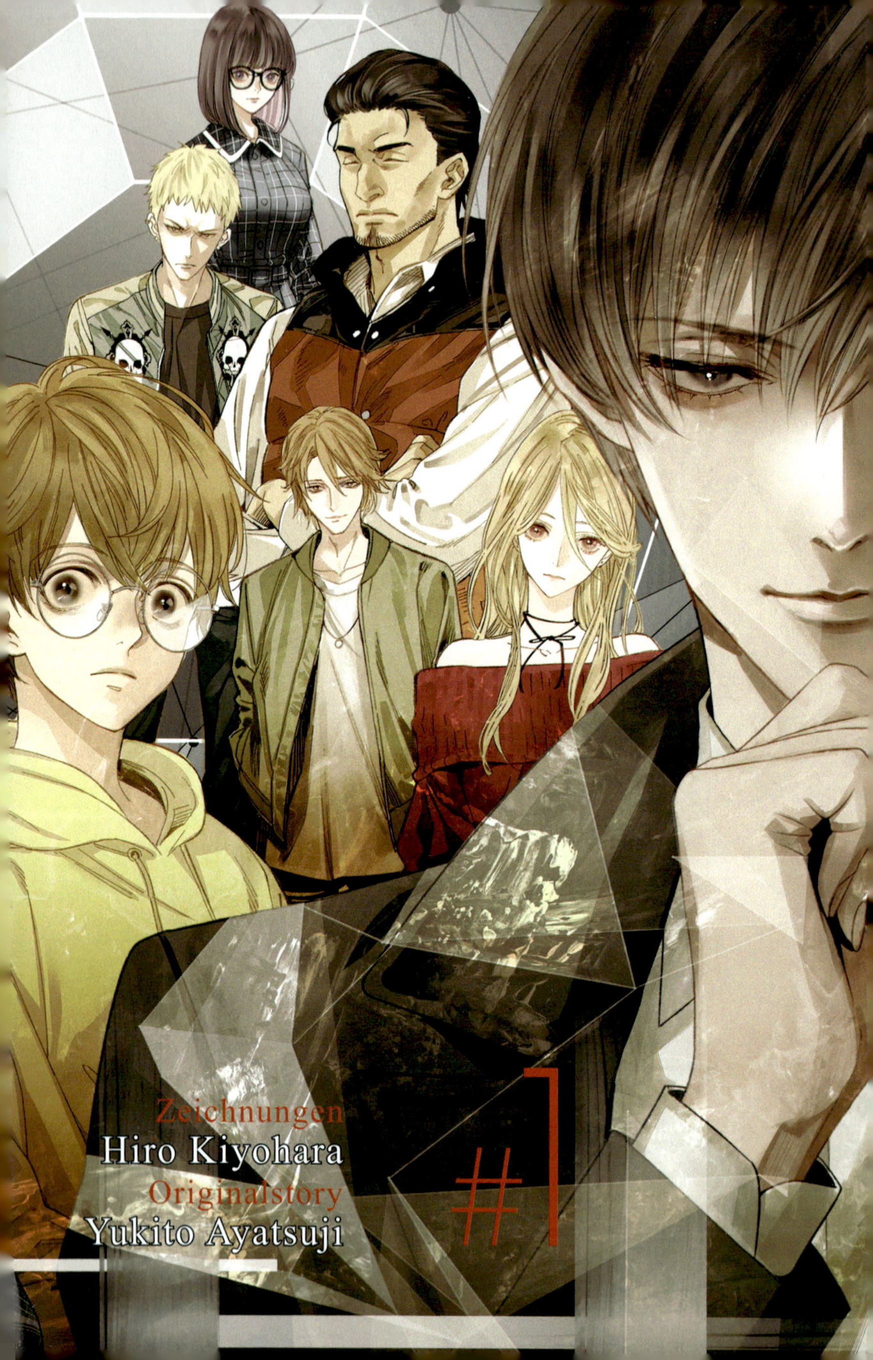
Zeichnungen
Hiro Kiyohara
Originalstory
Yukito Ayatsuji
#1

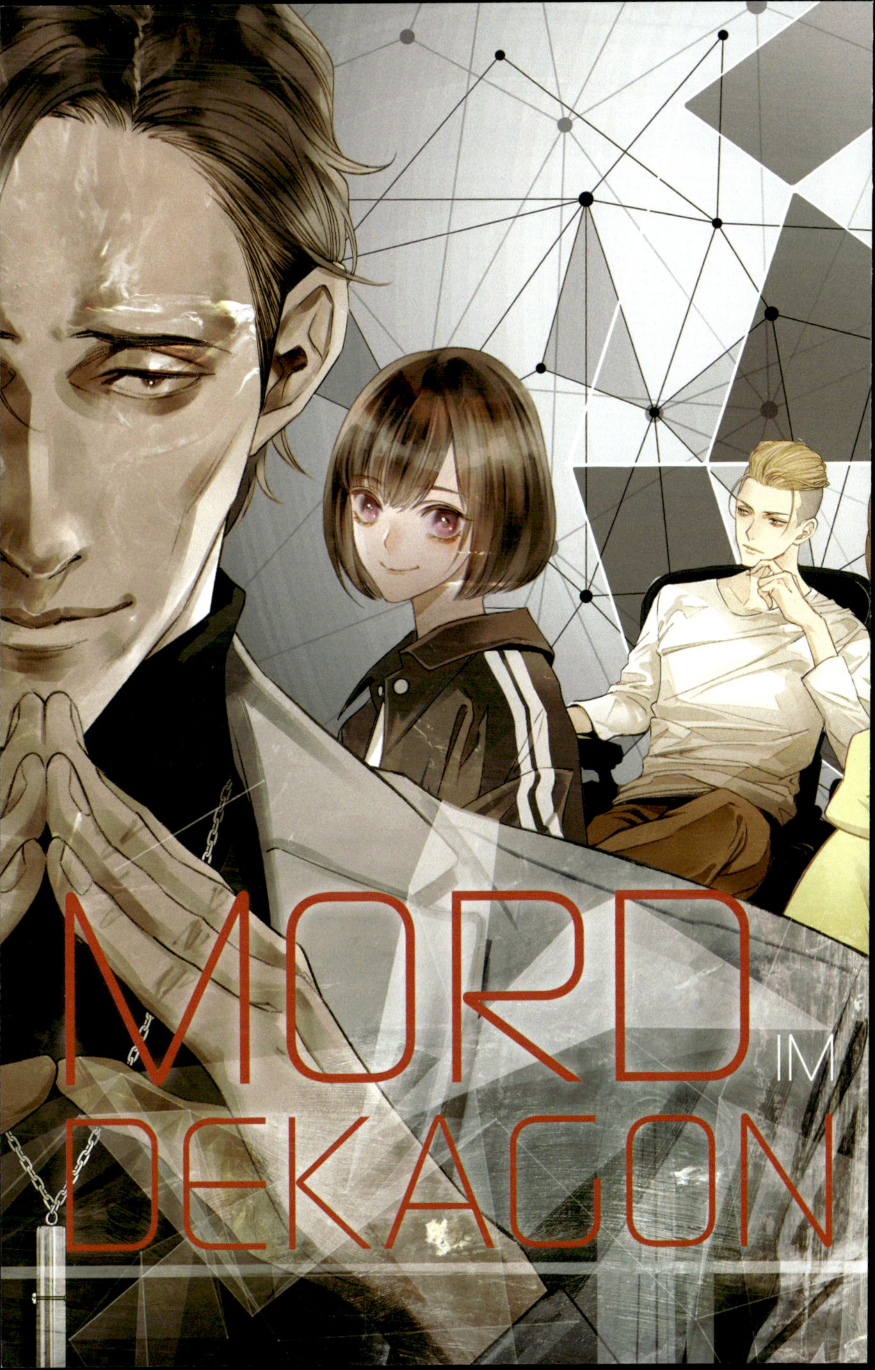
MORD
IM
DEKAGON

21. März 2018

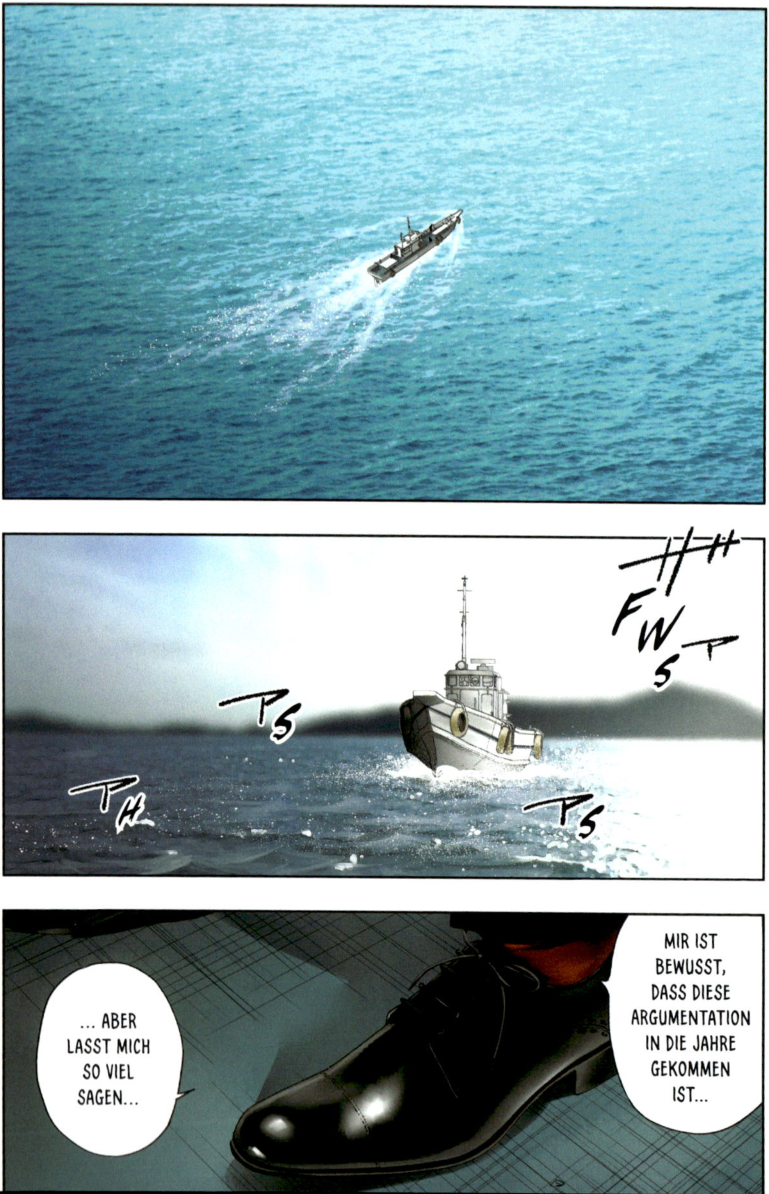
MIR IST BEWUSST, DASS DIESE ARGUMENTATION IN DIE JAHRE GEKOMMEN IST...
... ABER LASST MICH SO VIEL SAGEN...

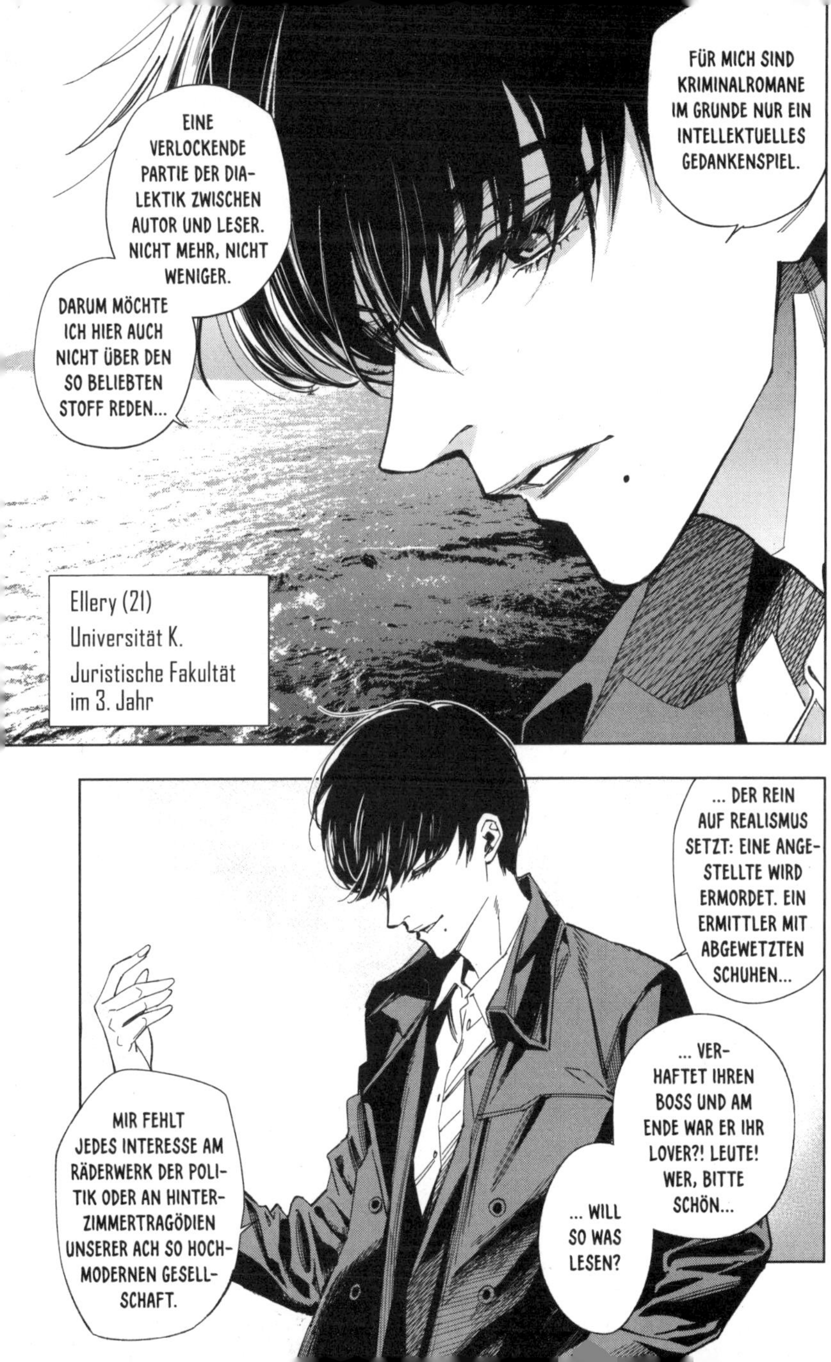
FÜR MICH SIND KRIMINALROMANE IM GRUNDE NUR EIN INTELLEKTUELLES GEDANKENSPIEL.
EINE VERLOCKENDE PARTIE DER DIALEKTIK ZWISCHEN AUTOR UND LESER. NICHT MEHR, NICHT WENIGER.
DARUM MÖCHTE ICH HIER AUCH NICHT ÜBER DEN SO BELIEBTEN STOFF REDEN...
Ellery (21) Universität K. Juristische Fakultät im 3. Jahr
... DER REIN AUF REALISMUS SETZT: EINE ANGESTELLTE WIRD ERMORDET. EIN ERMITTLER MIT ABGEWETZTEN SCHUHEN...
... VERHAFTET IHREN BOSS UND AM ENDE WAR ER IHR LOVER?! LEUTE! WER, BITTE SCHÖN...
... WILL SO WAS LESEN?
MIR FEHLT JEDES INTERESSE AM RÄDERWERK DER POLITIK ODER AN HINTERZIMMERTRAGÖDIEN UNSERER ACH SO HOCHMODERNEN GESELLSCHAFT.

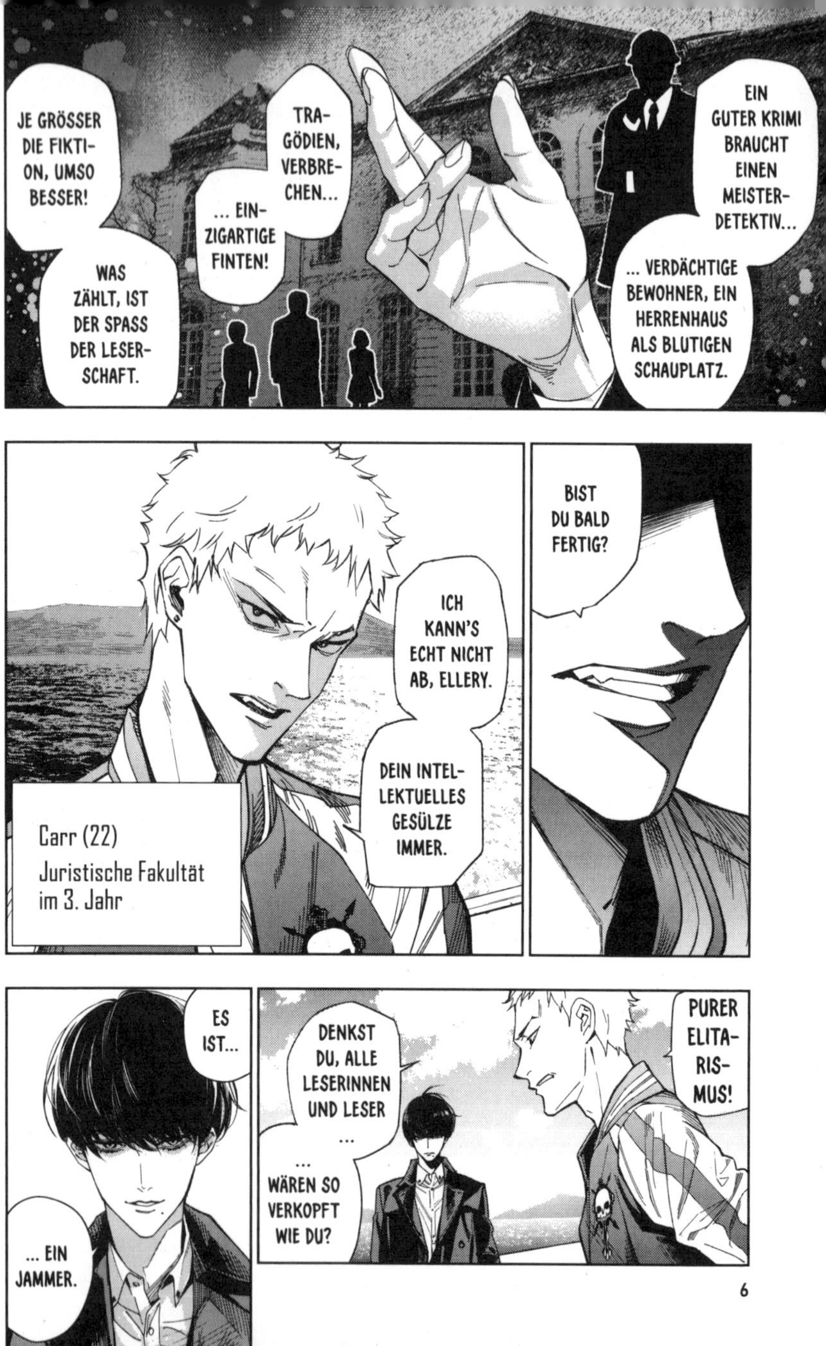
EIN GUTER KRIMI BRAUCHT EINEN MEISTERDETEKTIV...
... VERDÄCHTIGE BEWOHNER, EIN HERRENHAUS ALS BLUTIGEN SCHAUPLATZ.
TRAGÖDIEN, VERBRECHEN...
... EINZIGARTIGE FINTEN!
JE GRÖSSER DIE FIKTION, UMSO BESSER!
WAS ZÄHLT, IST DER SPASS DER LESERSCHAFT.
BIST DU BALD FERTIG?
ICH KANN'S ECHT NICHT AB, ELLERY.
DEIN INTELLEKTUELLES GESÜLZE IMMER.
Carr (22)
Juristische Fakultät im 3. Jahr
PURER ELITARISMUS!
DENKST DU, ALLE LESERINNEN UND LESER ...
... WÄREN SO VERKOPFT WIE DU?
ES IST...
... EIN JAMMER.

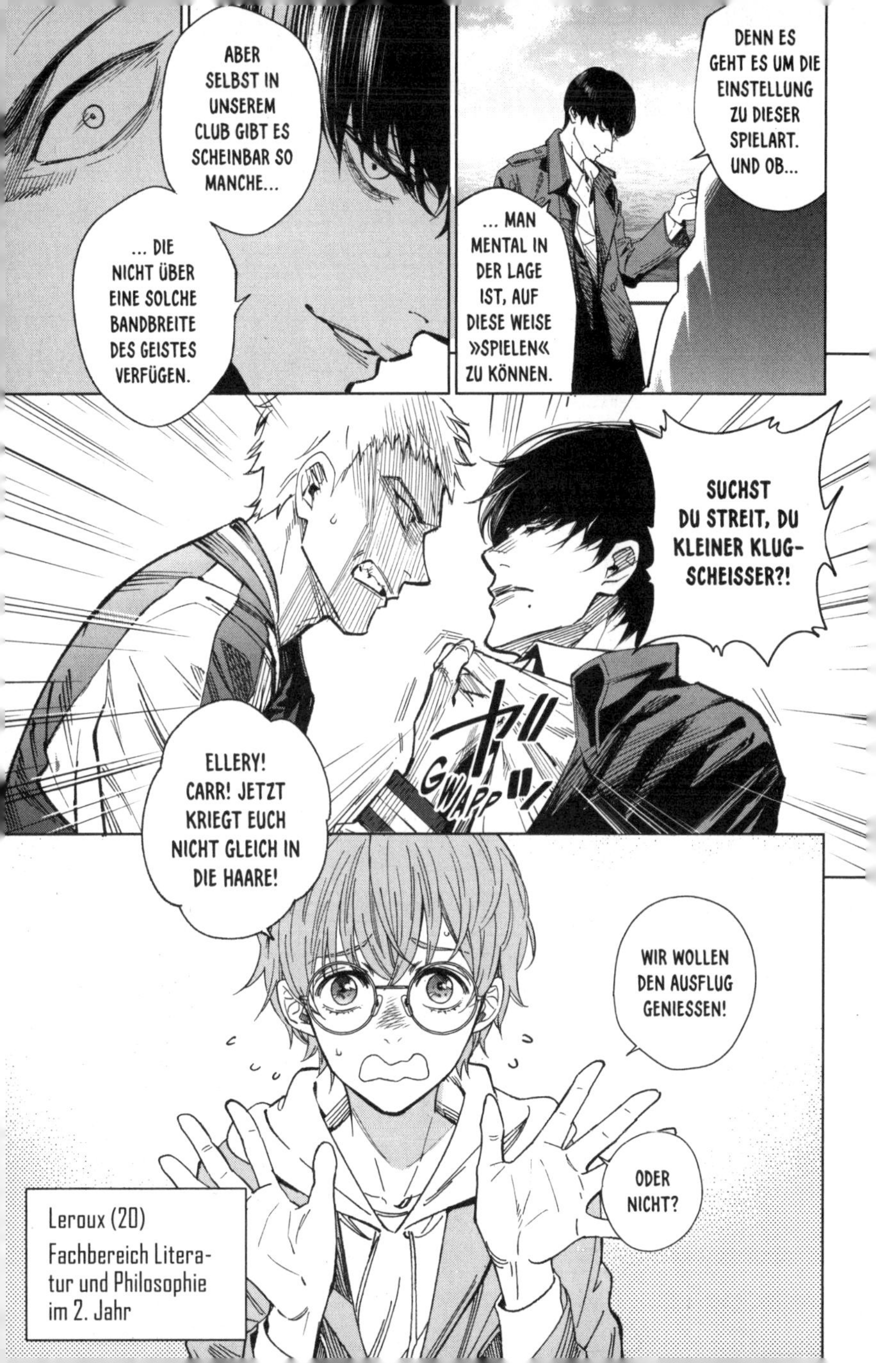
DENN ES GEHT ES UM DIE EINSTELLUNG ZU DIESER SPIELART. UND OB...
... MAN MENTAL IN DER LAGE IST, AUF DIESE WEISE »SPIELEN« ZU KÖNNEN.
ABER SELBST IN UNSEREM CLUB GIBT ES SCHEINBAR SO MANCHE...
... DIE NICHT ÜBER EINE SOLCHE BANDBREITE DES GEISTES VERFÜGEN.
SUCHST DU STREIT, DU KLEINER KLUG-SCHEISSER?!
GWAPP
ELLERY! CARR! JETZT KRIEGT EUCH NICHT GLEICH IN DIE HAARE!
WIR WOLLEN DEN AUSFLUG GENIESSEN!
ODER NICHT?
Leroux (20)
Fachbereich Literatur und Philosophie im 2. Jahr

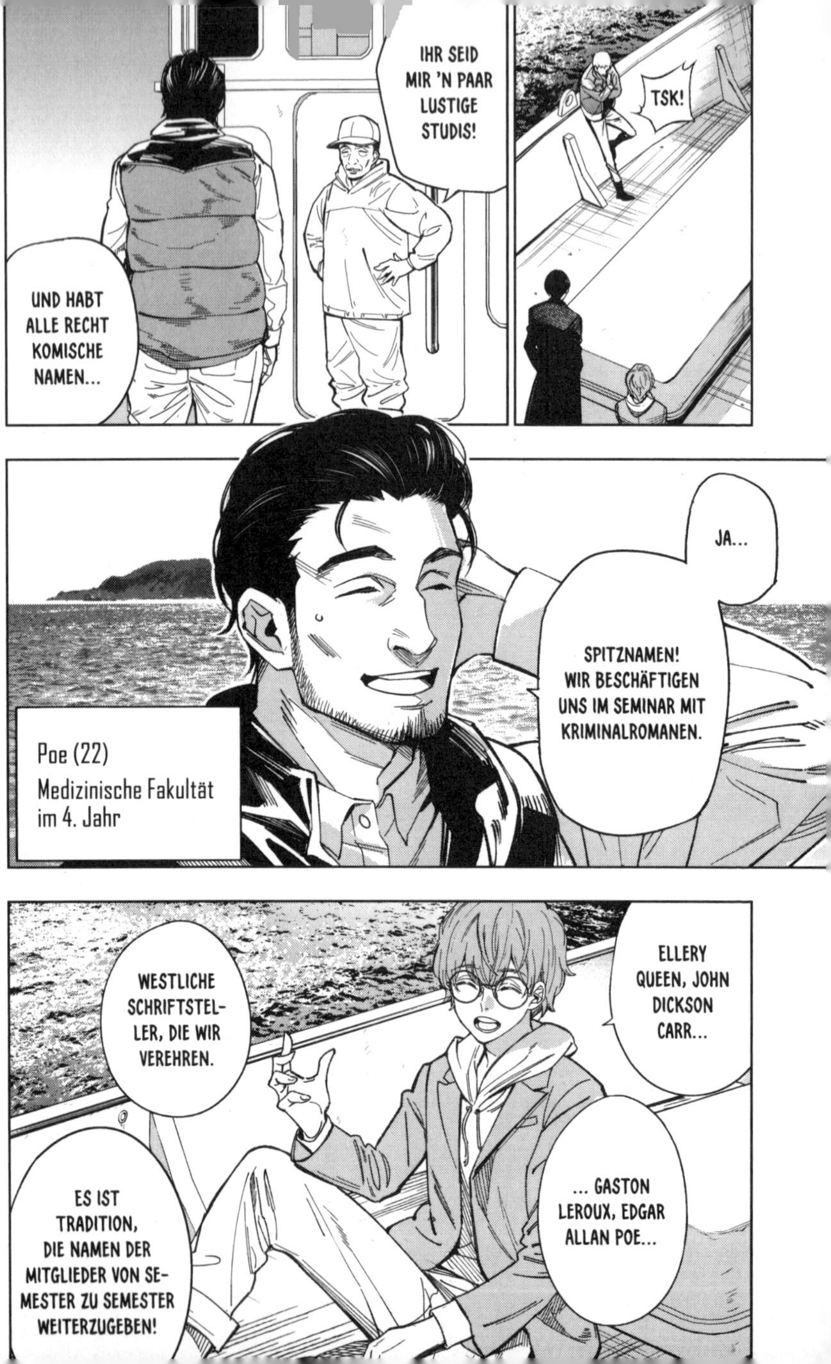
IHR SEID MIR 'N PAAR LUSTIGE STUDIS!
UND HABT ALLE RECHT KOMISCHE NAMEN...
TSK!
JA...
SPITZNAMEN! WIR BESCHÄFTIGEN UNS IM SEMINAR MIT KRIMINALROMANEN.
Poe (22)
Medizinische Fakultät im 4. Jahr
WESTLICHE SCHRIFTSTEL-LER, DIE WIR VEREHREN.
ELLERY QUEEN, JOHN DICKSON CARR...
... GASTON LEROUX, EDGAR ALLAN POE...
ES IST TRADITION, DIE NAMEN DER MITGLIEDER VON SE-MESTER ZU SEMESTER WEITERZUGEBEN!

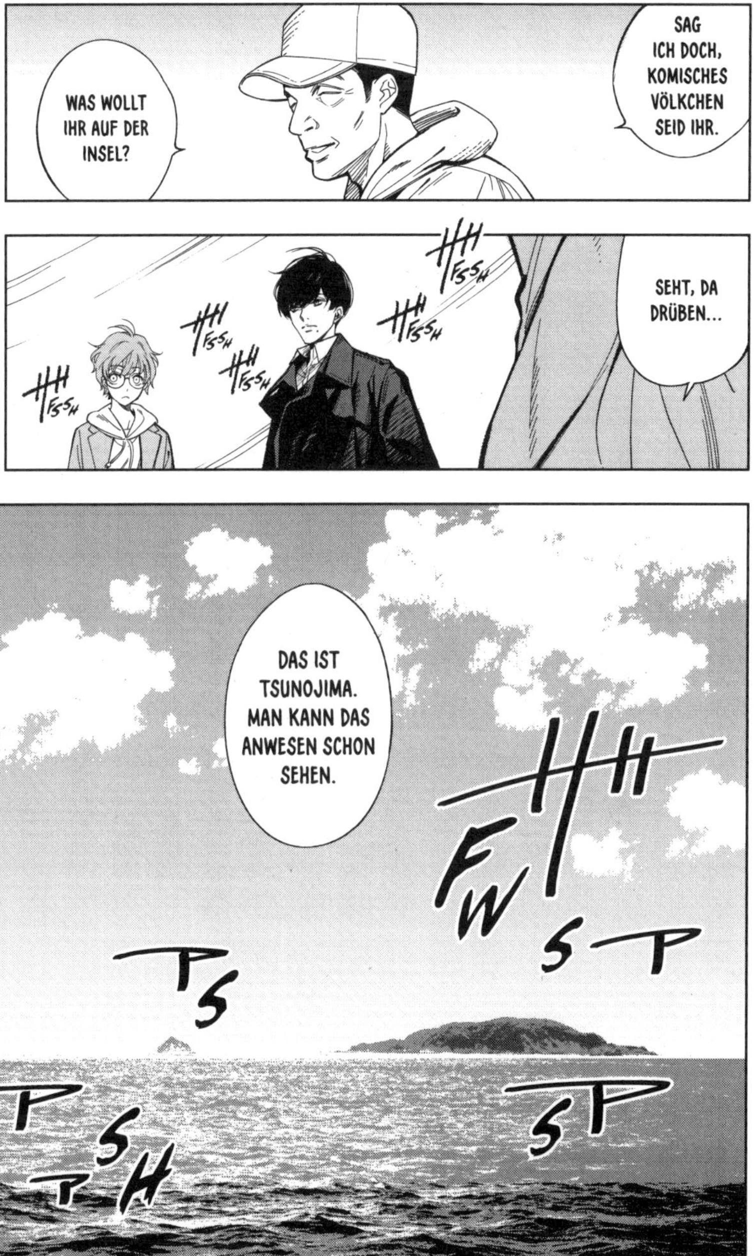
SAG ICH DOCH, KOMISCHES VÖLKCHEN SEID IHR.
WAS WOLLT IHR AUF DER INSEL?
SEHT, DA DRÜBEN…
FSSH
FSSH
FSSH
FSSH
FSSH
DAS IST TSUNOJIMA. MAN KANN DAS ANWESEN SCHON SEHEN.

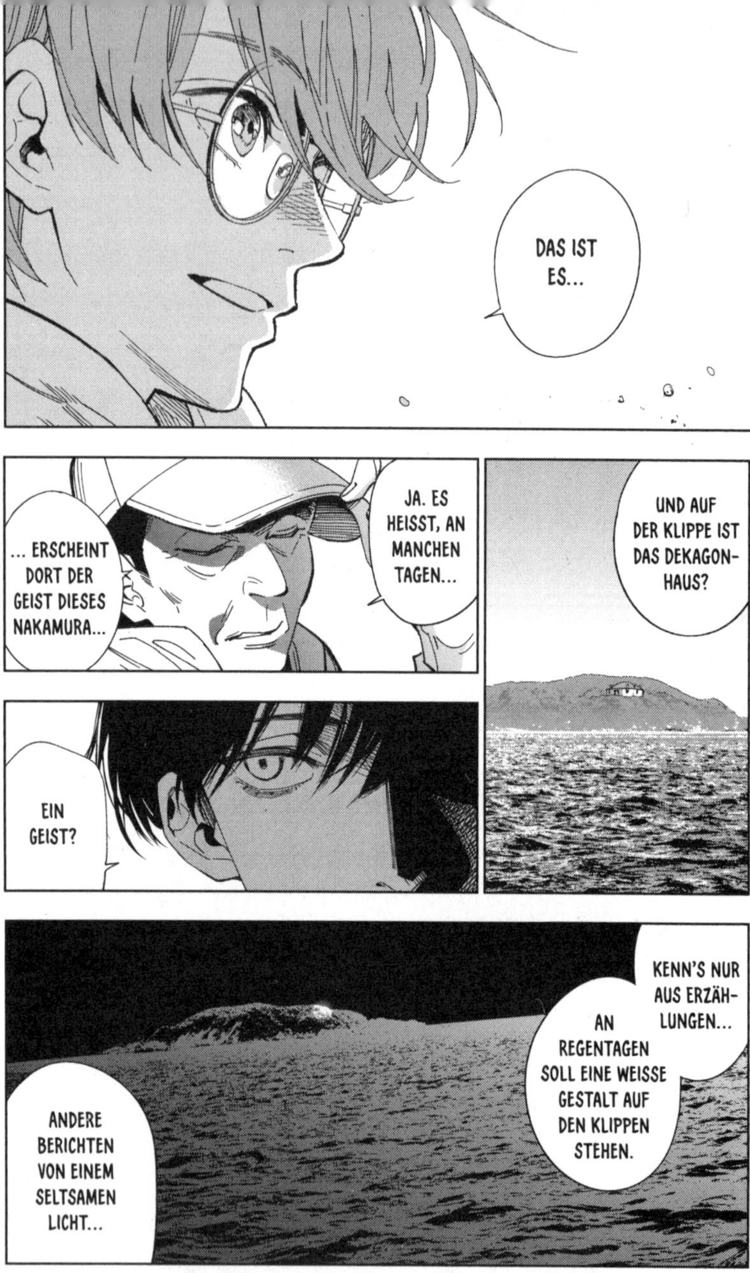
DAS IST ES...
UND AUF DER KLIPPE IST DAS DEKAGON-HAUS?
JA. ES HEISST, AN MANCHEN TAGEN...
... ERSCHEINT DORT DER GEIST DIESES NAKAMURA...
EIN GEIST?
KENN'S NUR AUS ERZÄHLUNGEN...
AN REGENTAGEN SOLL EINE WEISSE GESTALT AUF DEN KLIPPEN STEHEN.
ANDERE BERICHTEN VON EINEM SELTSAMEN LICHT...

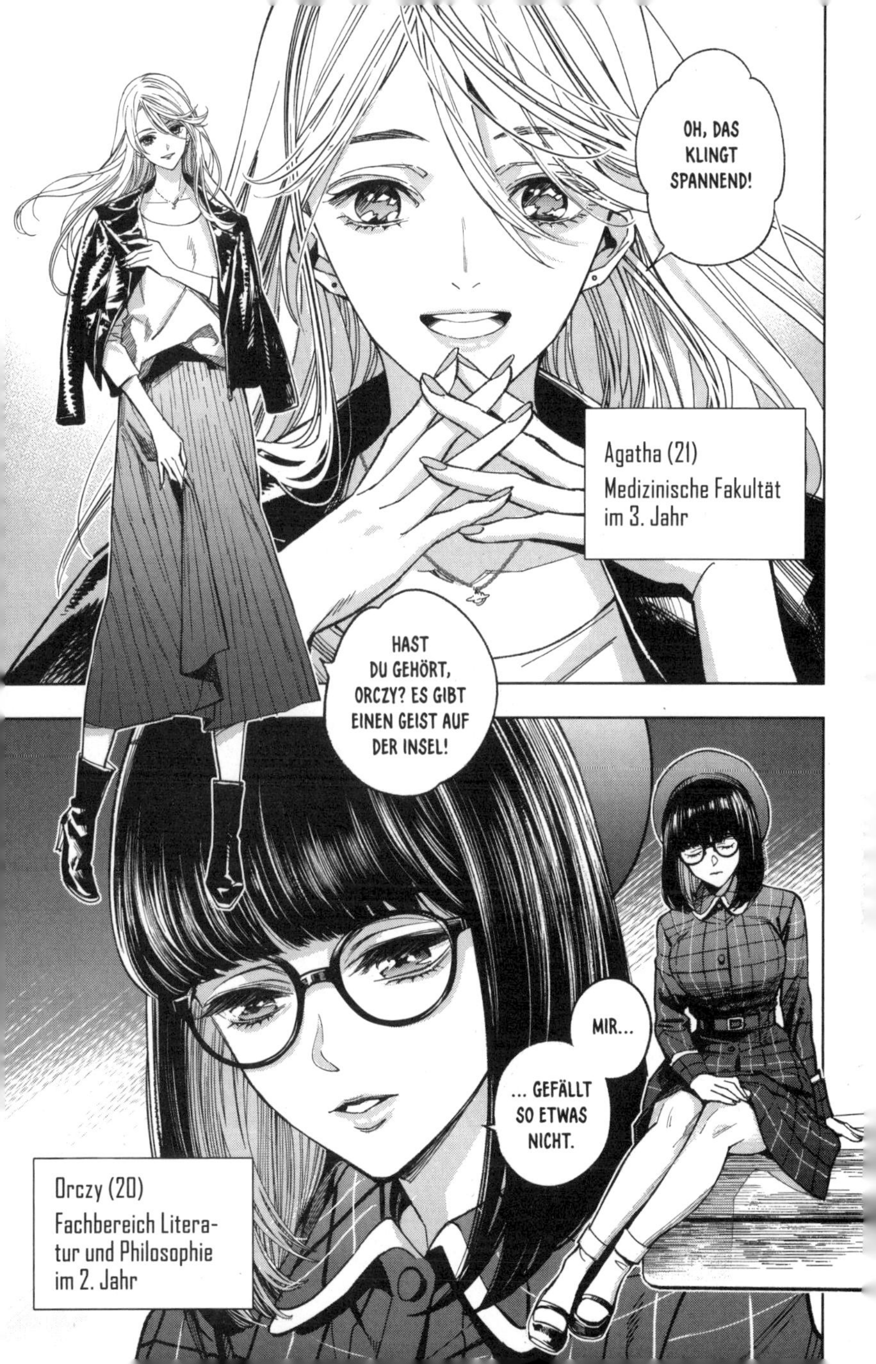
OH, DAS KLINGT SPANNEND!
Agatha (21) Medizinische Fakultät im 3. Jahr
HAST DU GEHÖRT, ORCZY? ES GIBT EINEN GEIST AUF DER INSEL!
MIR...
... GEFÄLLT SO ETWAS NICHT.
Orczy (20) Fachbereich Literatur und Philosophie im 2. Jahr

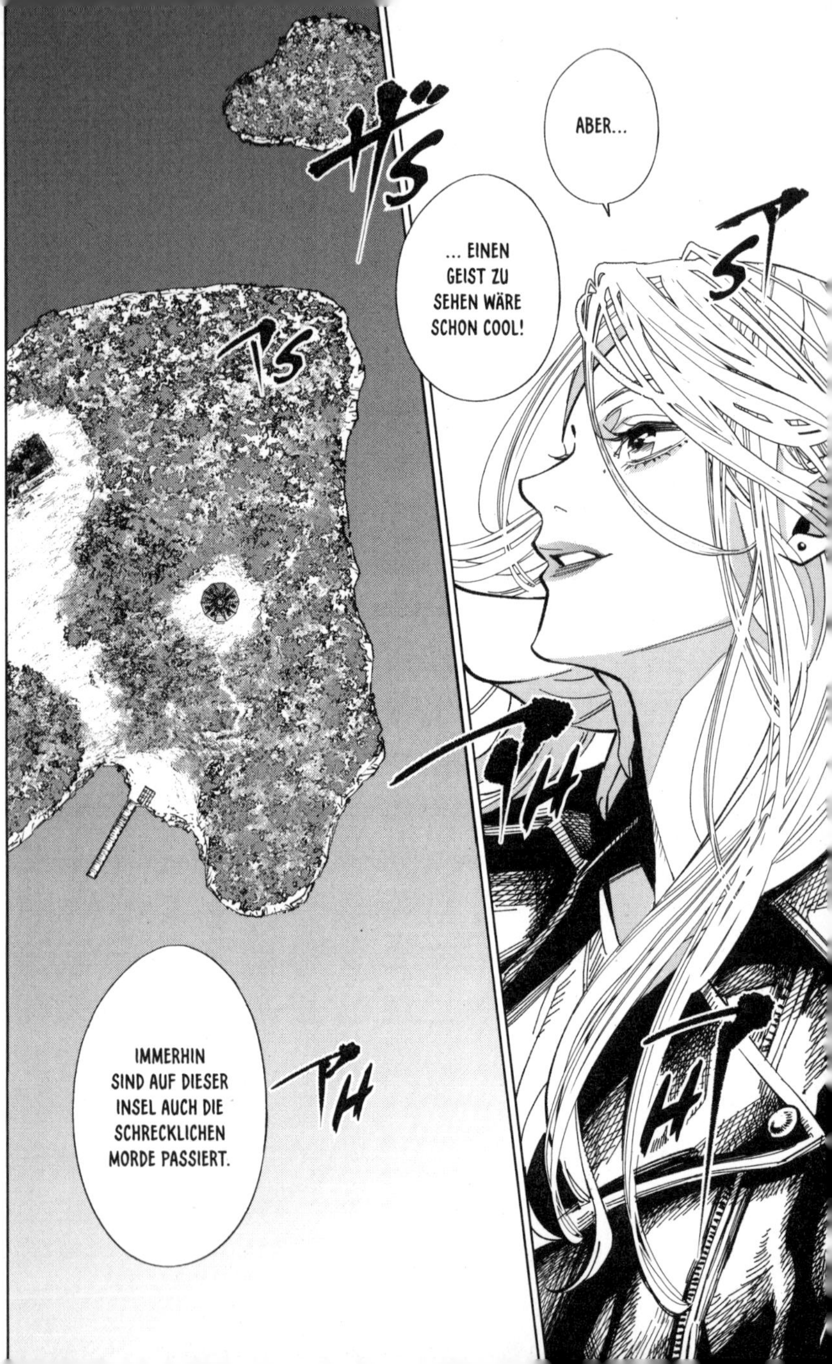
ABER...
... EINEN GEIST ZU SEHEN WÄRE SCHON COOL!
IMMERHIN SIND AUF DIESER INSEL AUCH DIE SCHRECKLICHEN MORDE PASSIERT.

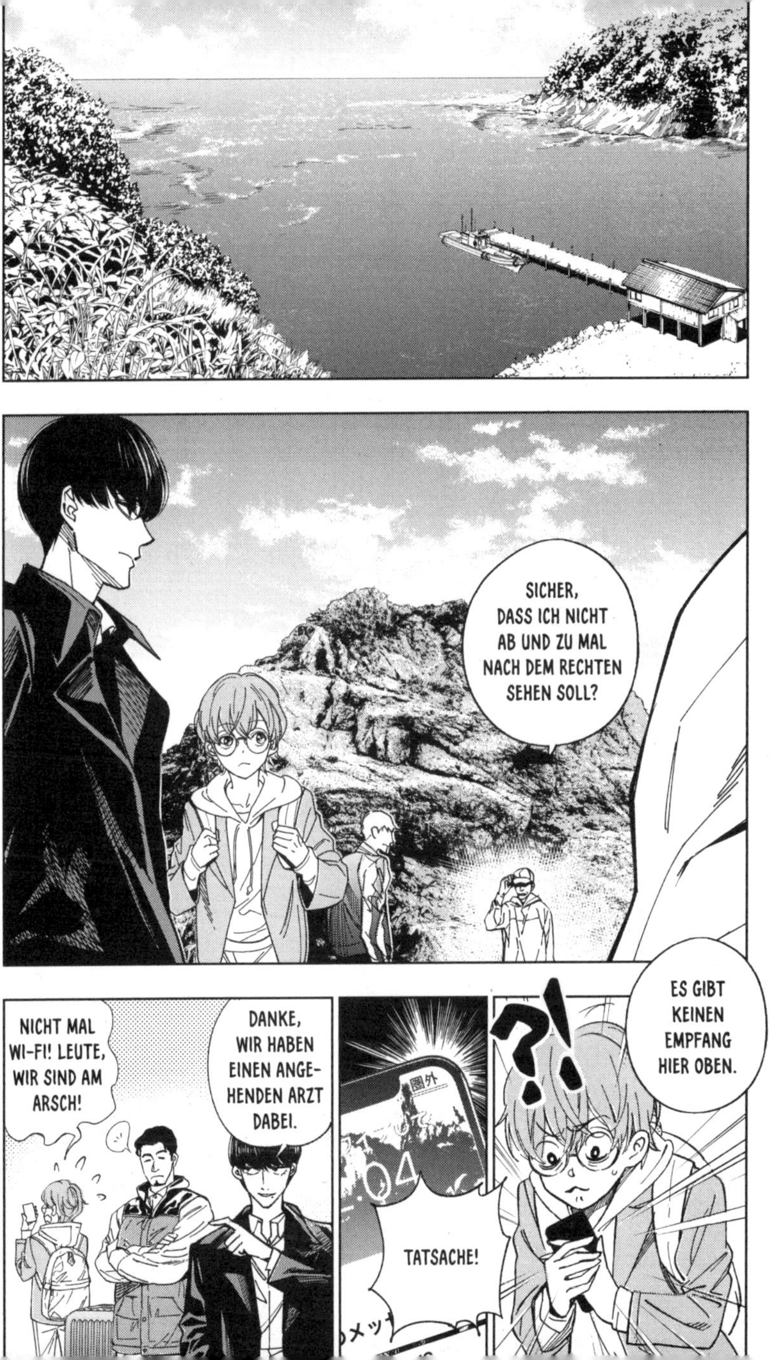
SICHER, DASS ICH NICHT AB UND ZU MAL NACH DEM RECHTEN SEHEN SOLL?
ES GIBT KEINEN EMPFANG HIER OBEN.
?!
圏外
TATSACHE!
NICHT MAL WI-FI! LEUTE, WIR SIND AM ARSCH!
DANKE, WIR HABEN EINEN ANGE-HENDEN ARZT DABEI.

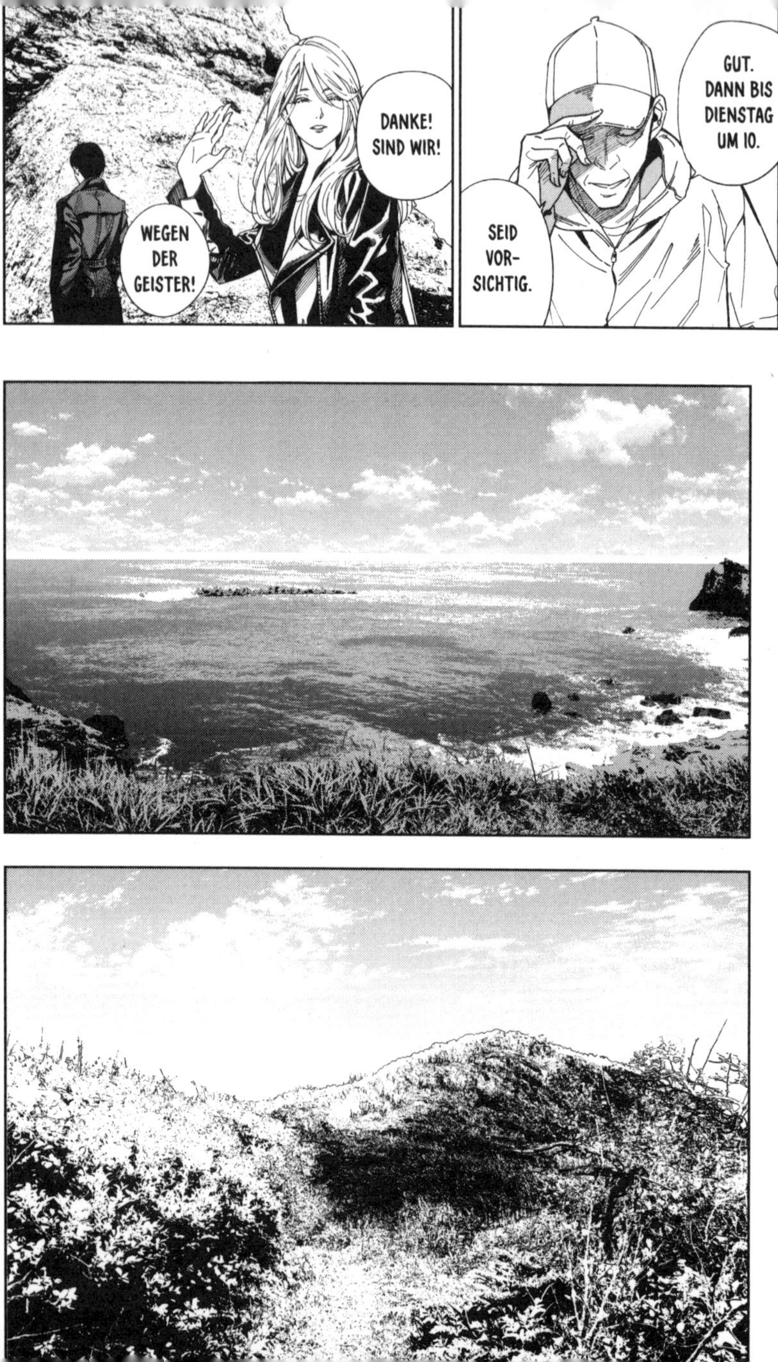
GUT. DANN BIS DIENSTAG UM 10.
SEID VORSICHTIG.
DANKE! SIND WIR!
WEGEN DER GEISTER!

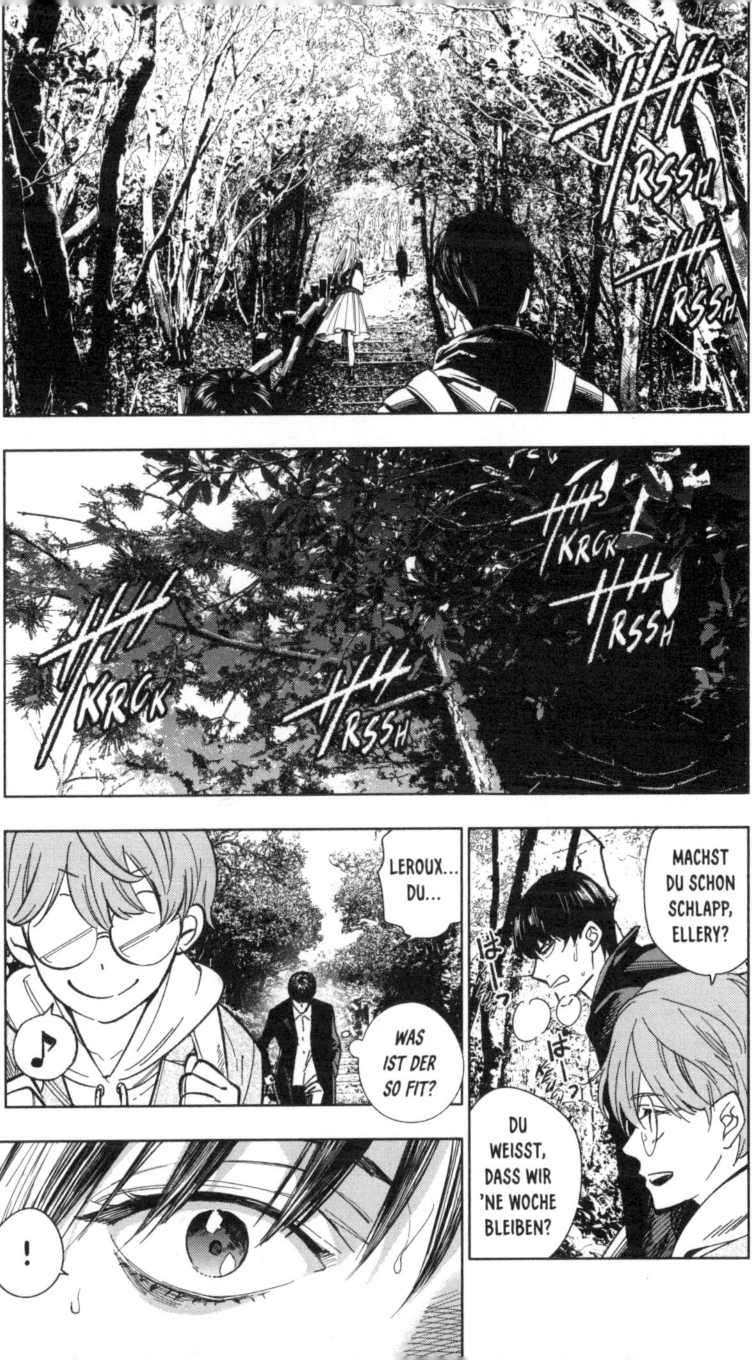
RSSH
RSSH
KRCK
RSSH
KRCK
RSSH
MACHST DU SCHON SCHLAPP, ELLERY?
DU WEISST, DASS WIR 'NE WOCHE BLEIBEN?
LEROUX... DU...
WAS IST DER SO FIT?
!

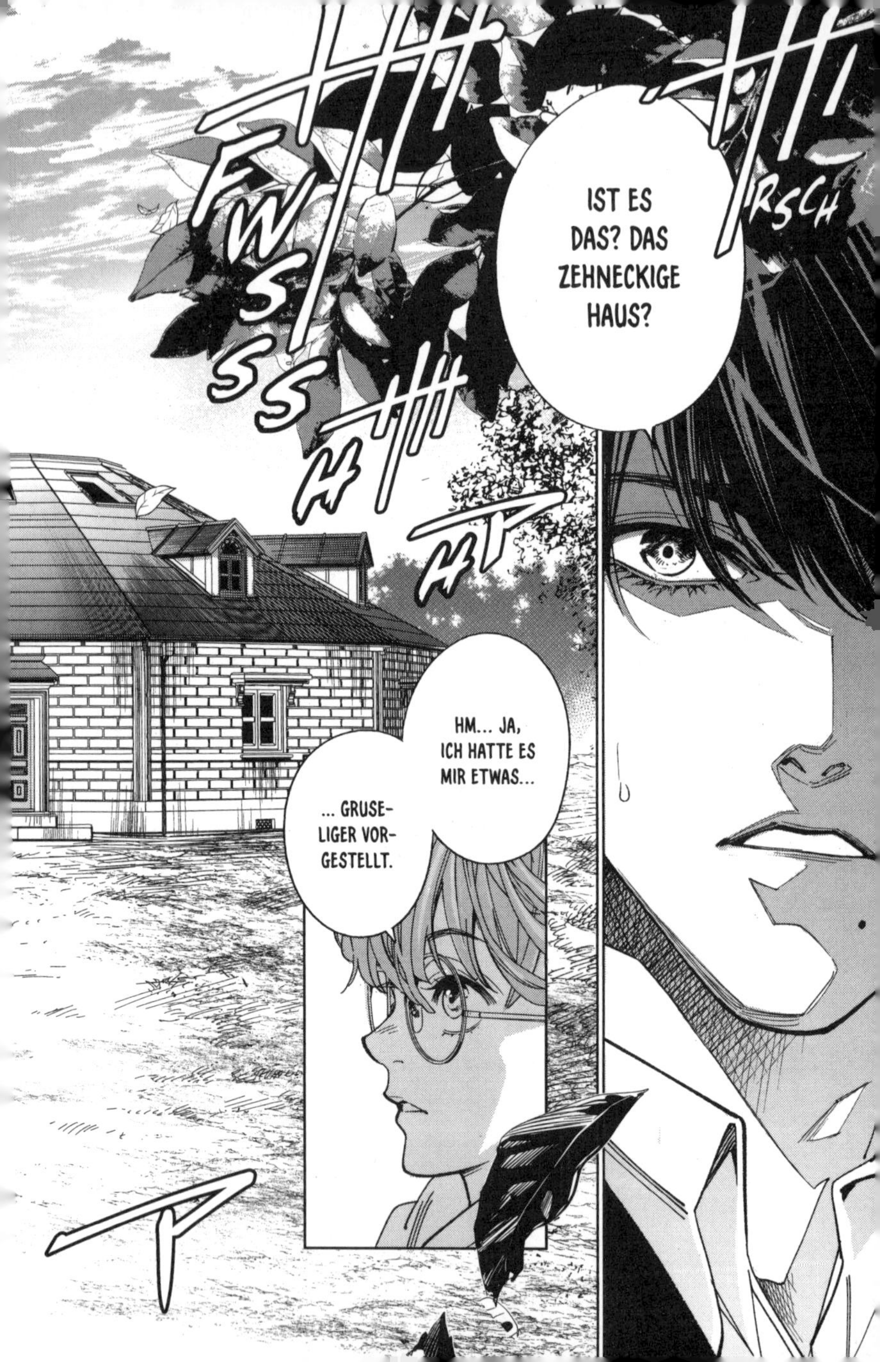
RSCH
FWSSSH
HP
IST ES DAS? DAS ZEHNECKIGE HAUS?
HM... JA, ICH HATTE ES MIR ETWAS...
... GRUSE-LIGER VOR-GESTELLT.

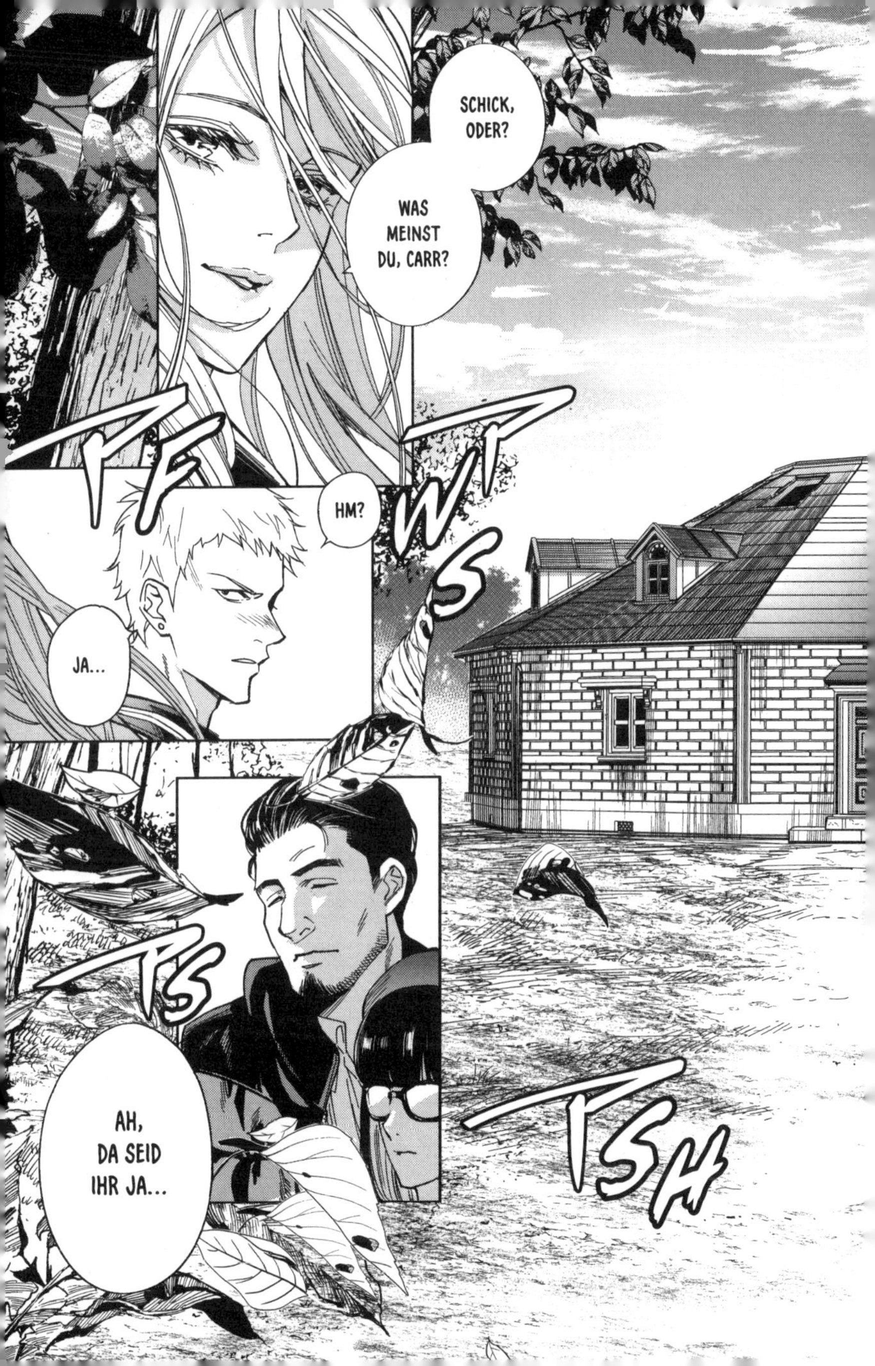
SCHICK, ODER?
WAS MEINST DU, CARR?
FWS
HM?
JA...
PS
AH, DA SEID IHR JA...
TSH

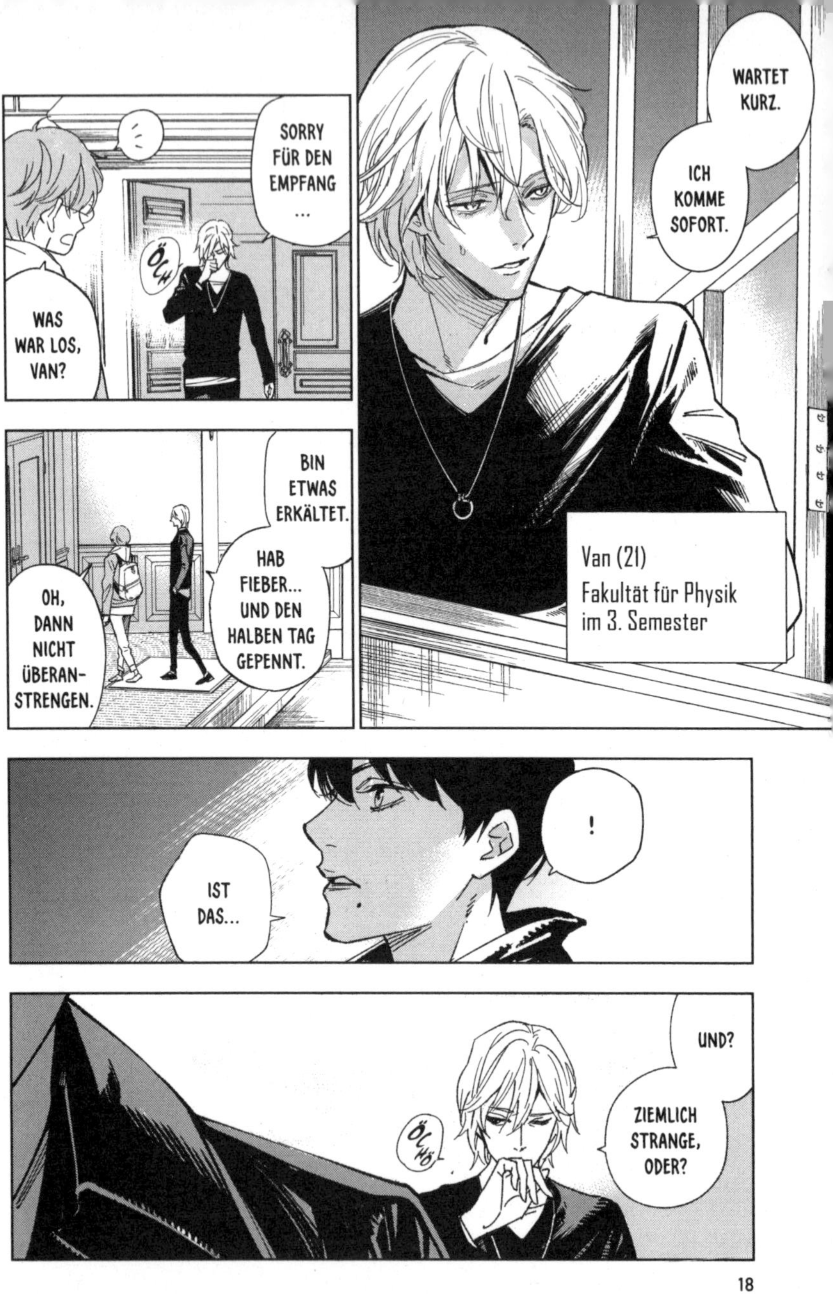
WARTET KURZ.
ICH KOMME SOFORT.
Van (21) Fakultät für Physik im 3. Semester
SORRY FÜR DEN EMPFANG ...
ÖCH
WAS WAR LOS, VAN?
BIN ETWAS ERKÄLTET.
HAB FIEBER... UND DEN HALBEN TAG GEPENNT.
OH, DANN NICHT ÜBERAN-STRENGEN.
!
IST DAS...
UND?
ZIEMLICH STRANGE, ODER?
ÖCHÖ

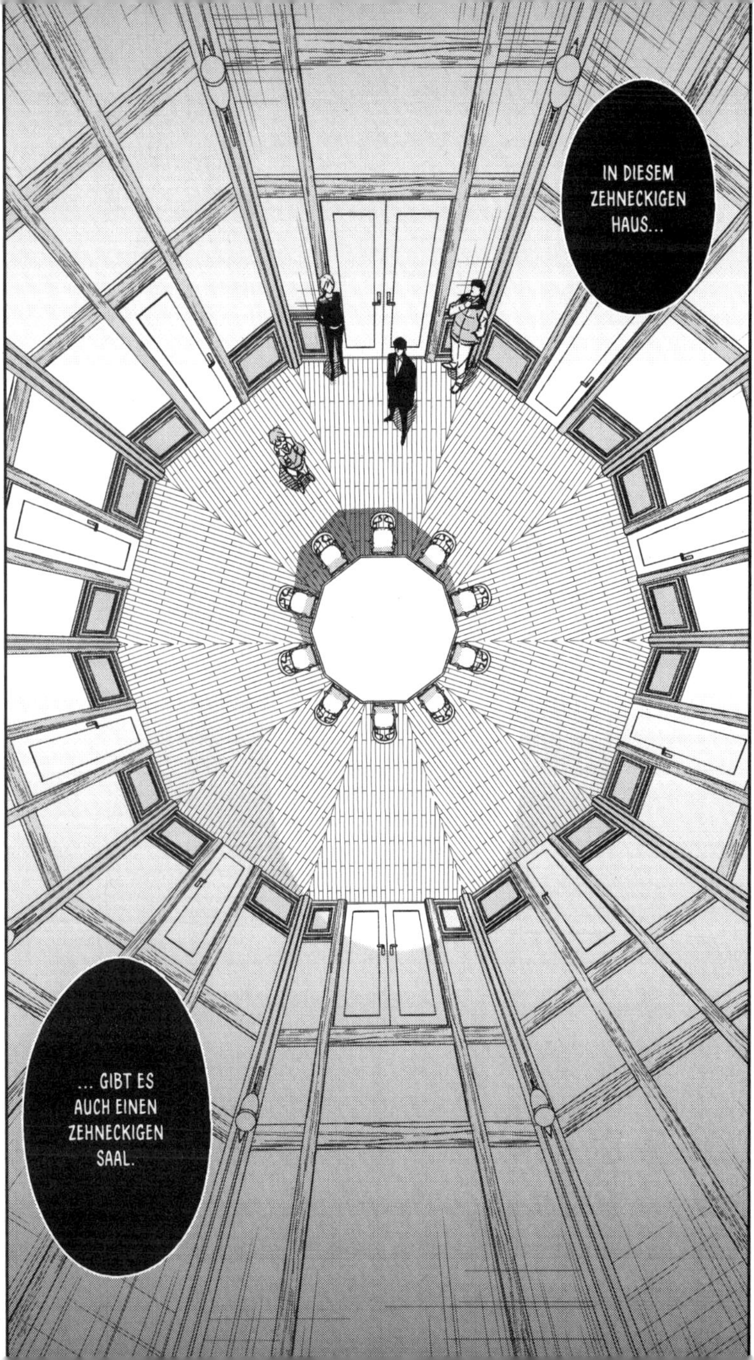
IN DIESEM ZEHNECKIGEN HAUS...
... GIBT ES AUCH EINEN ZEHNECKIGEN SAAL.

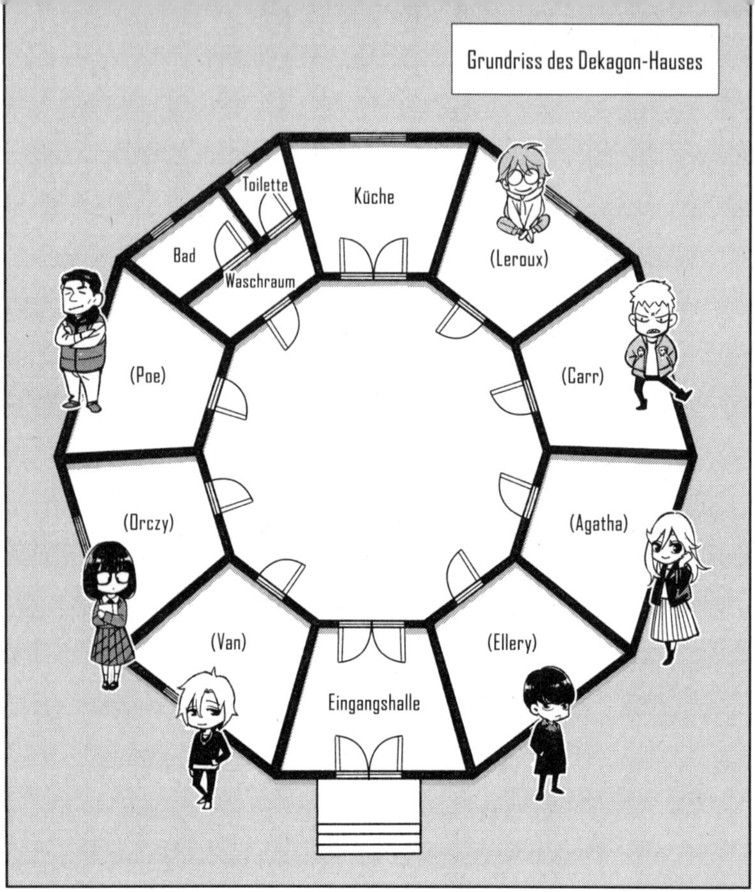
Grundriss des Dekagon-Hauses
Toilette
Küche
Bad
Waschraum
(Leroux)
(Poe)
(Carr)
(Orczy)
(Agatha)
(Van)
(Ellery)
Eingangshalle

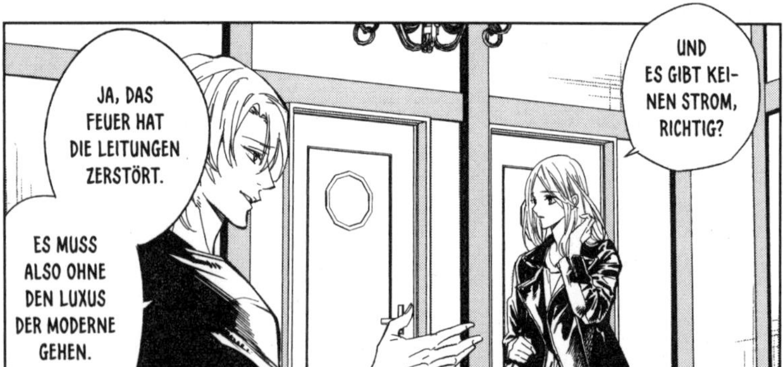
UND ES GIBT KEINEN STROM, RICHTIG?
JA, DAS FEUER HAT DIE LEITUNGEN ZERSTÖRT.
ES MUSS ALSO OHNE DEN LUXUS DER MODERNE GEHEN.

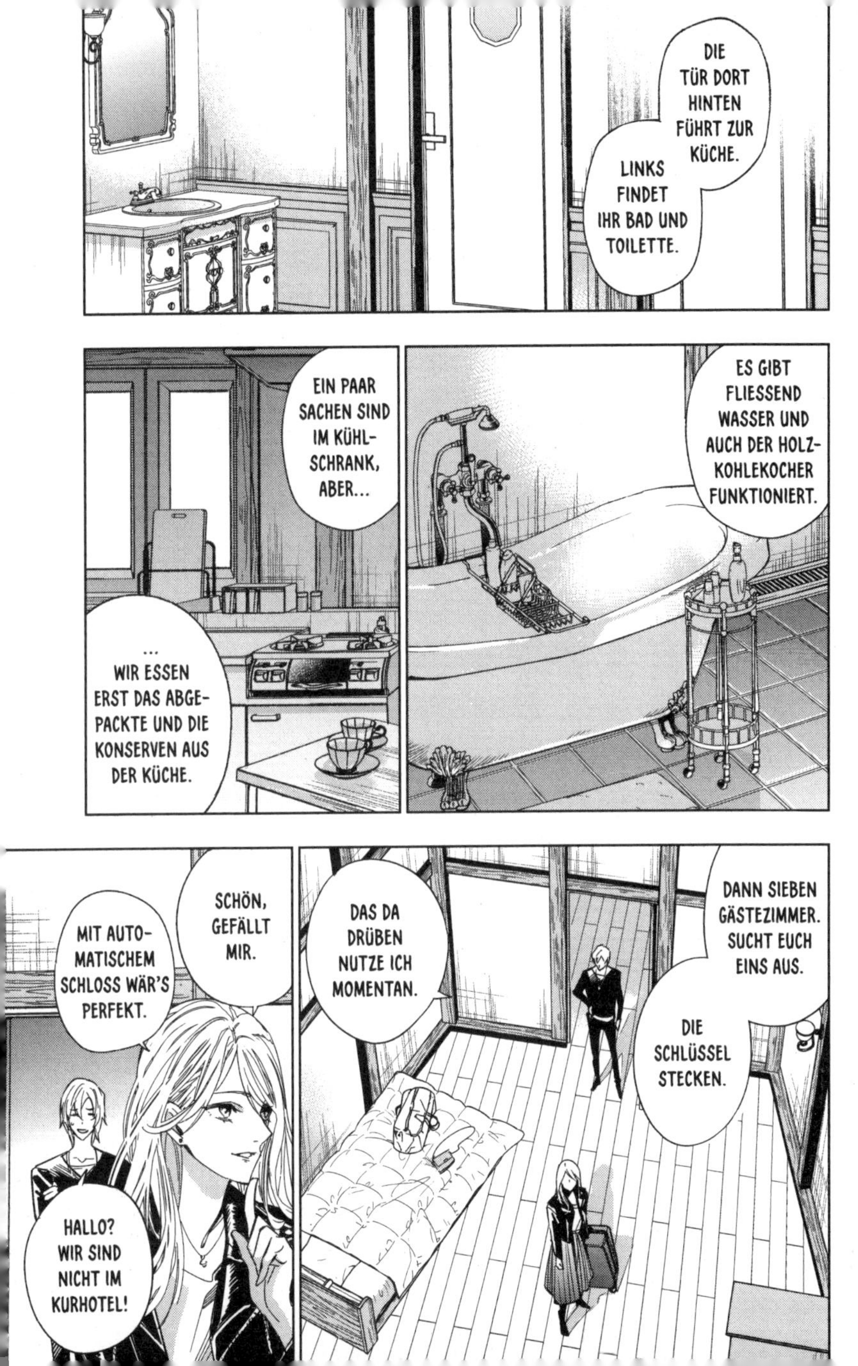
DIE TÜR DORT HINTEN FÜHRT ZUR KÜCHE.
LINKS FINDET IHR BAD UND TOILETTE.
ES GIBT FLIESSEND WASSER UND AUCH DER HOLZ-KOHLEKOCHER FUNKTIONIERT.
EIN PAAR SACHEN SIND IM KÜHL-SCHRANK, ABER...
... WIR ESSEN ERST DAS ABGE-PACKTE UND DIE KONSERVEN AUS DER KÜCHE.
DANN SIEBEN GÄSTEZIMMER. SUCHT EUCH EINS AUS.
DIE SCHLÜSSEL STECKEN.
DAS DA DRÜBEN NUTZE ICH MOMENTAN.
SCHÖN, GEFÄLLT MIR.
MIT AUTO-MATISCHEM SCHLOSS WÄR'S PERFEKT.
HALLO? WIR SIND NICHT IM KURHOTEL!

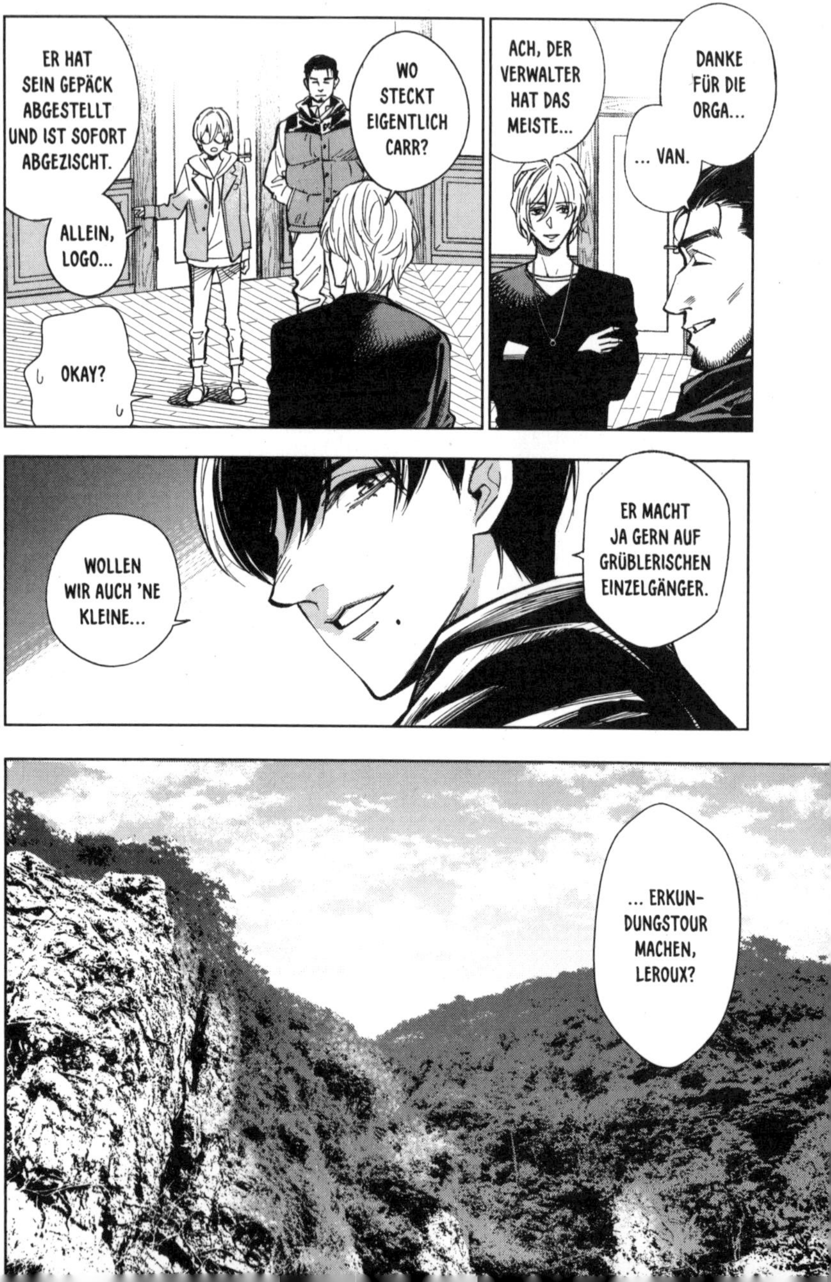
DANKE FÜR DIE ORGA...
... VAN.
ACH, DER VERWALTER HAT DAS MEISTE...
WO STECKT EIGENTLICH CARR?
ER HAT SEIN GEPÄCK ABGESTELLT UND IST SOFORT ABGEZISCHT.
ALLEIN, LOGO...
OKAY?
ER MACHT JA GERN AUF GRÜBLERISCHEN EINZELGÄNGER.
WOLLEN WIR AUCH 'NE KLEINE...
... ERKUN-DUNGSTOUR MACHEN, LEROUX?

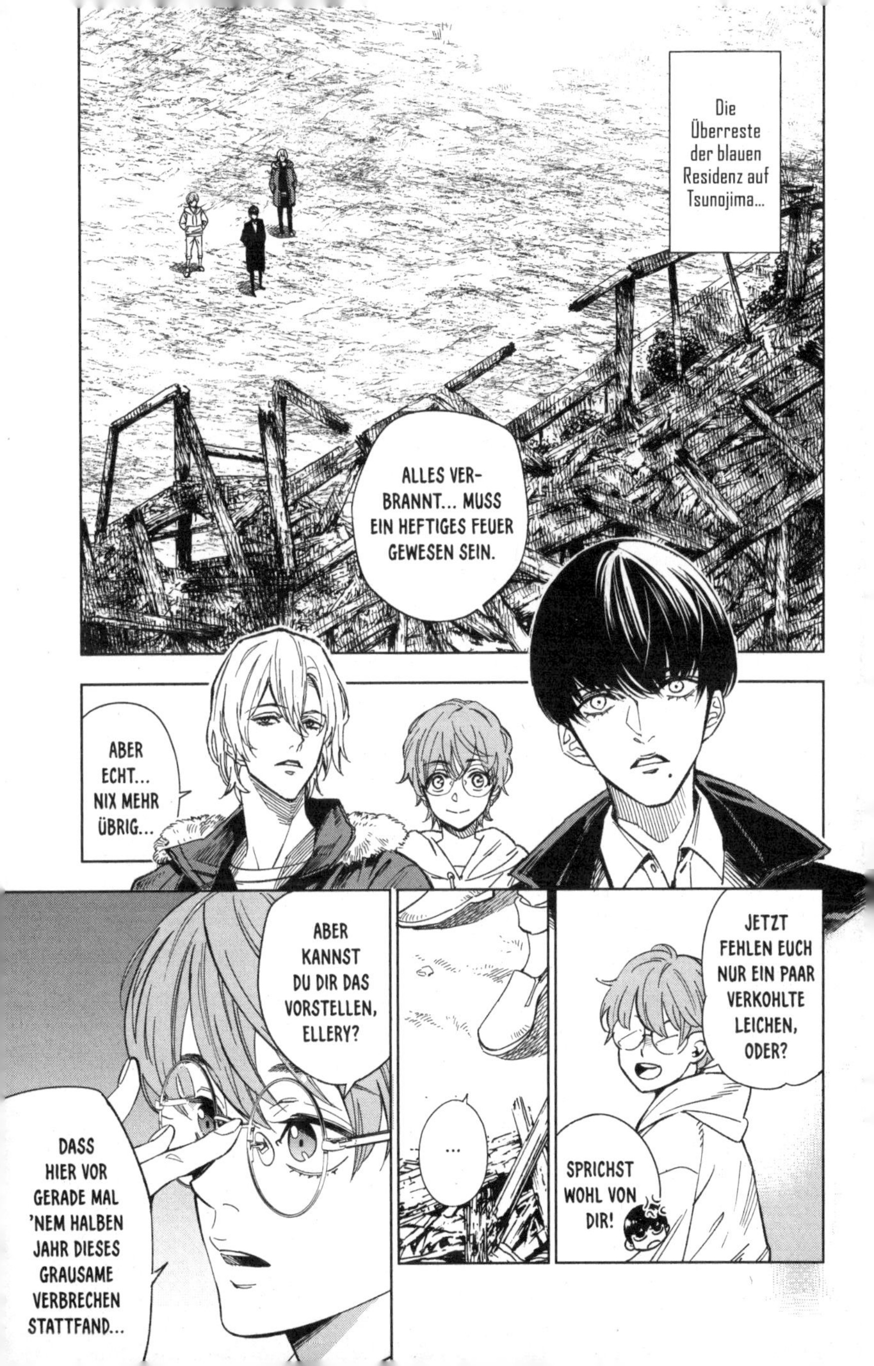
Die Überreste der blauen Residenz auf Tsunojima...
ALLES VERBRANNT... MUSS EIN HEFTIGES FEUER GEWESEN SEIN.
ABER ECHT... NIX MEHR ÜBRIG...
JETZT FEHLEN EUCH NUR EIN PAAR VERKOHLTE LEICHEN, ODER?
SPRICHST WOHL VON DIR!
...
ABER KANNST DU DIR DAS VORSTELLEN, ELLERY?
DASS HIER VOR GERADE MAL 'NEM HALBEN JAHR DIESES GRAUSAME VERBRECHEN STATTFAND...

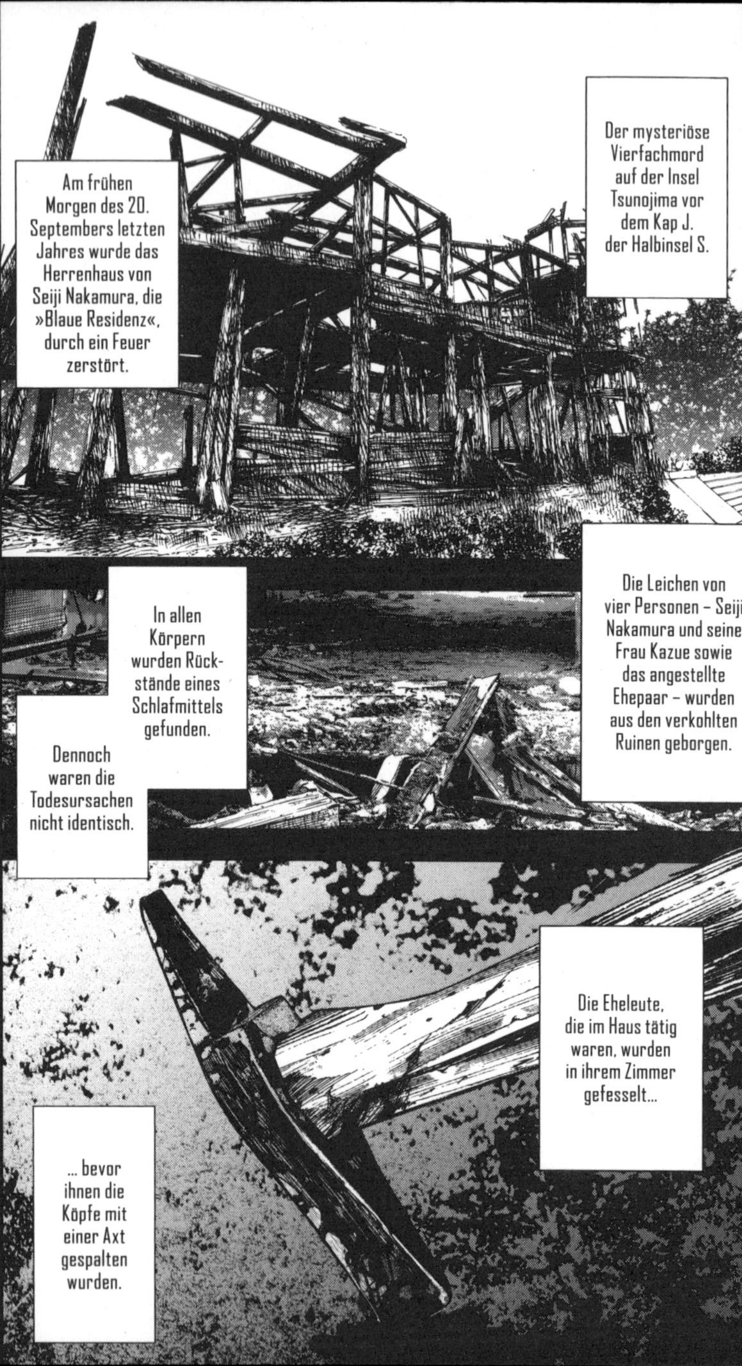
Der mysteriöse Vierfachmord auf der Insel Tsunojima vor dem Kap J. der Halbinsel S.
Am frühen Morgen des 20. Septembers letzten Jahres wurde das Herrenhaus von Seiji Nakamura, die »Blaue Residenz«, durch ein Feuer zerstört.
Die Leichen von vier Personen – Seiji Nakamura und seine Frau Kazue sowie das angestellte Ehepaar – wurden aus den verkohlten Ruinen geborgen.
In allen Körpern wurden Rückstände eines Schlafmittels gefunden.
Dennoch waren die Todesursachen nicht identisch.
Die Eheleute, die im Haus tätig waren, wurden in ihrem Zimmer gefesselt...
... bevor ihnen die Köpfe mit einer Axt gespalten wurden.

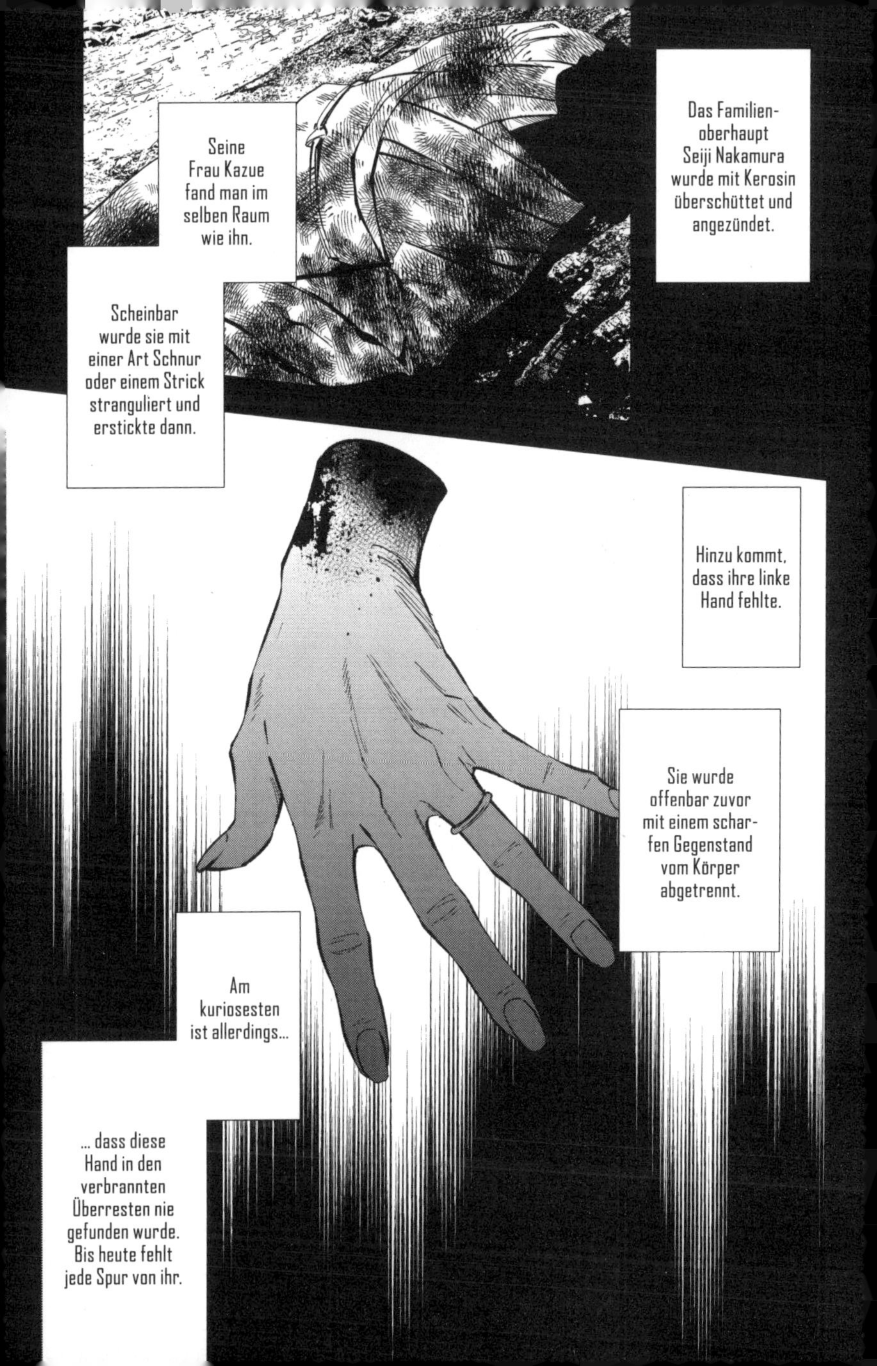
Das Familienoberhaupt Seiji Nakamura wurde mit Kerosin überschüttet und angezündet.
Seine Frau Kazue fand man im selben Raum wie ihn.
Scheinbar wurde sie mit einer Art Schnur oder einem Strick stranguliert und erstickte dann.
Hinzu kommt, dass ihre linke Hand fehlte.
Sie wurde offenbar zuvor mit einem scharfen Gegenstand vom Körper abgetrennt.
Am kuriosesten ist allerdings...
... dass diese Hand in den verbrannten Überresten nie gefunden wurde. Bis heute fehlt jede Spur von ihr.

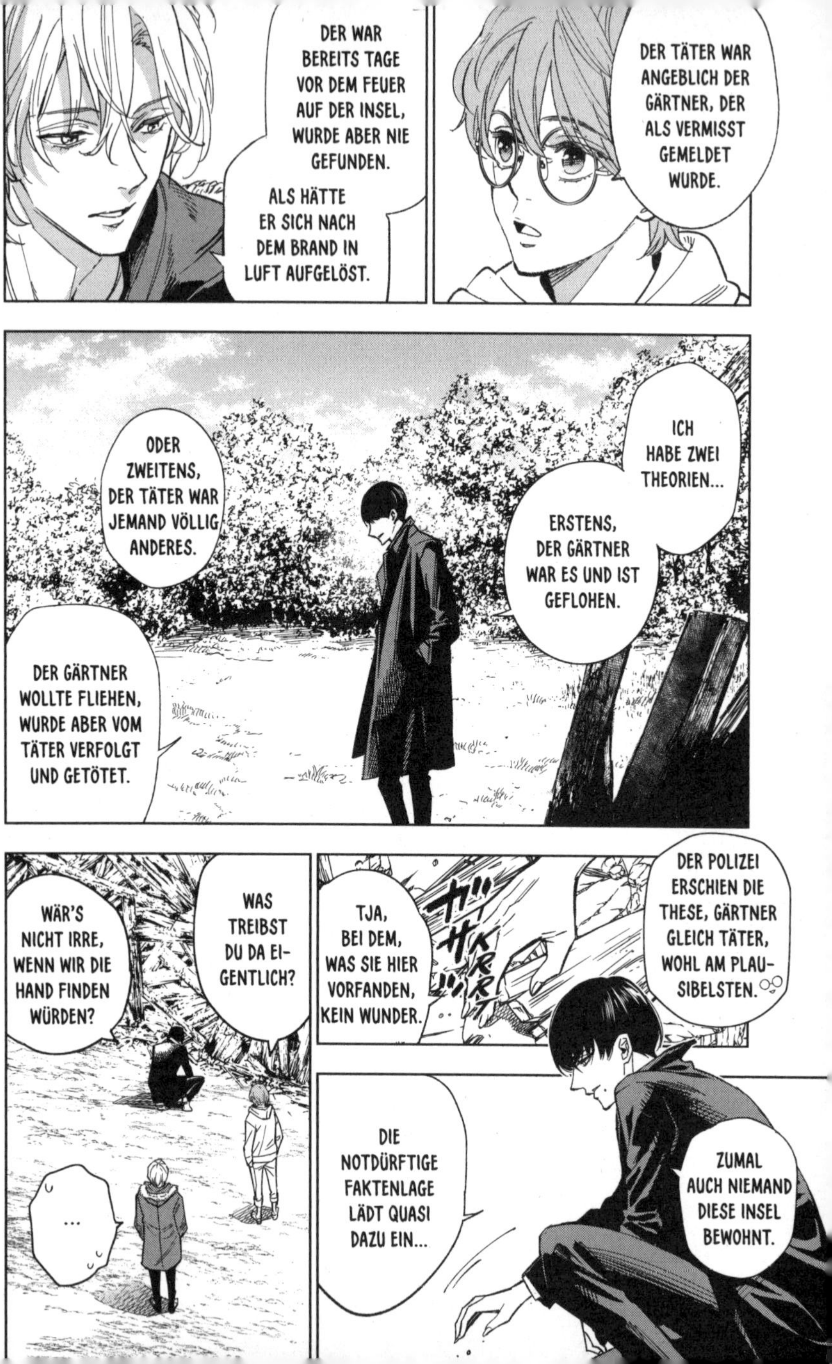
DER TÄTER WAR ANGEBLICH DER GÄRTNER, DER ALS VERMISST GEMELDET WURDE.
DER WAR BEREITS TAGE VOR DEM FEUER AUF DER INSEL, WURDE ABER NIE GEFUNDEN.
ALS HÄTTE ER SICH NACH DEM BRAND IN LUFT AUFGELÖST.
ICH HABE ZWEI THEORIEN...
ERSTENS, DER GÄRTNER WAR ES UND IST GEFLOHEN.
ODER ZWEITENS, DER TÄTER WAR JEMAND VÖLLIG ANDERES.
DER GÄRTNER WOLLTE FLIEHEN, WURDE ABER VOM TÄTER VERFOLGT UND GETÖTET.
DER POLIZEI ERSCHIEN DIE THESE, GÄRTNER GLEICH TÄTER, WOHL AM PLAUSIBELSTEN.
TJA, BEI DEM, WAS SIE HIER VORFANDEN, KEIN WUNDER.
KRRT
ZUMAL AUCH NIEMAND DIESE INSEL BEWOHNT.
DIE NOTDÜRFTIGE FAKTENLAGE LÄDT QUASI DAZU EIN...
WAS TREIBST DU DA EIGENTLICH?
WÄR'S NICHT IRRE, WENN WIR DIE HAND FINDEN WÜRDEN?
...

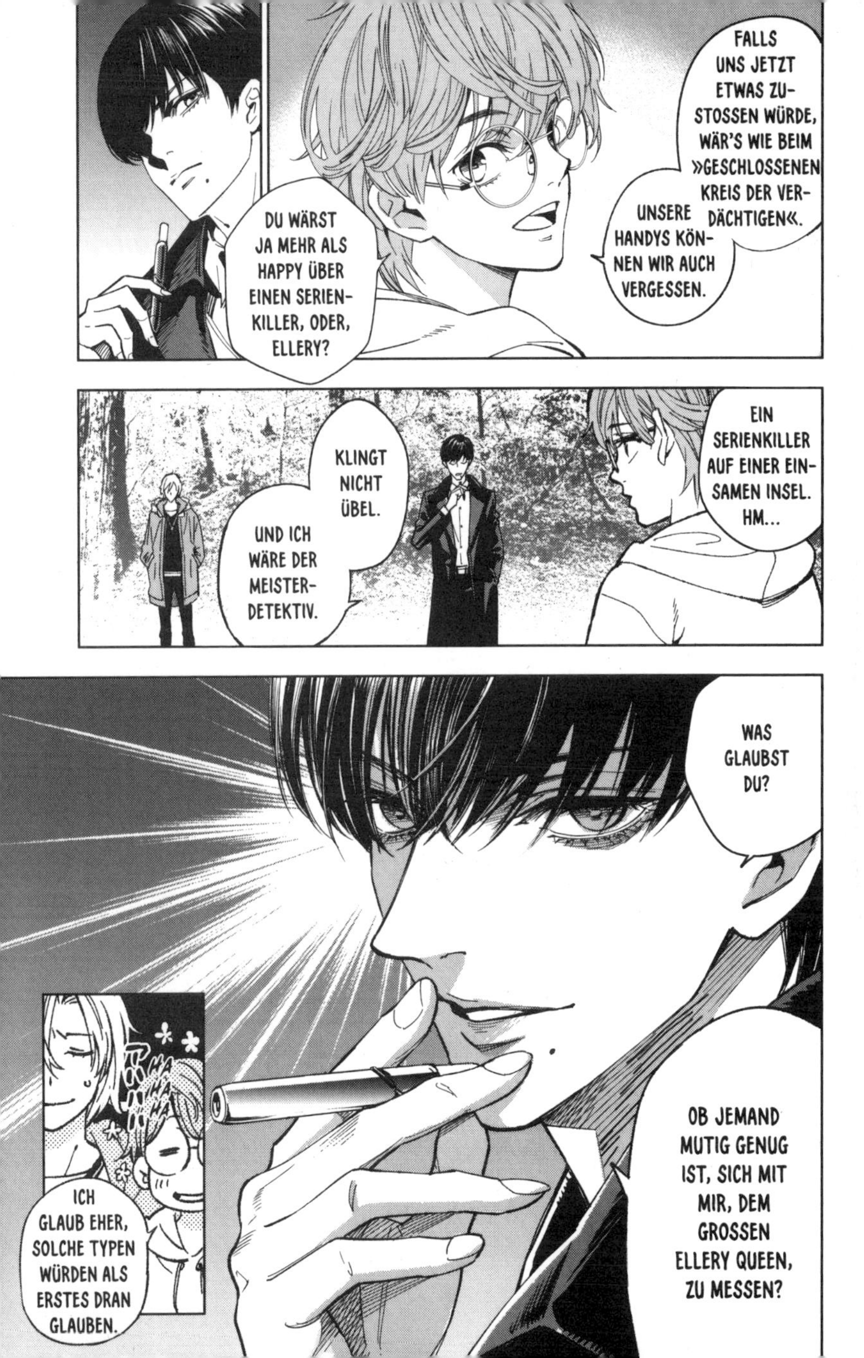
FALLS UNS JETZT ETWAS ZUSTOSSEN WÜRDE, WÄR'S WIE BEIM »GESCHLOSSENEN KREIS DER VERDÄCHTIGEN«.
UNSERE HANDYS KÖNNEN WIR AUCH VERGESSEN.
DU WÄRST JA MEHR ALS HAPPY ÜBER EINEN SERIENKILLER, ODER, ELLERY?
EIN SERIENKILLER AUF EINER EINSAMEN INSEL. HM...
KLINGT NICHT ÜBEL.
UND ICH WÄRE DER MEISTERDETEKTIV.
WAS GLAUBST DU?
OB JEMAND MUTIG GENUG IST, SICH MIT MIR, DEM GROSSEN ELLERY QUEEN, ZU MESSEN?
ICH GLAUB EHER, SOLCHE TYPEN WÜRDEN ALS ERSTES DRAN GLAUBEN.

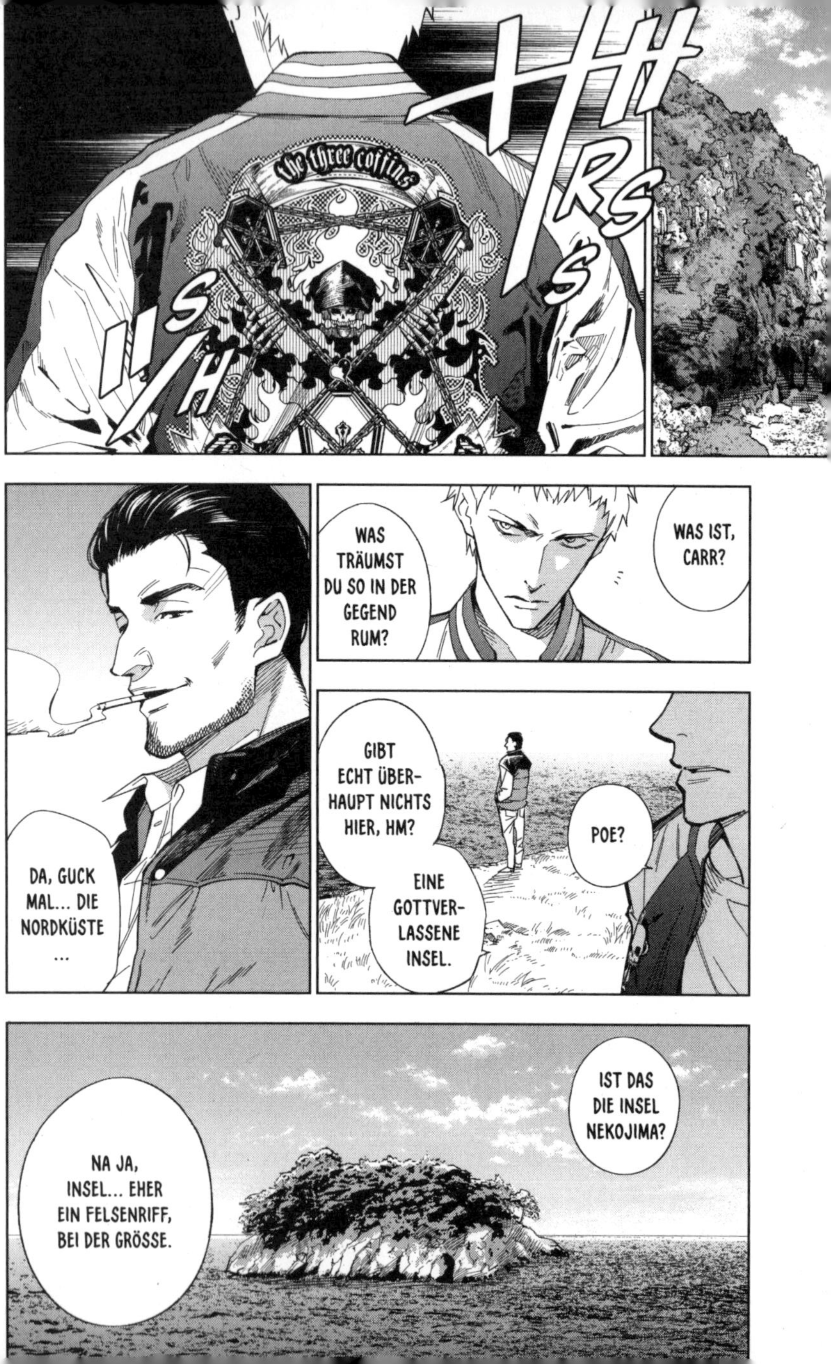
the three coffins
WAS IST, CARR?
WAS TRÄUMST DU SO IN DER GEGEND RUM?
POE?
GIBT ECHT ÜBER-HAUPT NICHTS HIER, HM?
EINE GOTTVER-LASSENE INSEL.
DA, GUCK MAL… DIE NORDKÜSTE …
IST DAS DIE INSEL NEKOJIMA?
NA JA, INSEL… EHER EIN FELSENRIFF, BEI DER GRÖSSE.

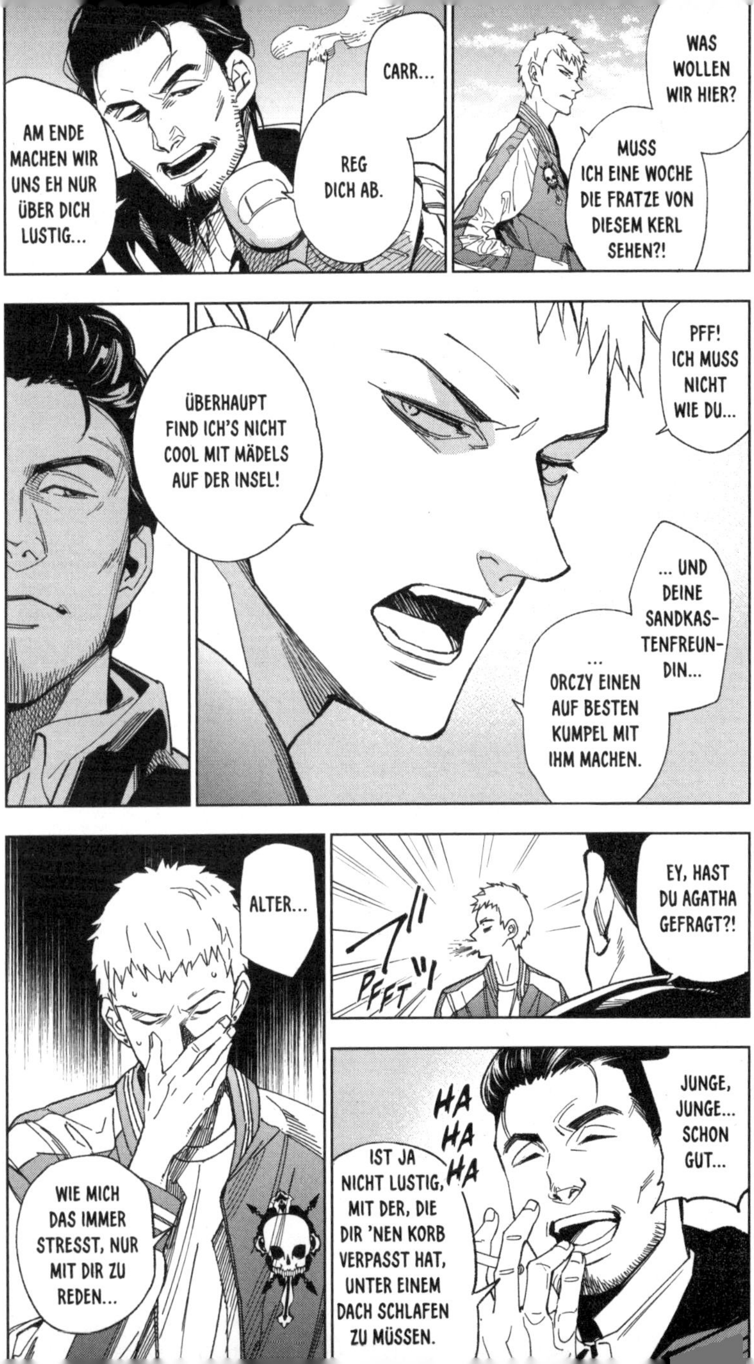
WAS WOLLEN WIR HIER?
MUSS ICH EINE WOCHE DIE FRATZE VON DIESEM KERL SEHEN?!
CARR...
REG DICH AB.
AM ENDE MACHEN WIR UNS EH NUR ÜBER DICH LUSTIG...
PFF! ICH MUSS NICHT WIE DU...
... UND DEINE SANDKASTENFREUNDIN...
... ORCZY EINEN AUF BESTEN KUMPEL MIT IHM MACHEN.
ÜBERHAUPT FIND ICH'S NICHT COOL MIT MÄDELS AUF DER INSEL!
EY, HAST DU AGATHA GEFRAGT?!
PFFT
JUNGE, JUNGE... SCHON GUT...
HA HA HA HA
IST JA NICHT LUSTIG, MIT DER, DIE DIR 'NEN KORB VERPASST HAT, UNTER EINEM DACH SCHLAFEN ZU MÜSSEN.
ALTER...
WIE MICH DAS IMMER STRESST, NUR MIT DIR ZU REDEN...

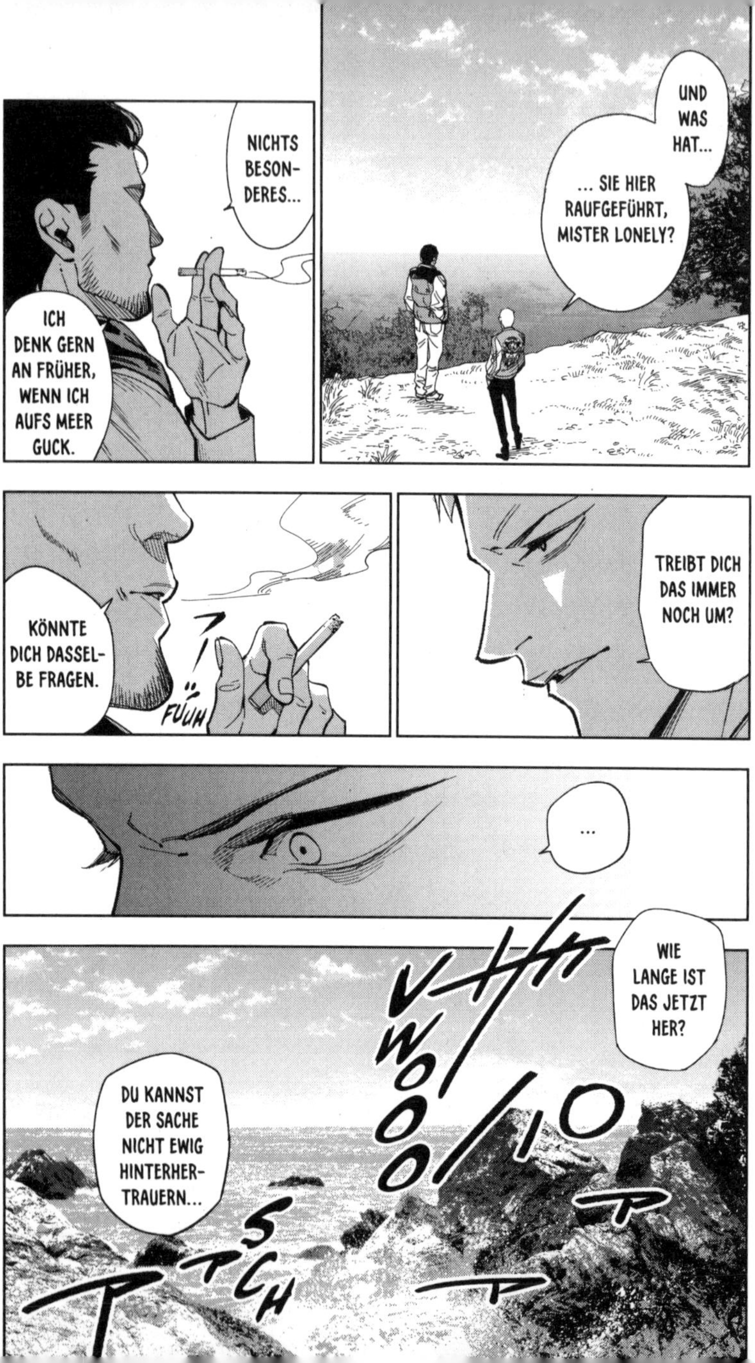
UND WAS HAT...
... SIE HIER RAUFGEFÜHRT, MISTER LONELY?
NICHTS BESONDERES...
ICH DENK GERN AN FRÜHER, WENN ICH AUFS MEER GUCK.
TREIBT DICH DAS IMMER NOCH UM?
KÖNNTE DICH DASSELBE FRAGEN.
FÜUH
...
WIE LANGE IST DAS JETZT HER?
DU KANNST DER SACHE NICHT EWIG HINTERHERTRAUERN...

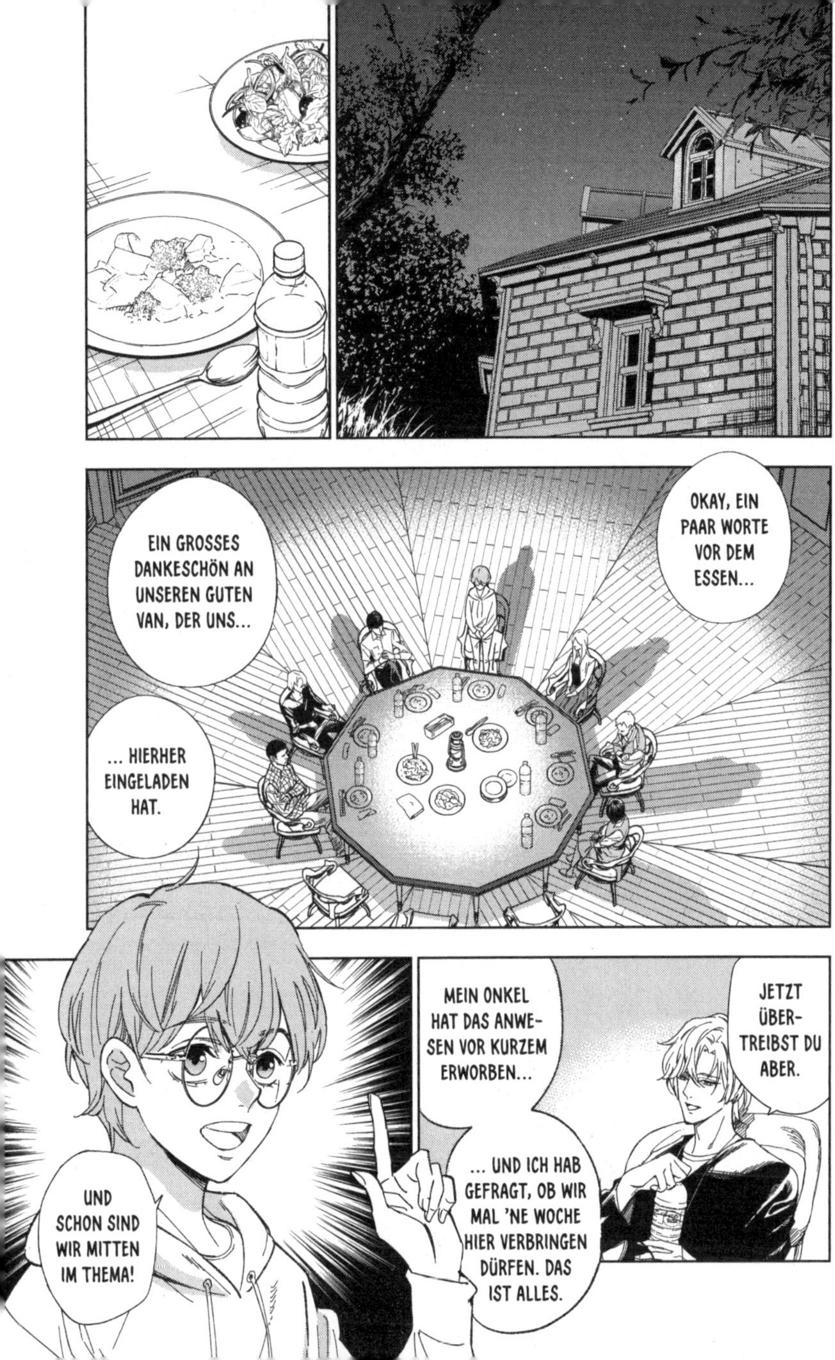
OKAY, EIN PAAR WORTE VOR DEM ESSEN...
EIN GROSSES DANKESCHÖN AN UNSEREN GUTEN VAN, DER UNS...
... HIERHER EINGELADEN HAT.
JETZT ÜBER-TREIBST DU ABER.
MEIN ONKEL HAT DAS ANWE-SEN VOR KURZEM ERWORBEN...
... UND ICH HAB GEFRAGT, OB WIR MAL 'NE WOCHE HIER VERBRINGEN DÜRFEN. DAS IST ALLES.
UND SCHON SIND WIR MITTEN IM THEMA!

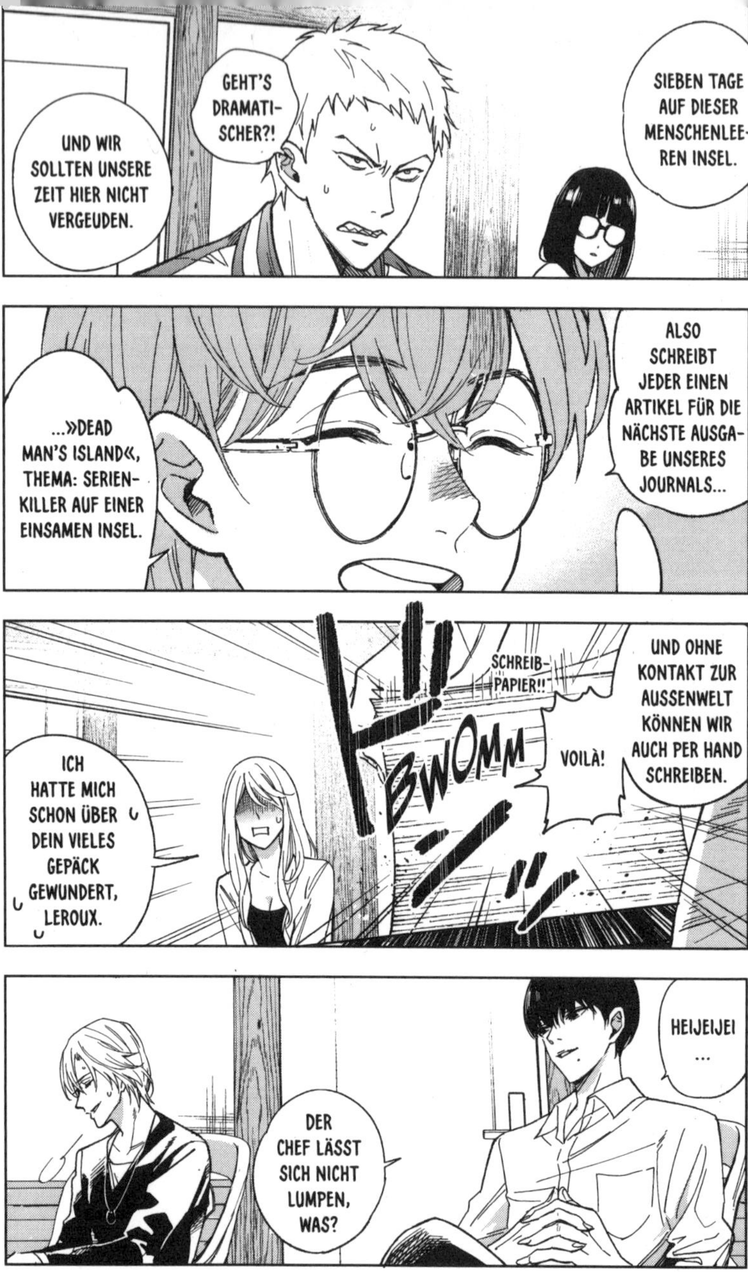
SIEBEN TAGE AUF DIESER MENSCHENLEEREN INSEL.
GEHT'S DRAMATISCHER?!
UND WIR SOLLTEN UNSERE ZEIT HIER NICHT VERGEUDEN.
ALSO SCHREIBT JEDER EINEN ARTIKEL FÜR DIE NÄCHSTE AUSGABE UNSERES JOURNALS...
...»DEAD MAN'S ISLAND«, THEMA: SERIENKILLER AUF EINER EINSAMEN INSEL.
UND OHNE KONTAKT ZUR AUSSENWELT KÖNNEN WIR AUCH PER HAND SCHREIBEN.
VOILÀ!
SCHREIBPAPIER!!
BWOMM
ICH HATTE MICH SCHON ÜBER DEIN VIELES GEPÄCK GEWUNDERT, LEROUX.
HEIJEIJEI ...
DER CHEF LÄSST SICH NICHT LUMPEN, WAS?

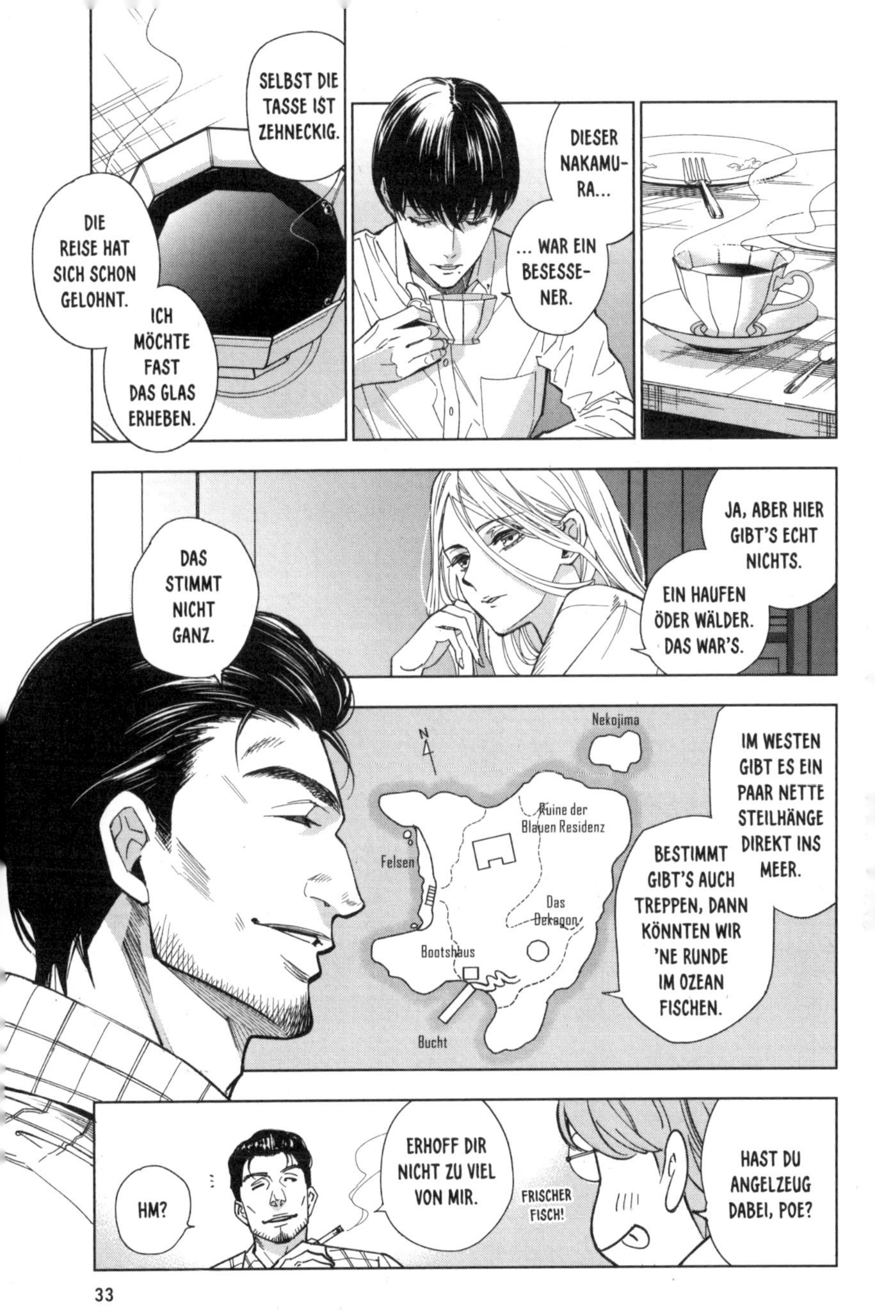
DIESER NAKAMURA...
... WAR EIN BESESSENER.
SELBST DIE TASSE IST ZEHNECKIG.
DIE REISE HAT SICH SCHON GELOHNT.
ICH MÖCHTE FAST DAS GLAS ERHEBEN.
JA, ABER HIER GIBT'S ECHT NICHTS.
EIN HAUFEN ÖDER WÄLDER. DAS WAR'S.
DAS STIMMT NICHT GANZ.
IM WESTEN GIBT ES EIN PAAR NETTE STEILHÄNGE DIREKT INS MEER.
BESTIMMT GIBT'S AUCH TREPPEN, DANN KÖNNTEN WIR 'NE RUNDE IM OZEAN FISCHEN.
Nekojima
N
Ruine der Blauen Residenz
Felsen
Das Dekagon
Bootshaus
Bucht
HAST DU ANGELZEUG DABEI, POE?
FRISCHER FISCH!
ERHOFF DIR NICHT ZU VIEL VON MIR.
HM?

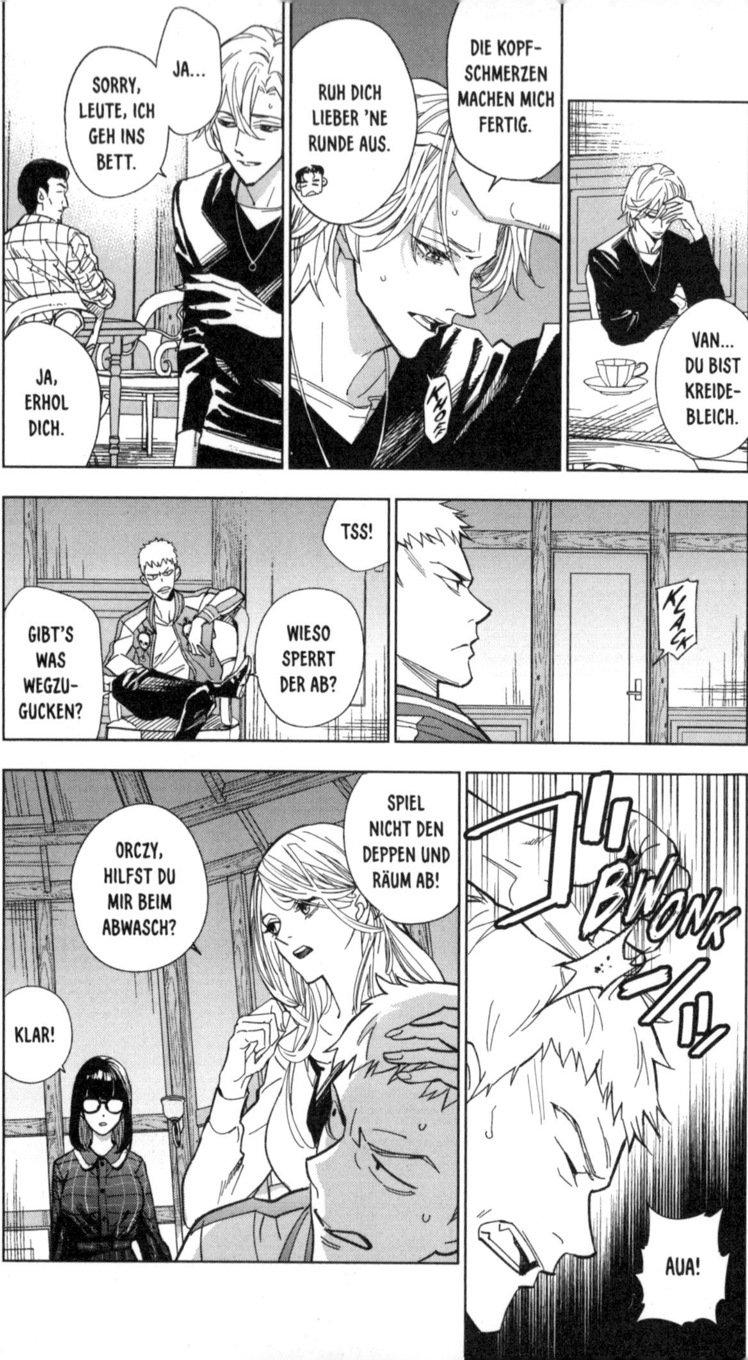
VAN... DU BIST KREIDE-BLEICH.
DIE KOPF-SCHMERZEN MACHEN MICH FERTIG.
RUH DICH LIEBER 'NE RUNDE AUS.
JA...
SORRY, LEUTE, ICH GEH INS BETT.
JA, ERHOL DICH.
KLACK
TSS!
WIESO SPERRT DER AB?
GIBT'S WAS WEGZU-GUCKEN?
BWONK
AUA!
SPIEL NICHT DEN DEPPEN UND RÄUM AB!
ORCZY, HILFST DU MIR BEIM ABWASCH?
KLAR!

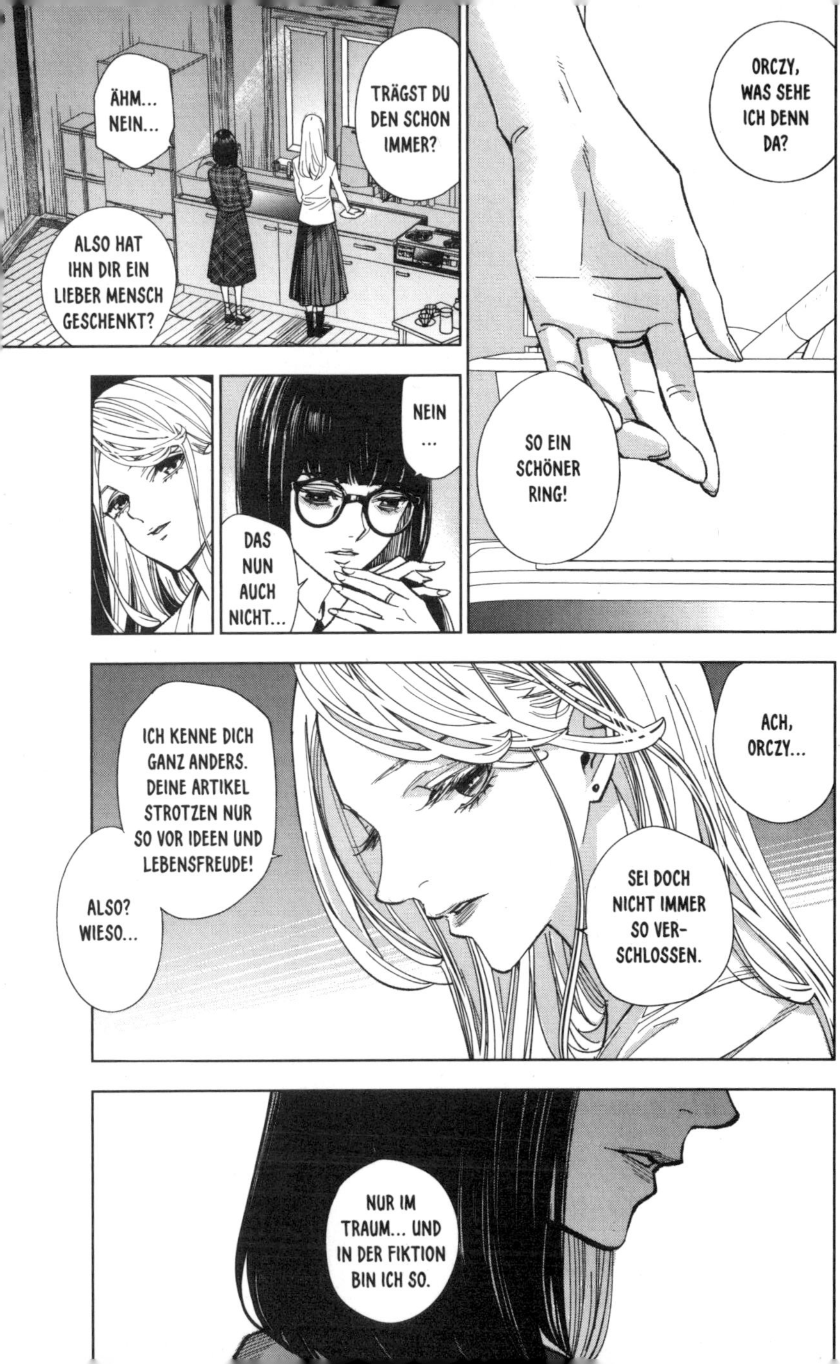
ORCZY, WAS SEHE ICH DENN DA?
SO EIN SCHÖNER RING!
TRÄGST DU DEN SCHON IMMER?
ÄHM... NEIN...
ALSO HAT IHN DIR EIN LIEBER MENSCH GESCHENKT?
NEIN ...
DAS NUN AUCH NICHT...
ACH, ORCZY...
SEI DOCH NICHT IMMER SO VER-SCHLOSSEN.
ICH KENNE DICH GANZ ANDERS. DEINE ARTIKEL STROTZEN NUR SO VOR IDEEN UND LEBENSFREUDE!
ALSO? WIESO...
NUR IM TRAUM... UND IN DER FIKTION BIN ICH SO.

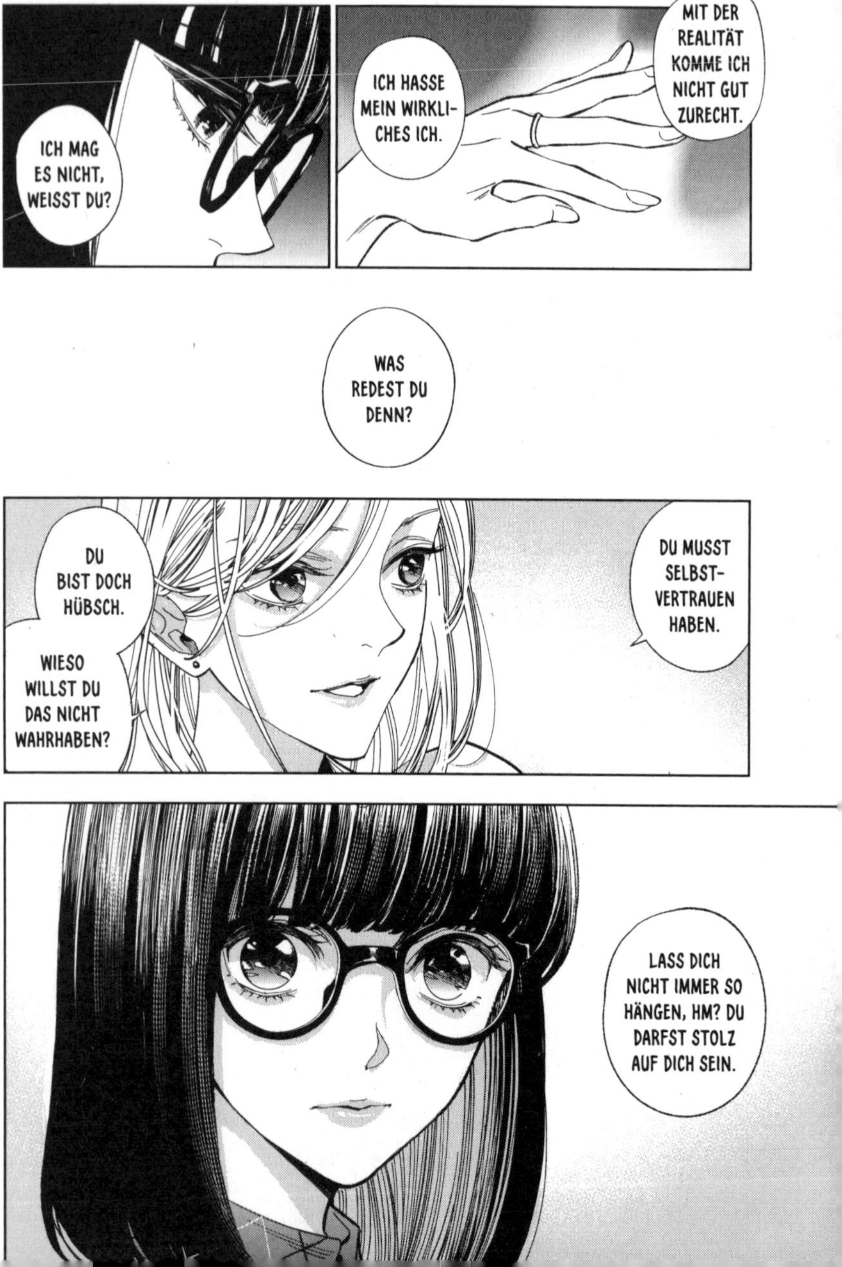
MIT DER REALITÄT KOMME ICH NICHT GUT ZURECHT.
ICH HASSE MEIN WIRKLI-CHES ICH.
ICH MAG ES NICHT, WEISST DU?
WAS REDEST DU DENN?
DU MUSST SELBST-VERTRAUEN HABEN.
DU BIST DOCH HÜBSCH.
WIESO WILLST DU DAS NICHT WAHRHABEN?
LASS DICH NICHT IMMER SO HÄNGEN, HM? DU DARFST STOLZ AUF DICH SEIN.

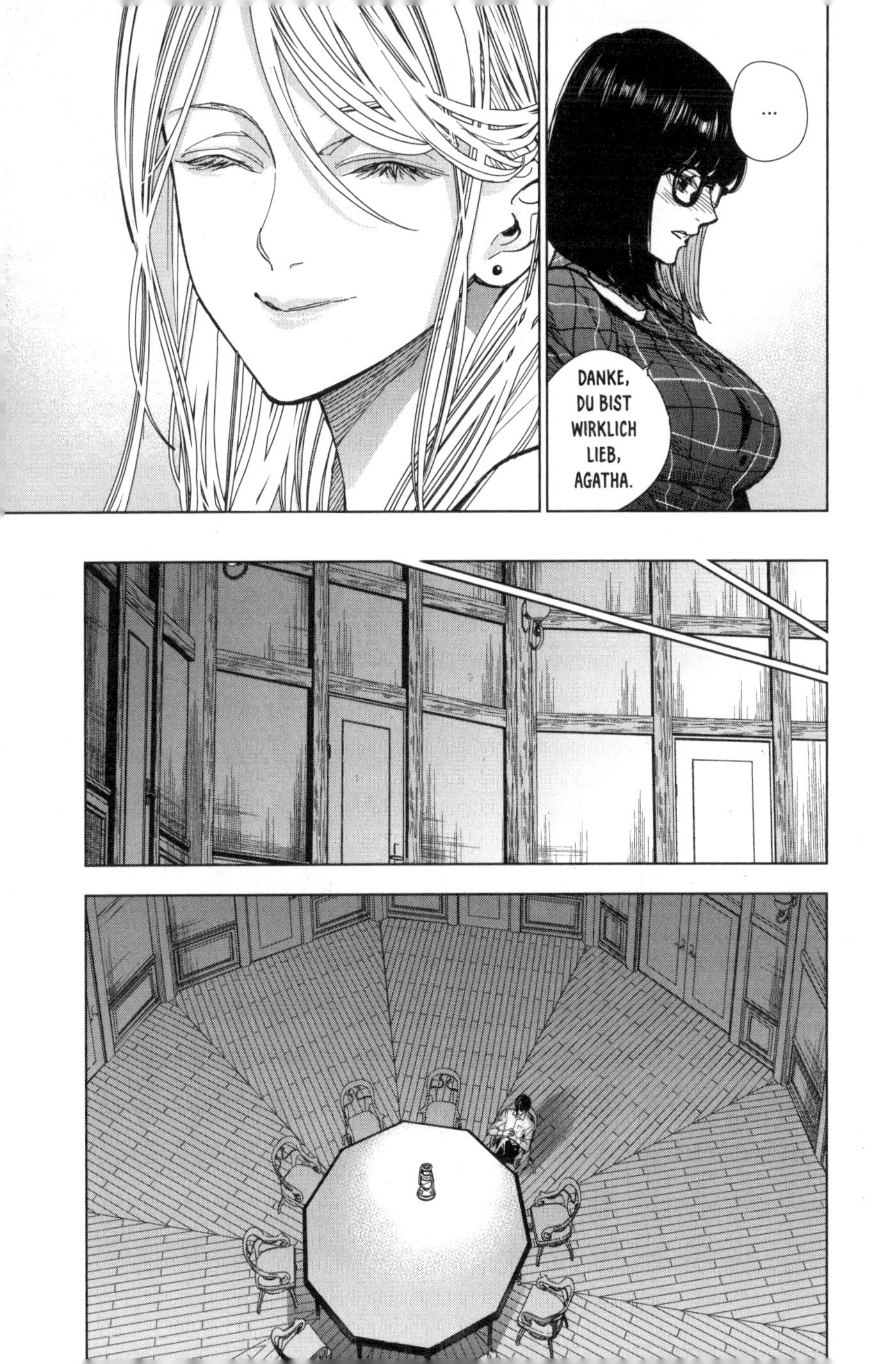
...
DANKE, DU BIST WIRKLICH LIEB, AGATHA.

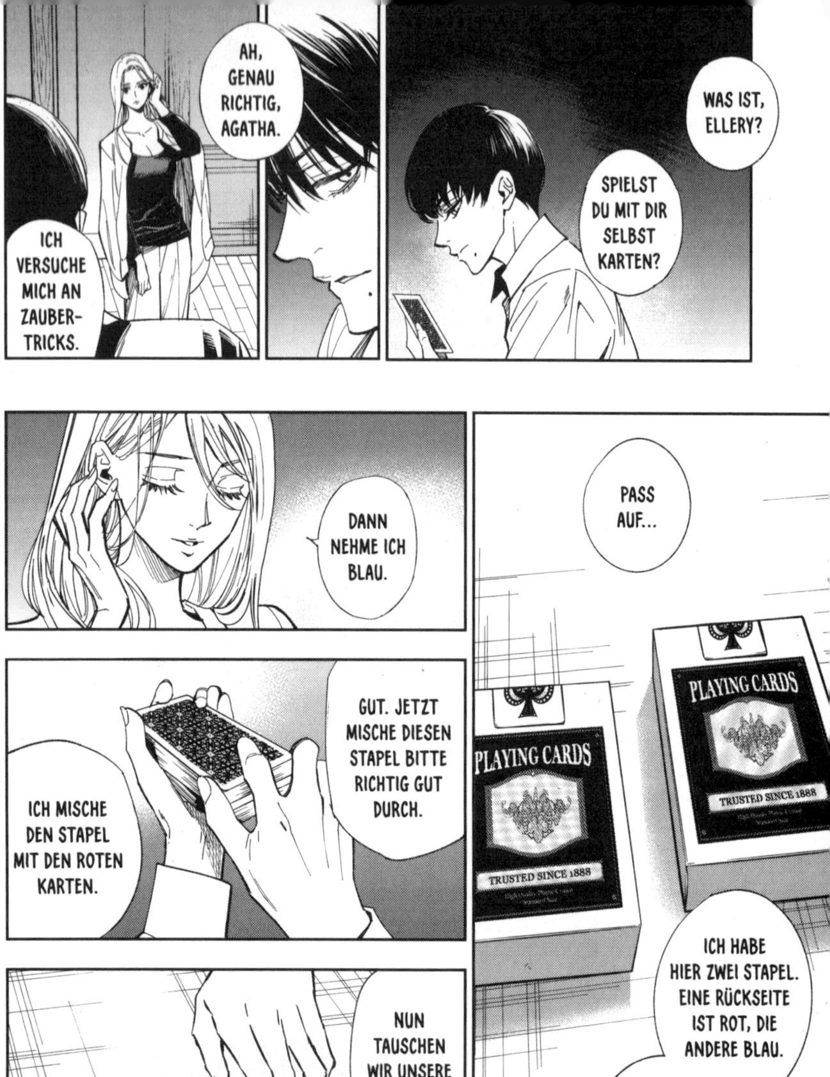
WAS IST, ELLERY?
SPIELST DU MIT DIR SELBST KARTEN?
AH, GENAU RICHTIG, AGATHA.
ICH VERSUCHE MICH AN ZAUBER-TRICKS.
PASS AUF...
PLAYING CARDS
TRUSTED SINCE 1888
PLAYING CARDS
TRUSTED SINCE 1888
ICH HABE HIER ZWEI STAPEL. EINE RÜCKSEITE IST ROT, DIE ANDERE BLAU.
WÄHLE BITTE EINE AUS.
DANN NEHME ICH BLAU.
GUT. JETZT MISCHE DIESEN STAPEL BITTE RICHTIG GUT DURCH.
ICH MISCHE DEN STAPEL MIT DEN ROTEN KARTEN.
NUN TAUSCHEN WIR UNSERE STAPEL...
OKAY.

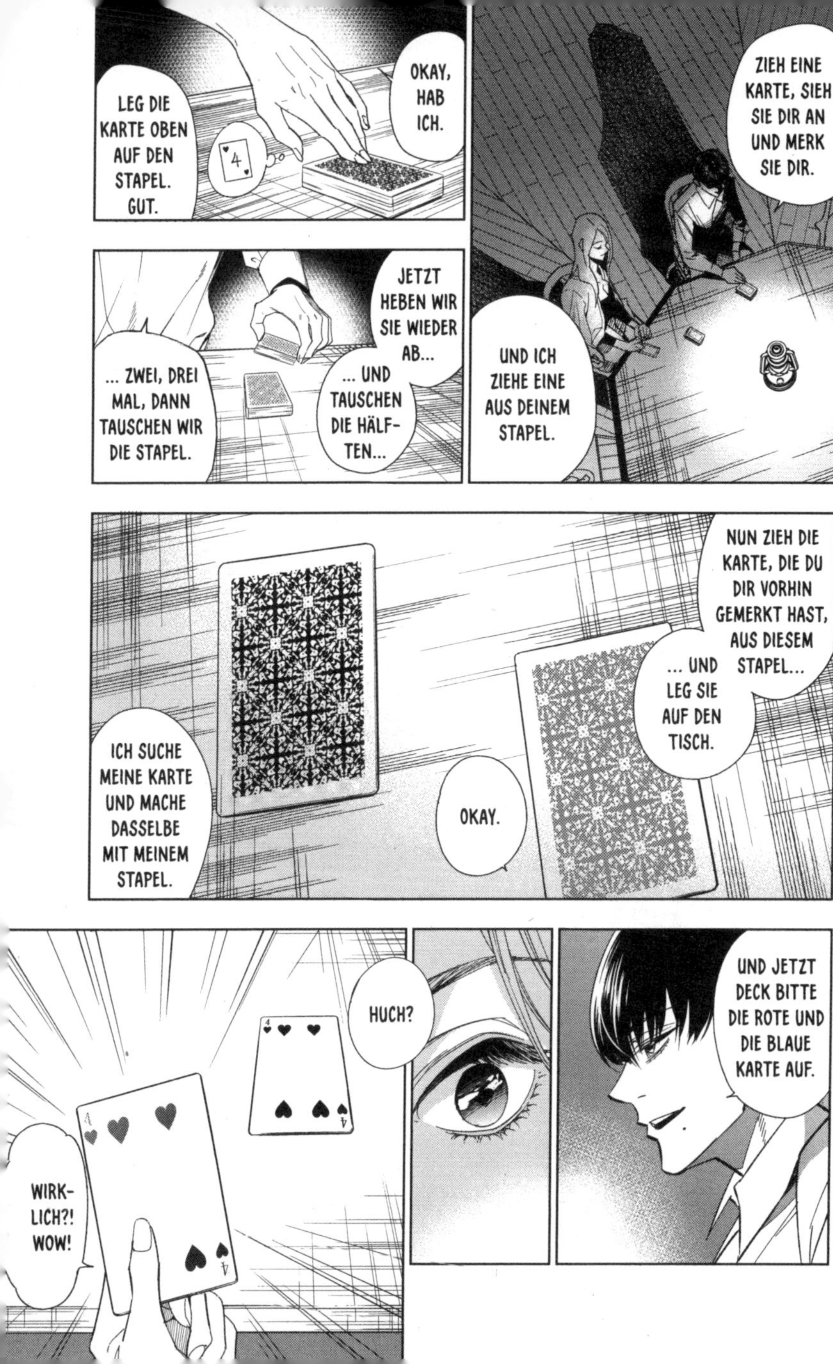
ZIEH EINE KARTE, SIEH SIE DIR AN UND MERK SIE DIR.
UND ICH ZIEHE EINE AUS DEINEM STAPEL.
OKAY, HAB ICH.
LEG DIE KARTE OBEN AUF DEN STAPEL. GUT.
JETZT HEBEN WIR SIE WIEDER AB...
... UND TAUSCHEN DIE HÄLF-TEN...
... ZWEI, DREI MAL, DANN TAUSCHEN WIR DIE STAPEL.
NUN ZIEH DIE KARTE, DIE DU DIR VORHIN GEMERKT HAST, AUS DIESEM STAPEL...
... UND LEG SIE AUF DEN TISCH.
OKAY.
ICH SUCHE MEINE KARTE UND MACHE DASSELBE MIT MEINEM STAPEL.
UND JETZT DECK BITTE DIE ROTE UND DIE BLAUE KARTE AUF.
HUCH?
WIRK-LICH?! WOW!

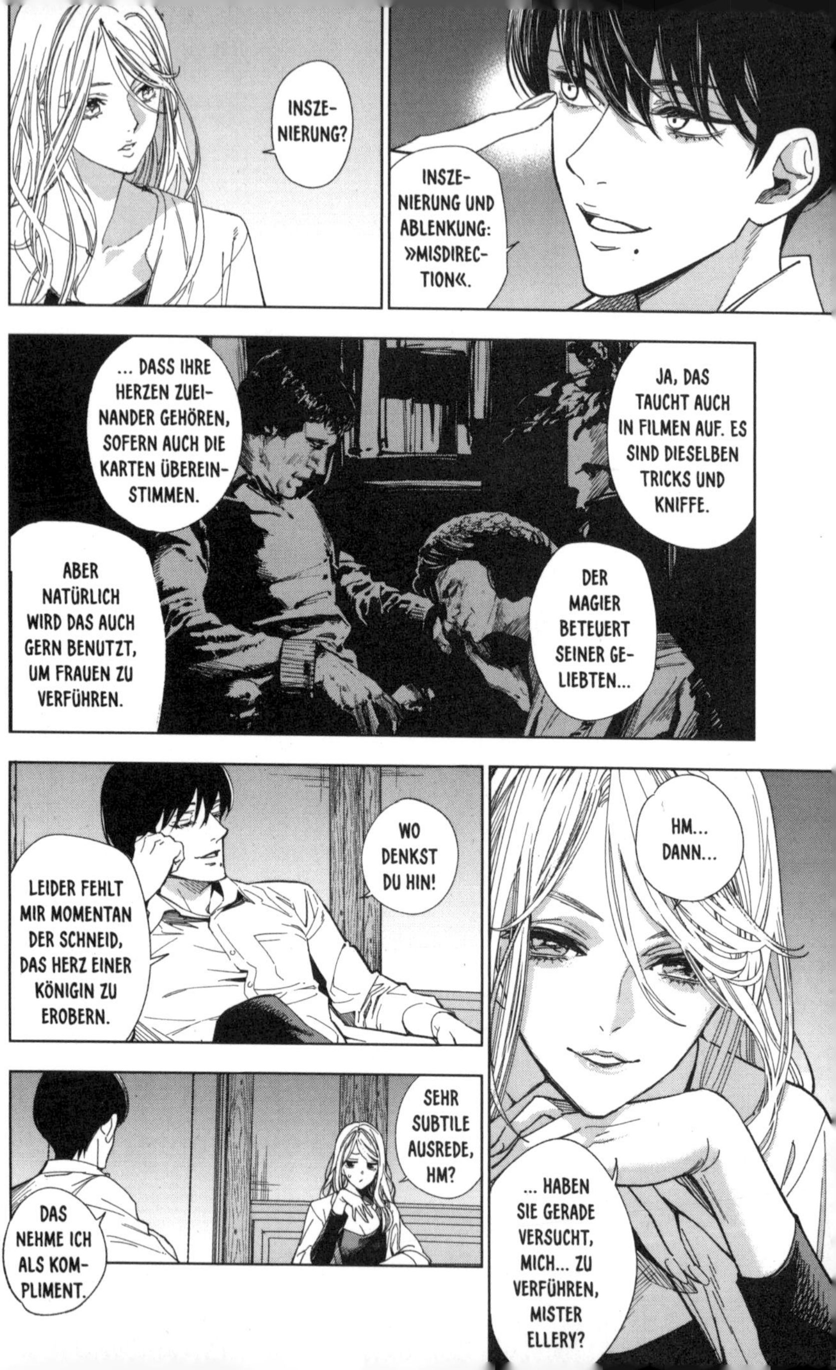
INSZENIERUNG UND ABLENKUNG: »MISDIRECTION«.
INSZENIERUNG?
JA, DAS TAUCHT AUCH IN FILMEN AUF. ES SIND DIESELBEN TRICKS UND KNIFFE.
DER MAGIER BETEUERT SEINER GELIEBTEN...
... DASS IHRE HERZEN ZUEINANDER GEHÖREN, SOFERN AUCH DIE KARTEN ÜBEREINSTIMMEN.
ABER NATÜRLICH WIRD DAS AUCH GERN BENUTZT, UM FRAUEN ZU VERFÜHREN.
HM... DANN...
... HABEN SIE GERADE VERSUCHT, MICH... ZU VERFÜHREN, MISTER ELLERY?
WO DENKST DU HIN!
LEIDER FEHLT MIR MOMENTAN DER SCHNEID, DAS HERZ EINER KÖNIGIN ZU EROBERN.
SEHR SUBTILE AUSREDE, HM?
DAS NEHME ICH ALS KOMPLIMENT.

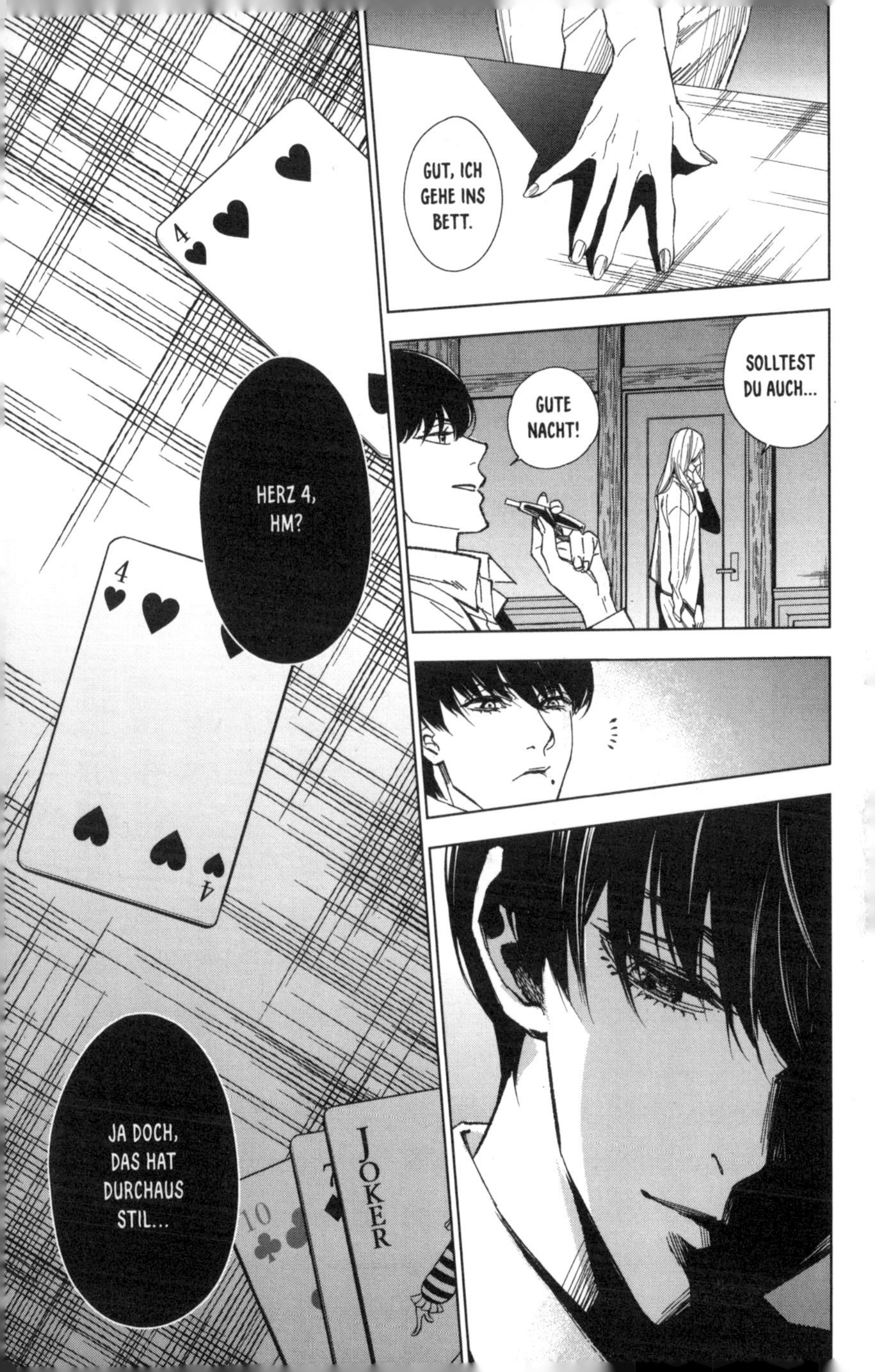
GUT, ICH GEHE INS BETT.
SOLLTEST DU AUCH...
GUTE NACHT!
HERZ 4, HM?
JA DOCH, DAS HAT DURCHAUS STIL...

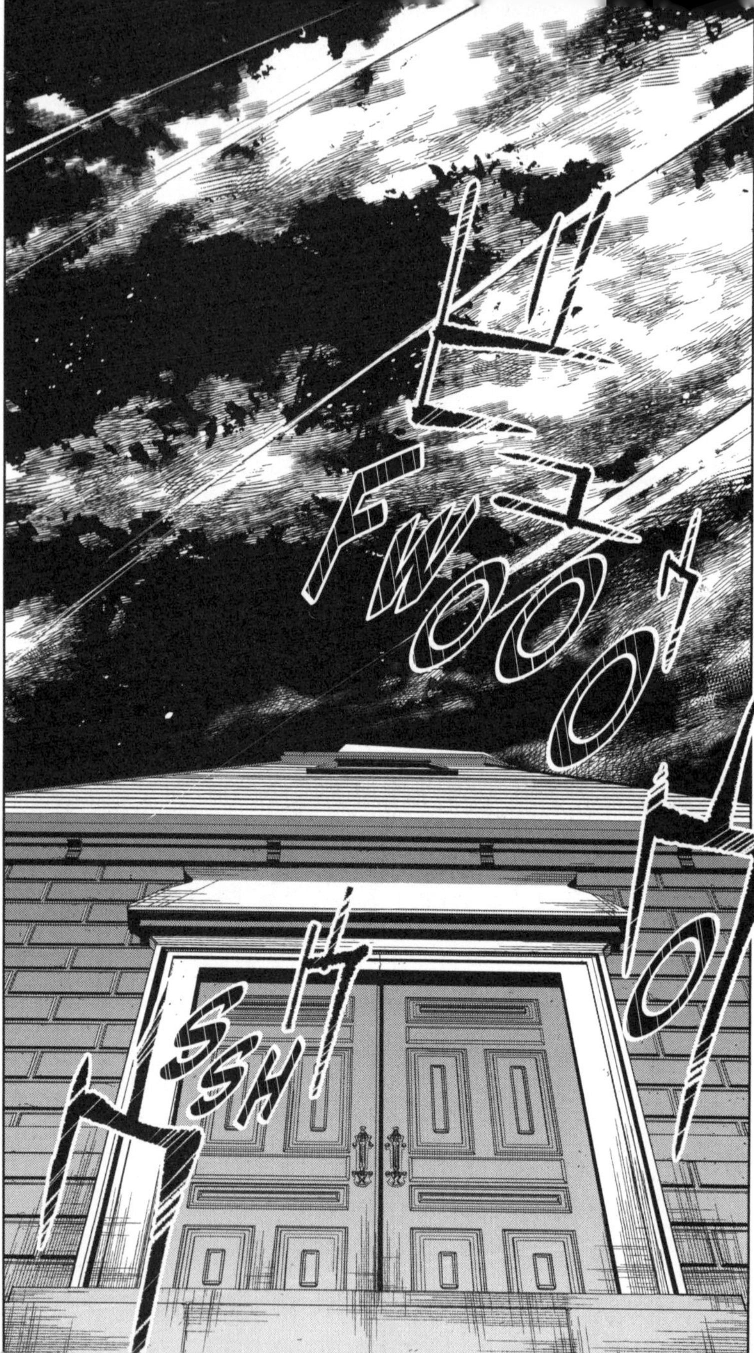
FWOOOM
SSH!

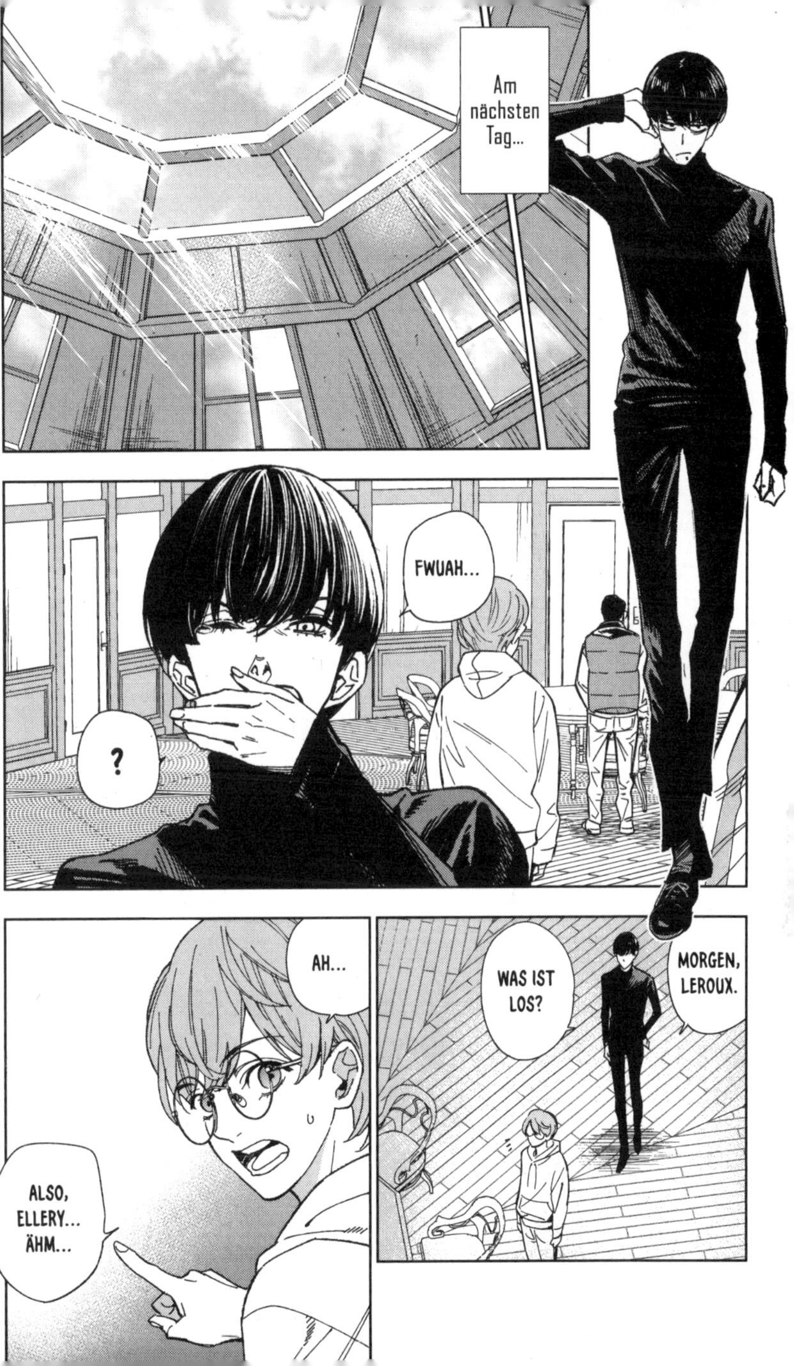
Am nächsten Tag...
FWUAH...
?
MORGEN, LEROUX.
WAS IST LOS?
AH...
ALSO, ELLERY... ÄHM...

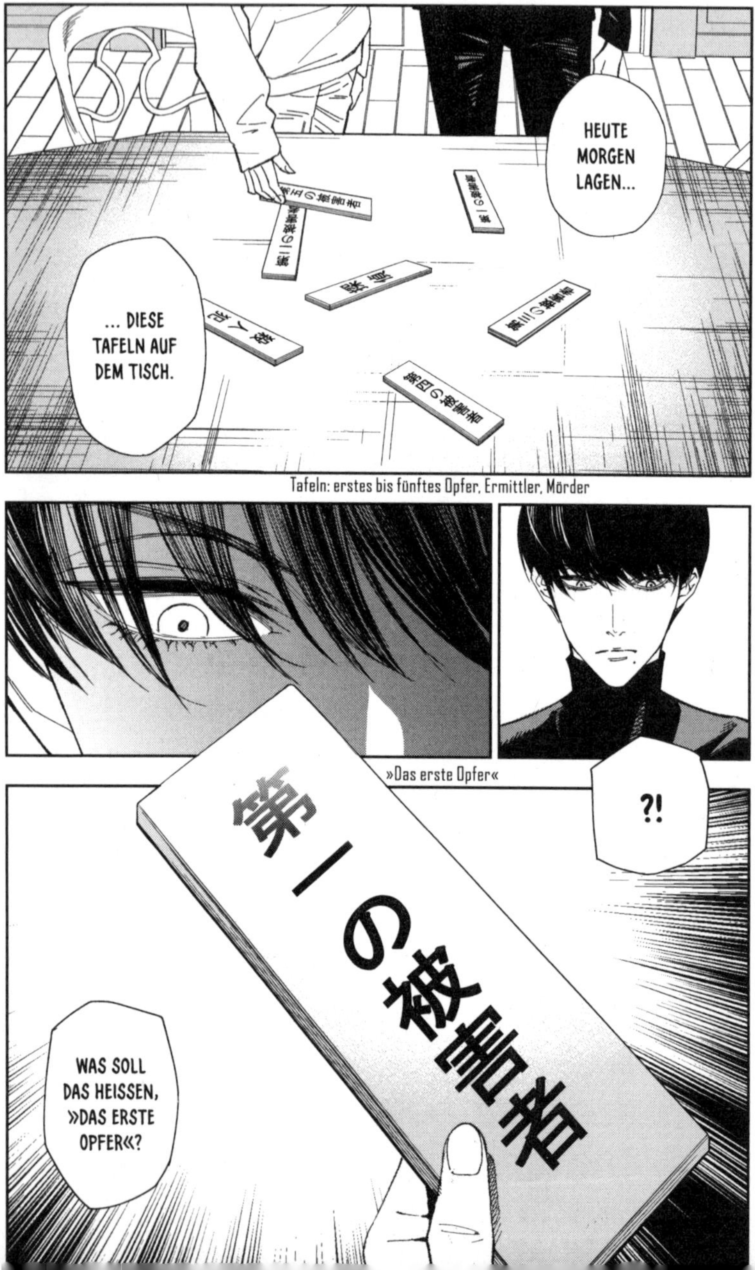
HEUTE MORGEN LAGEN...
... DIESE TAFELN AUF DEM TISCH.
Tafeln: erstes bis fünftes Opfer, Ermittler, Mörder
?!
第一の被害者
»Das erste Opfer«
WAS SOLL DAS HEISSEN, »DAS ERSTE OPFER«?

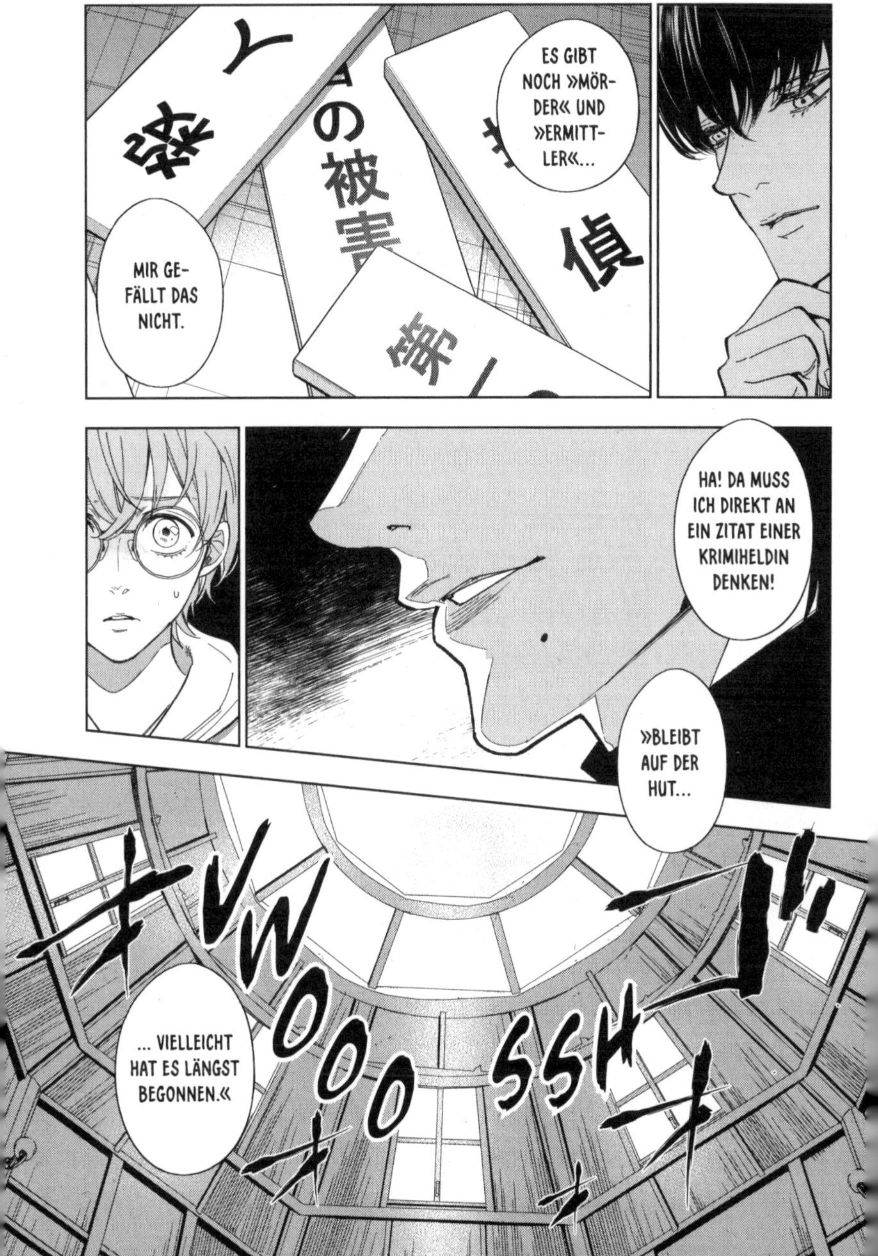
ES GIBT NOCH »MÖRDER« UND »ERMITTLER«...
MIR GEFÄLLT DAS NICHT.
HA! DA MUSS ICH DIREKT AN EIN ZITAT EINER KRIMIHELDIN DENKEN!
»BLEIBT AUF DER HUT...
... VIELLEICHT HAT ES LÄNGST BEGONNEN.«
WOOOO SSH

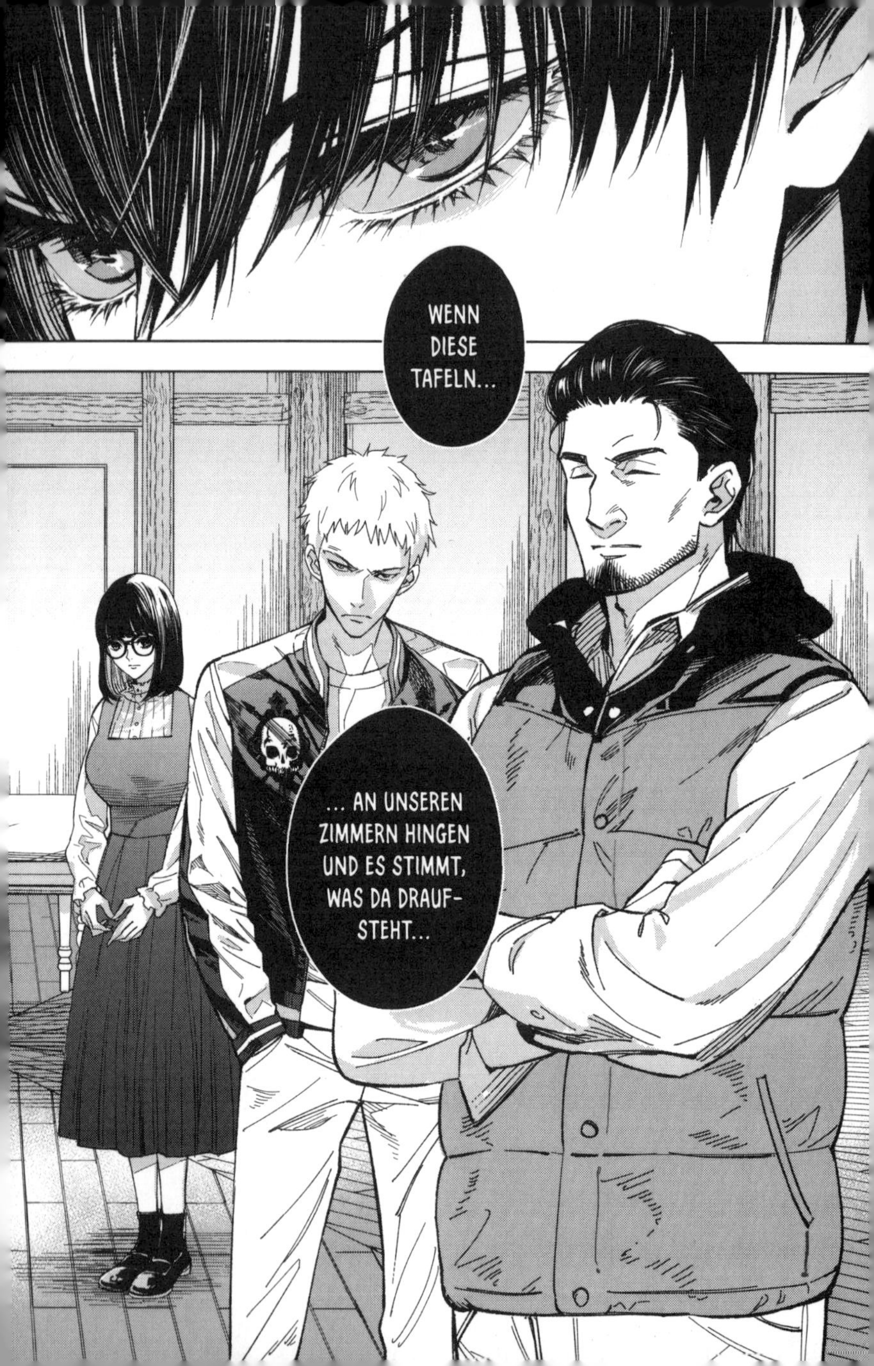
WENN DIESE TAFELN...
... AN UNSEREN ZIMMERN HINGEN UND ES STIMMT, WAS DA DRAUF-STEHT...

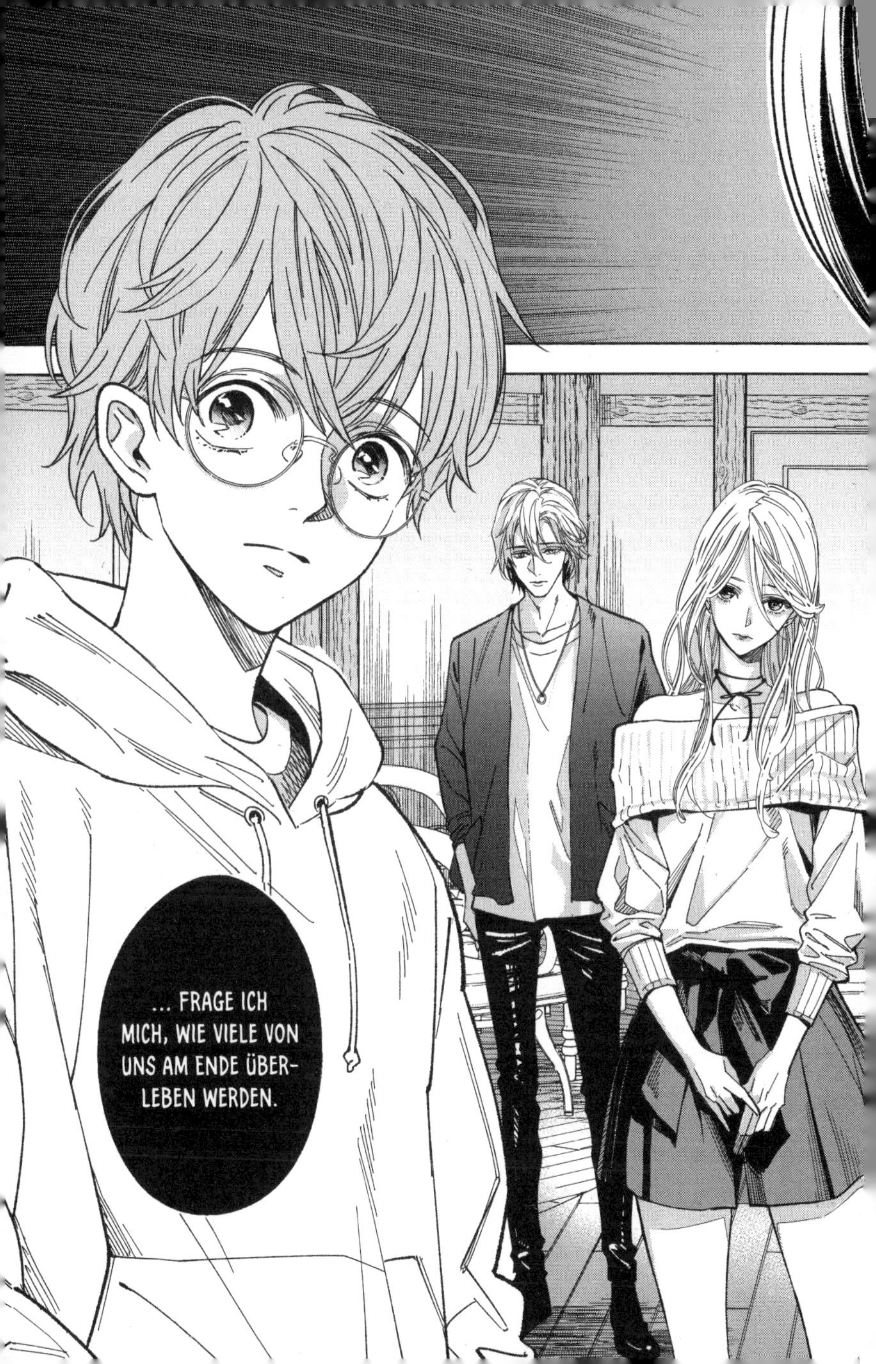
... FRAGE ICH MICH, WIE VIELE VON UNS AM ENDE ÜBER-LEBEN WERDEN.

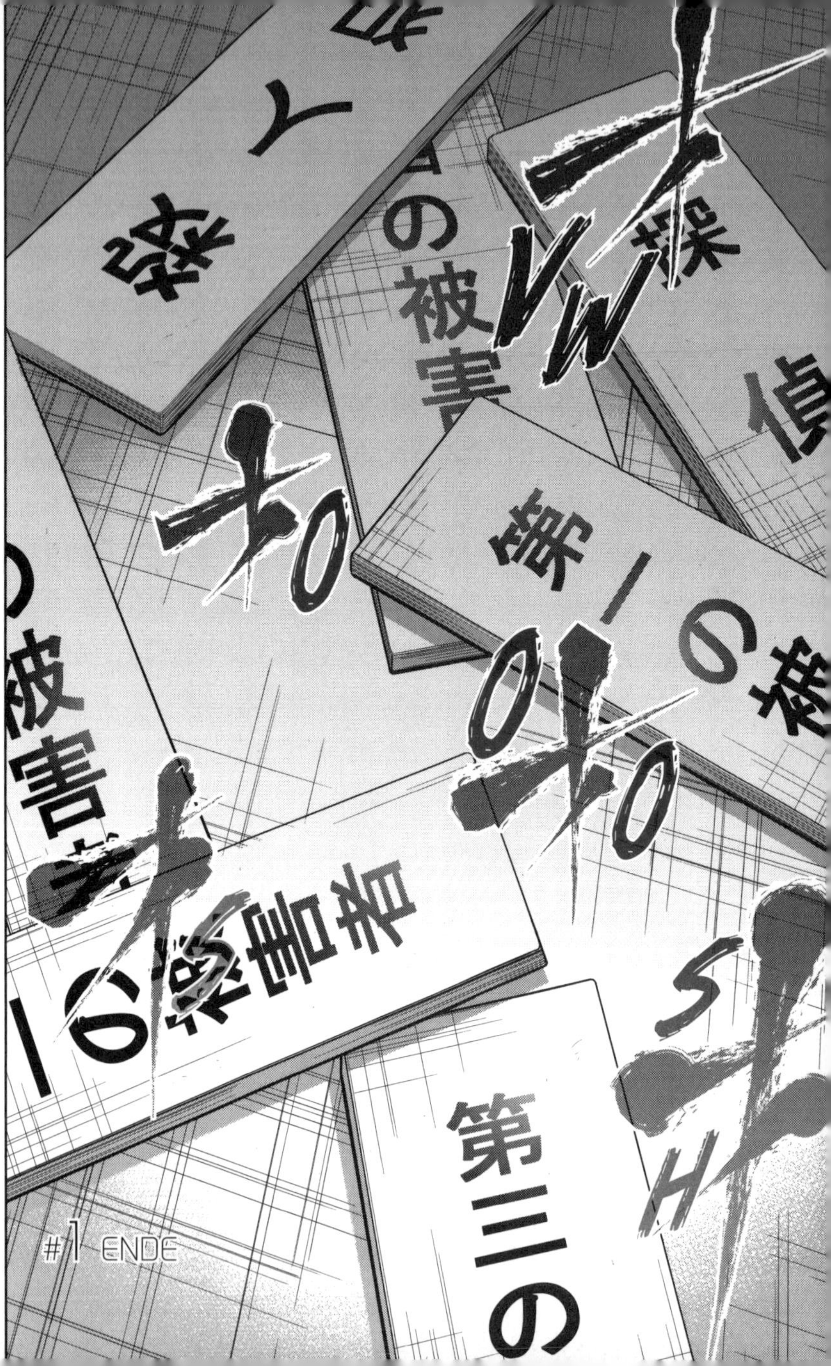
#1 ENDE

Mord im Dekagon

Einige Informationen über die berühmten Krimiautorinnen und -autoren, mit deren Namen die Mitglieder des Krimi-Clubs ihnen huldigen.

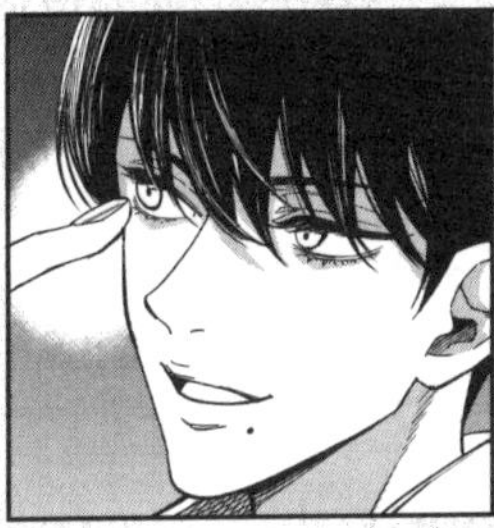

Ellery Queen (1905-1982 und 1905-1971)

Ein doppeltes Pseudonym, das von den amerikanischen Cousins Frederic Dannay und Manfred B. Lee verwendet wurde. Der Held und Detektiv ihrer Geschichten trug denselben Namen. Ellery Queen spielte in einer Serie mit, die mit »Der mysteriöse Zylinder« begann. Sie veröffentlichten mehrere Werke, darunter »Die Tragödie des X«, und schrieben auch unter dem Namen »Barnaby Ross«.

Gaston Leroux (1868-1927)

Ein französischer Romanautor, der Ende des 19. Jahrhunderts mit der Veröffentlichung von »Das Phantom der Oper« berühmt wurde. Der Roman wird bis heute immer wieder adaptiert. Leroux wird ebenso gefeiert wie Maurice Leblanc, der Schöpfer von Arsène Lupin, und schrieb auch das Werk »Das Geheimnis des gelben Zimmers«.

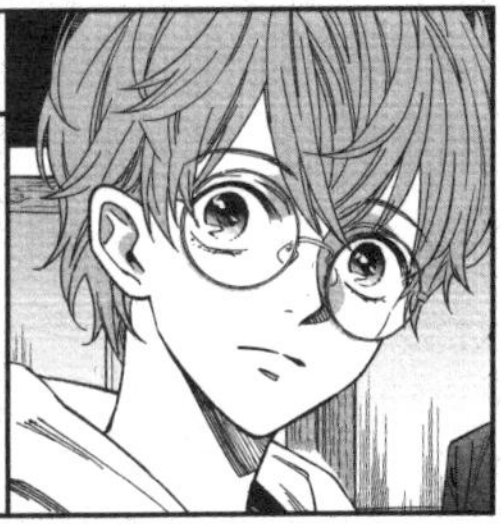

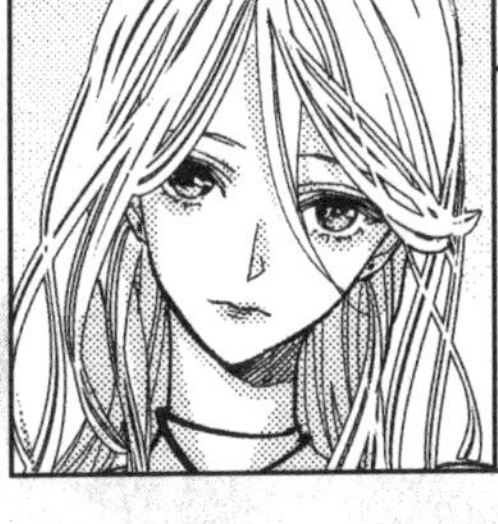

Agatha Christie (1890-1976)

Die englische Krimiautorin gilt als »Krimikönigin« schlechthin. Sie erfand die berühmten Detektive Hercule Poirot und Miss Marple. Bevor sie mit »Das fehlende Glied in der Kette« debütierte, arbeitete sie als Krankenschwester und half in Krankenhausapotheken aus. Sie schuf viele berühmte Werke, darunter »Mord im Orientexpress«, »Die Morde des Herrn ABC« und »Und dann gab's keines mehr«.

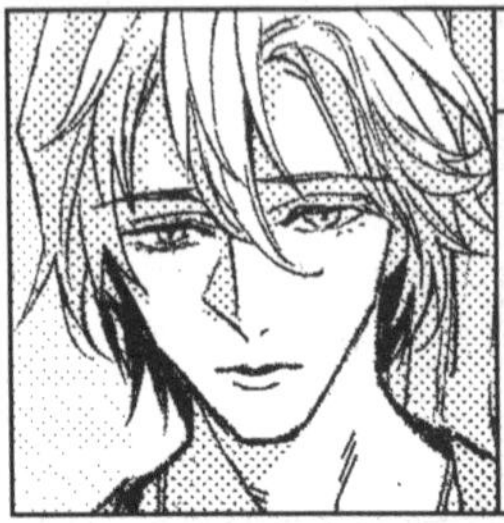

S.S. Van Dine (1888-1939)

Der amerikanische Krimiautor arbeitete zunächst als Literaturkritiker für die Los Angeles Times, bis sein Arzt ihm nach einer schweren Krankheit von seinem Job und dem damit verbundenen intensiven Lesen abriet. Nach der Lektüre etlicher leichterer Romane beschloss er, selbst Detektivgeschichten zu schreiben. Seine Romane »Der Mordfall Benson« und »Der Mordfall Canary« erhielten große Anerkennung.

John Dickson Carr (1906-1977)

Das Steckenpferd des amerikanischen Krimiautors waren Werke, die das Motiv eines »abgeschlossenen Zimmers« verwendeten. Seine Geschichten handelten häufig von »unmöglichen Verbrechen« oder Kriminalfällen, die übernatürlich oder unvorstellbar erscheinen. Er veröffentlichte eine Vielzahl von Werken und erschuf die Figuren des Dr. Gideon Fell (»Hag's Nook«, »Detektiv Dr. Gideon Fell«) oder des Armeeveteranen Sir Henry Merrivale (»The Judas Window«).

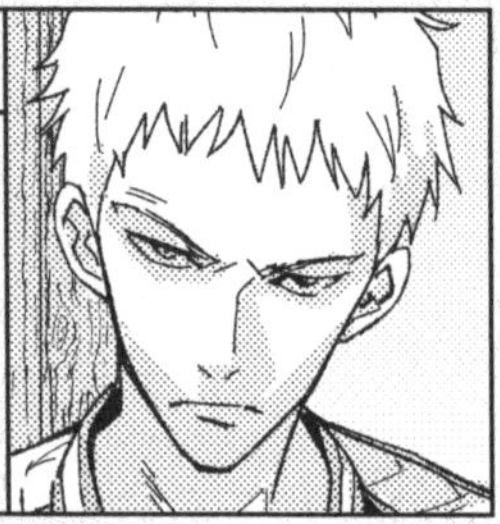

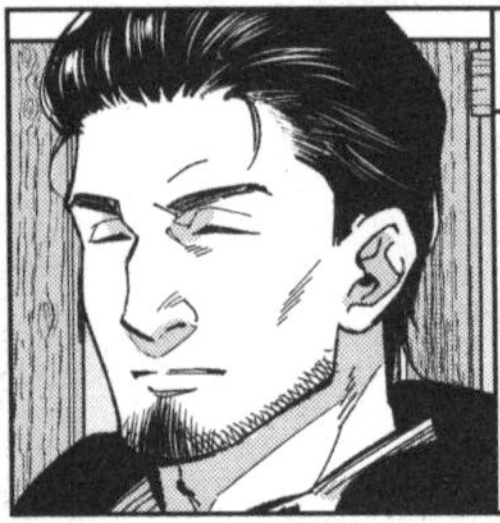

Edgar Allan Poe (1809-1849)

Der amerikanische Schriftsteller gilt als Vater der modernen Detektivgeschichte. Er erklärte den Tatort eines Mordes zur Kulisse, um Fragen nach dem Motiv eines Verbrechens und eines Täters zu untersuchen. Der japanische Krimiautor Edogawa Ranpo leitete seinen Künstlernamen von Poes Namen ab. Zu Poes Hauptwerken gehören »Der Doppelmord in der Rue Morgue«, »Der schwarze Kater« und »Der Untergang des Hauses Usher«.

Baroness Orczy (1865-1947)

Das bekannteste Werk der Schriftstellerin ungarischer Herkunft ist »Das scharlachrote Siegel«, ein romantischer Abenteuerroman, der während der Französischen Revolution spielt. Sie erschuf auch den Begriff des »Sesseldetektivs« mit der Serie »The Old Man in the Corner«, deren Protagonist als Rivale Sherlock Holmes' betitelt wurde, sowie mit der Kurzgeschichtensammlung »Lady Molly of Scotland Yard«.

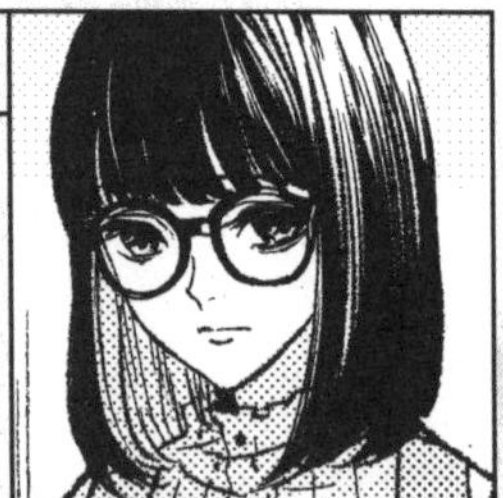

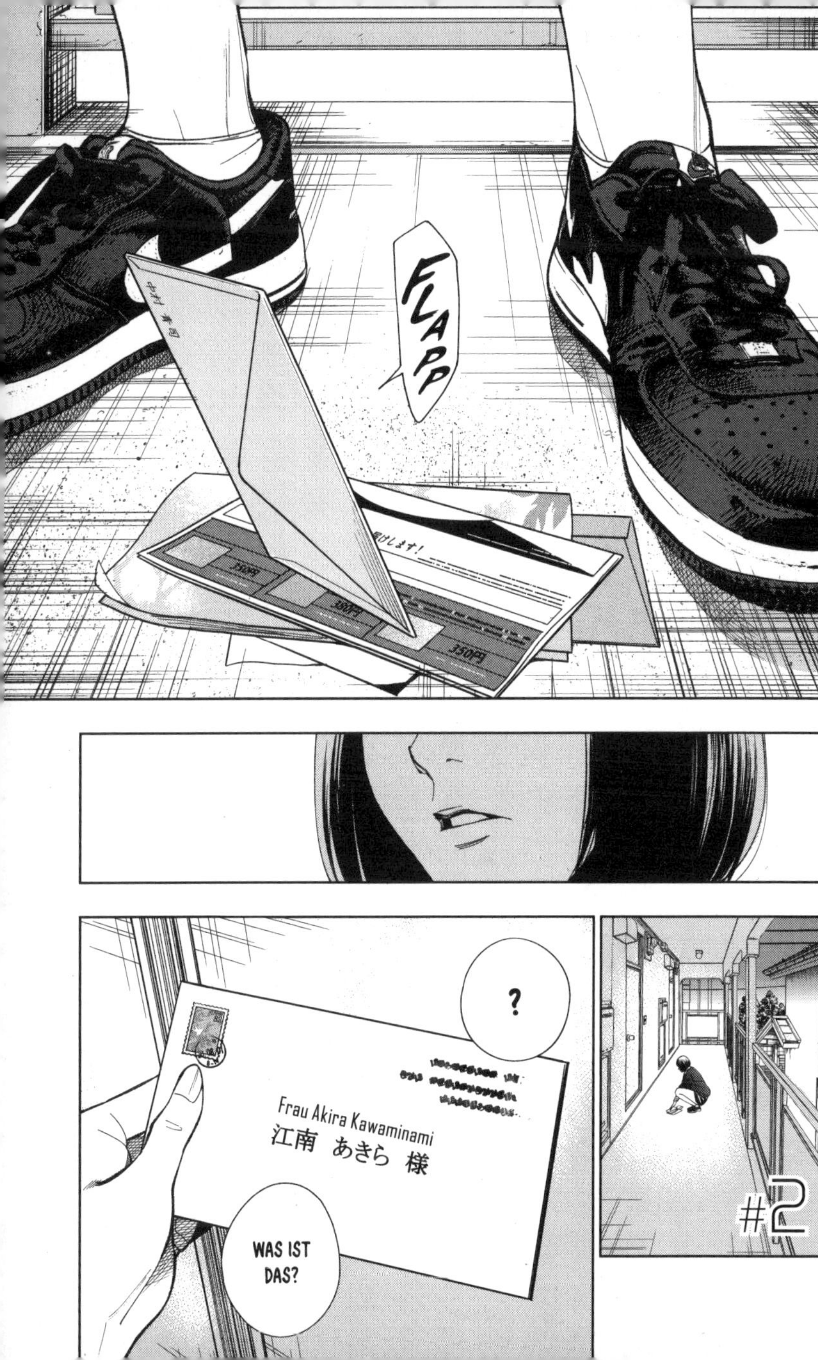
FLAPP
#2
?
Frau Akira Kawaminami
江南 あきら 様
WAS IST DAS?

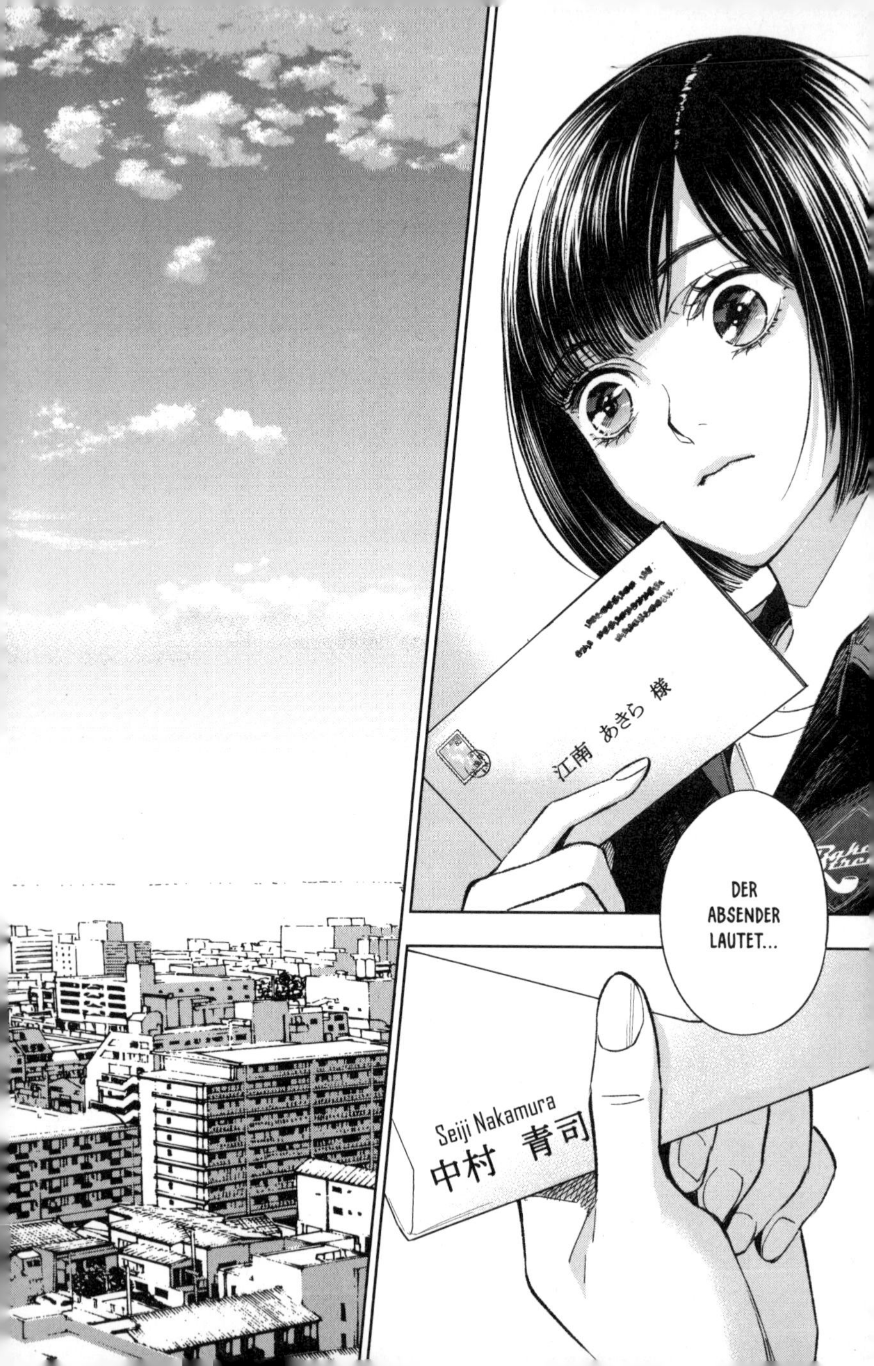
江南 あきら 様
DER ABSENDER LAUTET...
Seiji Nakamura
中村 青司

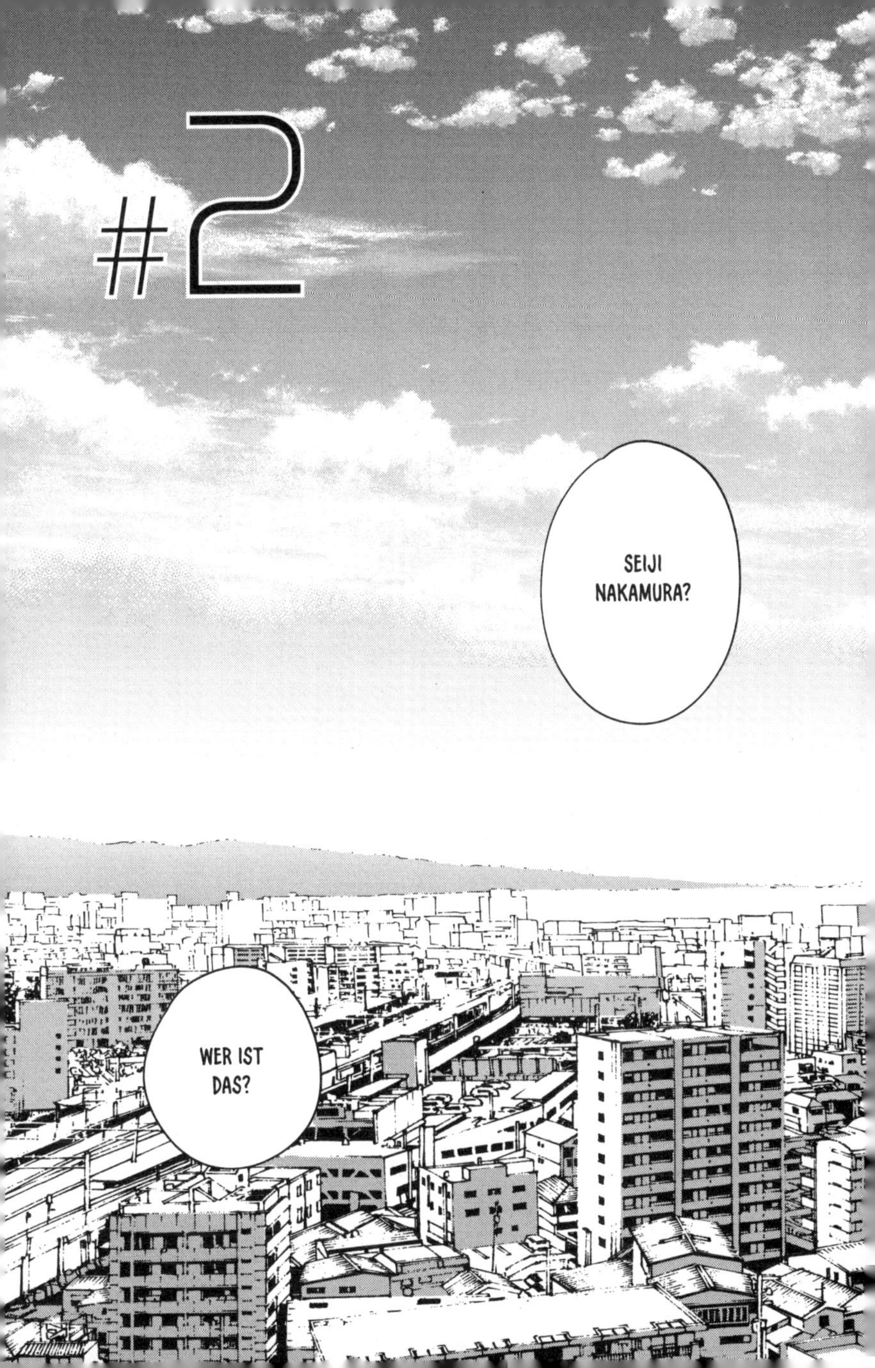
#2
SEIJI NAKAMURA?
WER IST DAS?

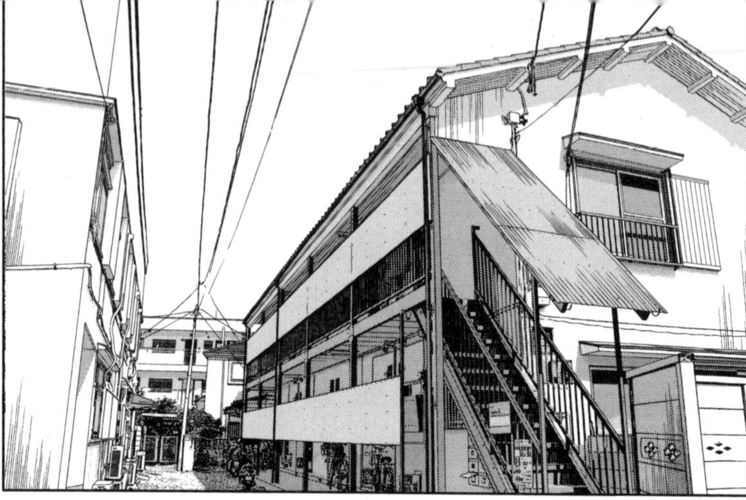

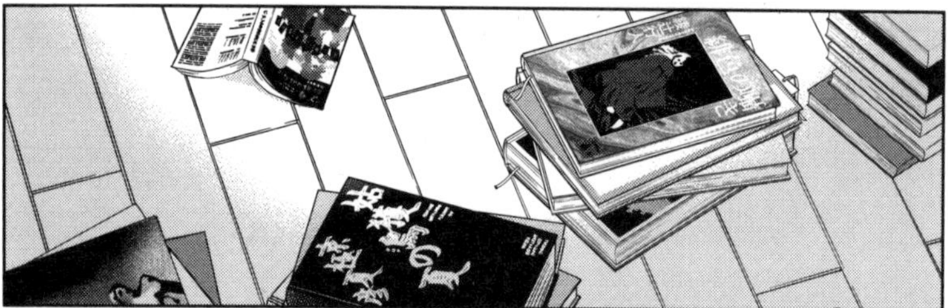

Natsuhiko Kyogoku: Der Sommer von Ubume

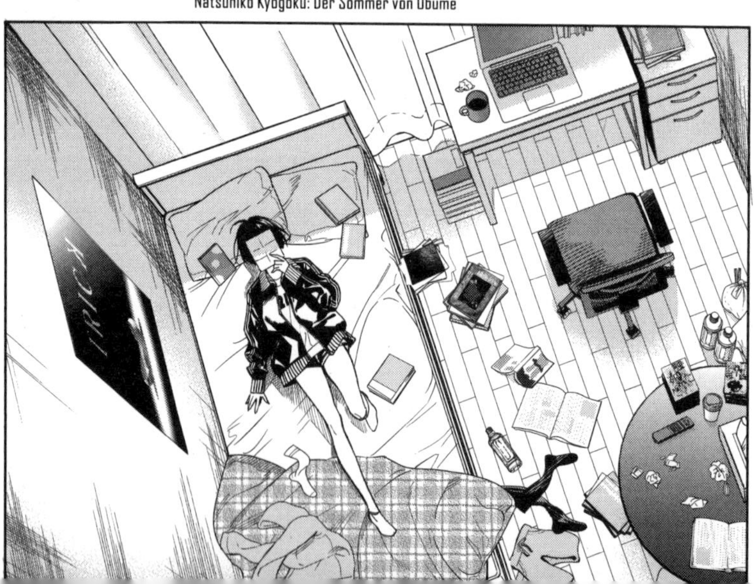

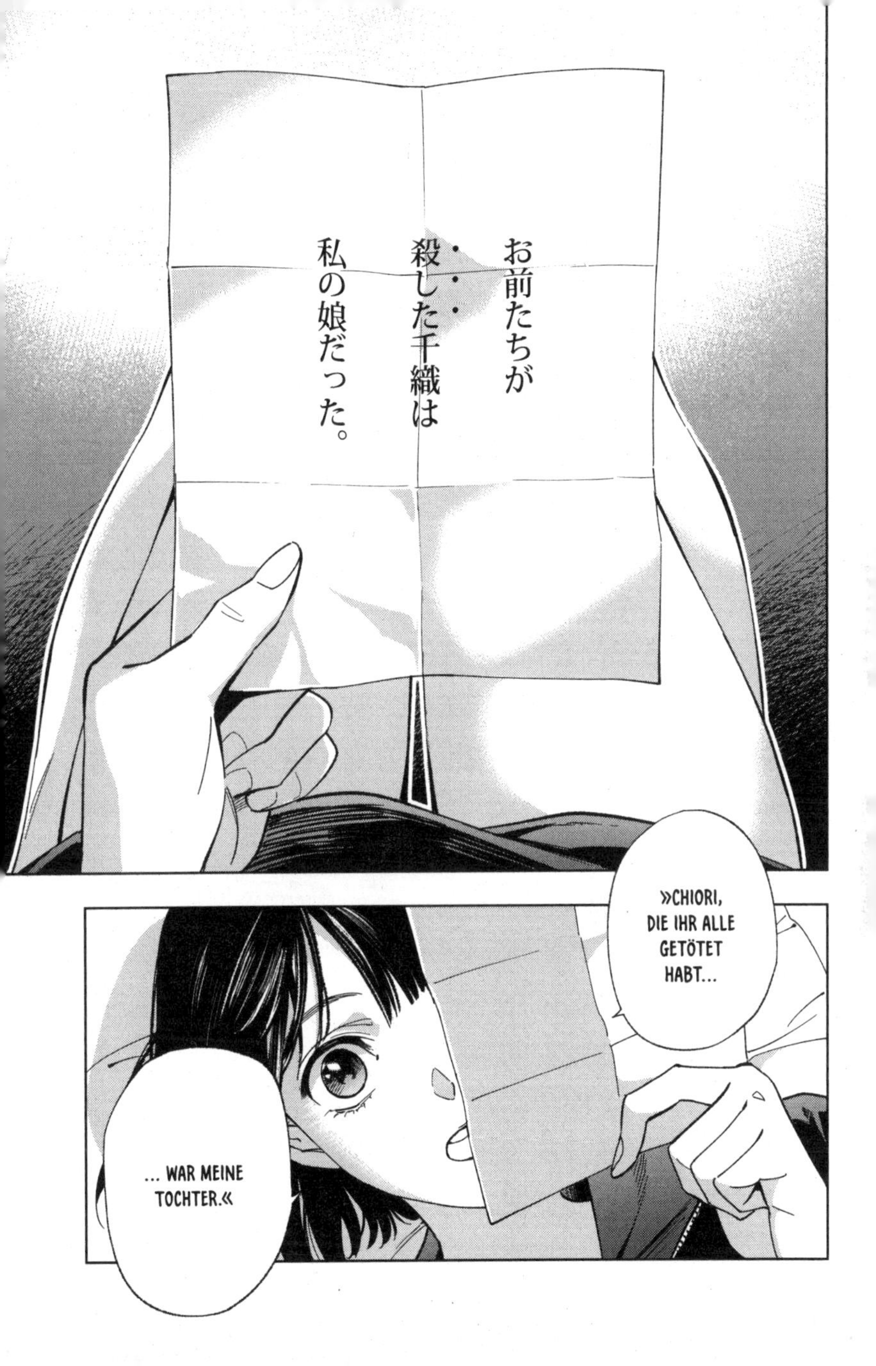
お前たちが
殺した千織は
私の娘だった。
»CHIORI, DIE IHR ALLE GETÖTET HABT…
… WAR MEINE TOCHTER.«

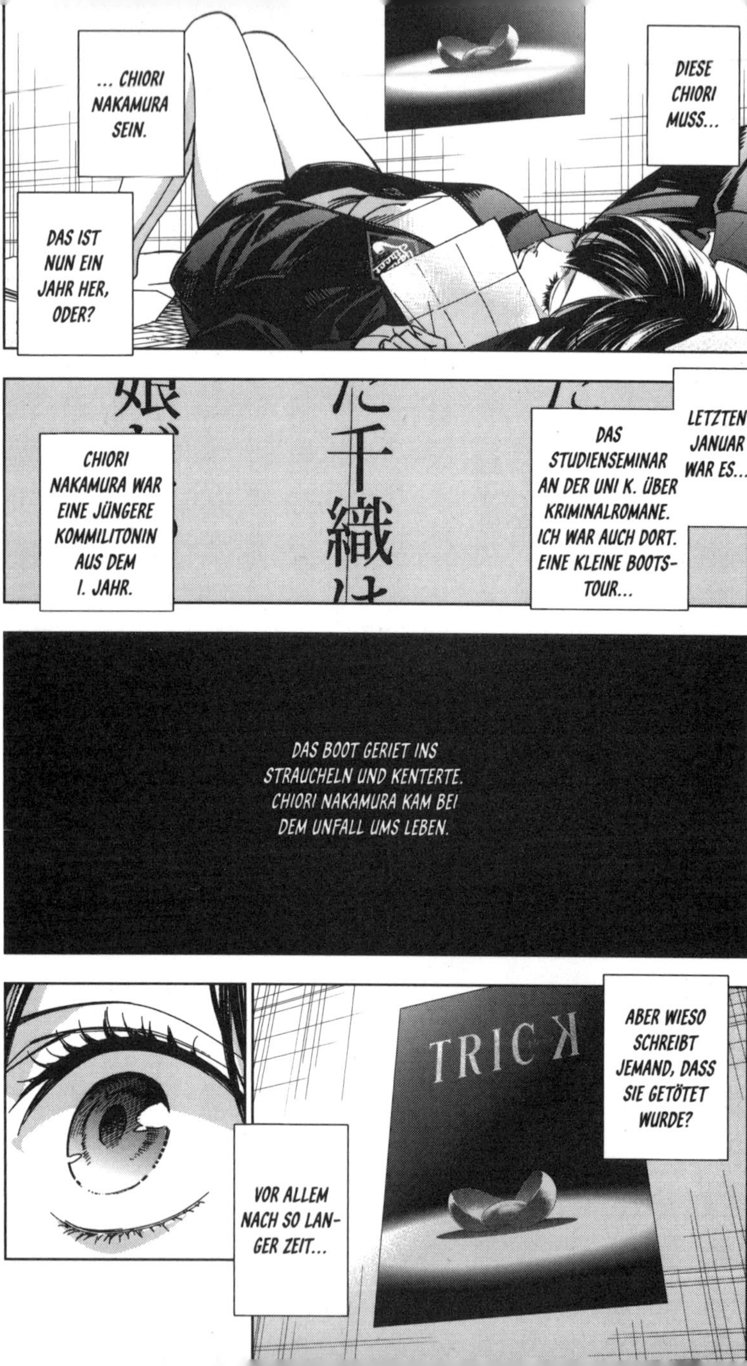
DIESE CHIORI MUSS...
... CHIORI NAKAMURA SEIN.
DAS IST NUN EIN JAHR HER, ODER?
LETZTEN JANUAR WAR ES...
DAS STUDIENSEMINAR AN DER UNI K. ÜBER KRIMINALROMANE. ICH WAR AUCH DORT. EINE KLEINE BOOTS-TOUR...
CHIORI NAKAMURA WAR EINE JÜNGERE KOMMILITONIN AUS DEM I. JAHR.
DAS BOOT GERIET INS STRAUCHELN UND KENTERTE. CHIORI NAKAMURA KAM BEI DEM UNFALL UMS LEBEN.
ABER WIESO SCHREIBT JEMAND, DASS SIE GETÖTET WURDE?
TRICK
VOR ALLEM NACH SO LAN-GER ZEIT...

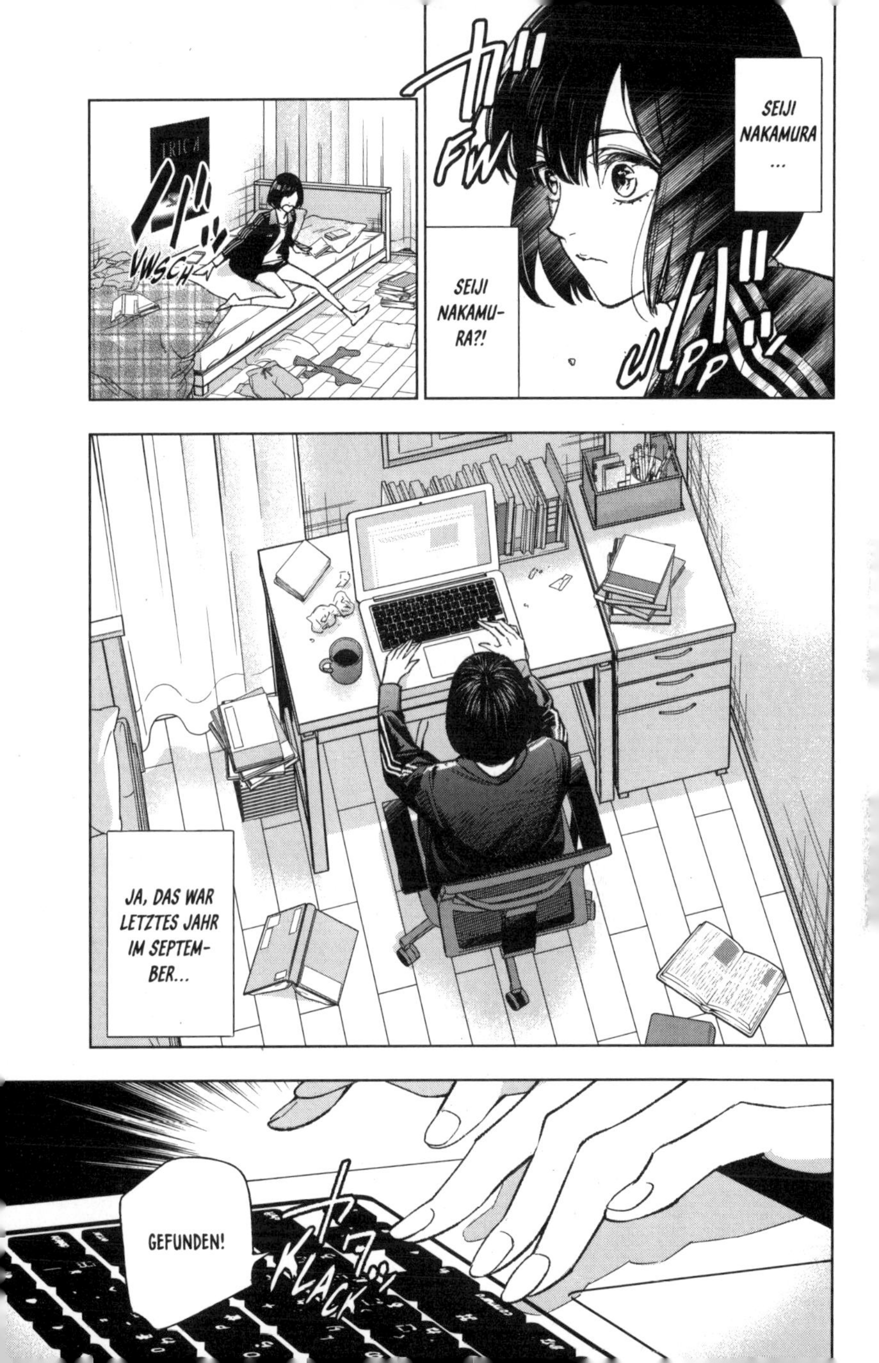

SEIJI NAKAMURA …
FW
SEIJI NAKAMU-RA?!
VWSCH
JA, DAS WAR LETZTES JAHR IM SEPTEM-BER…
GEFUNDEN!
KLACK

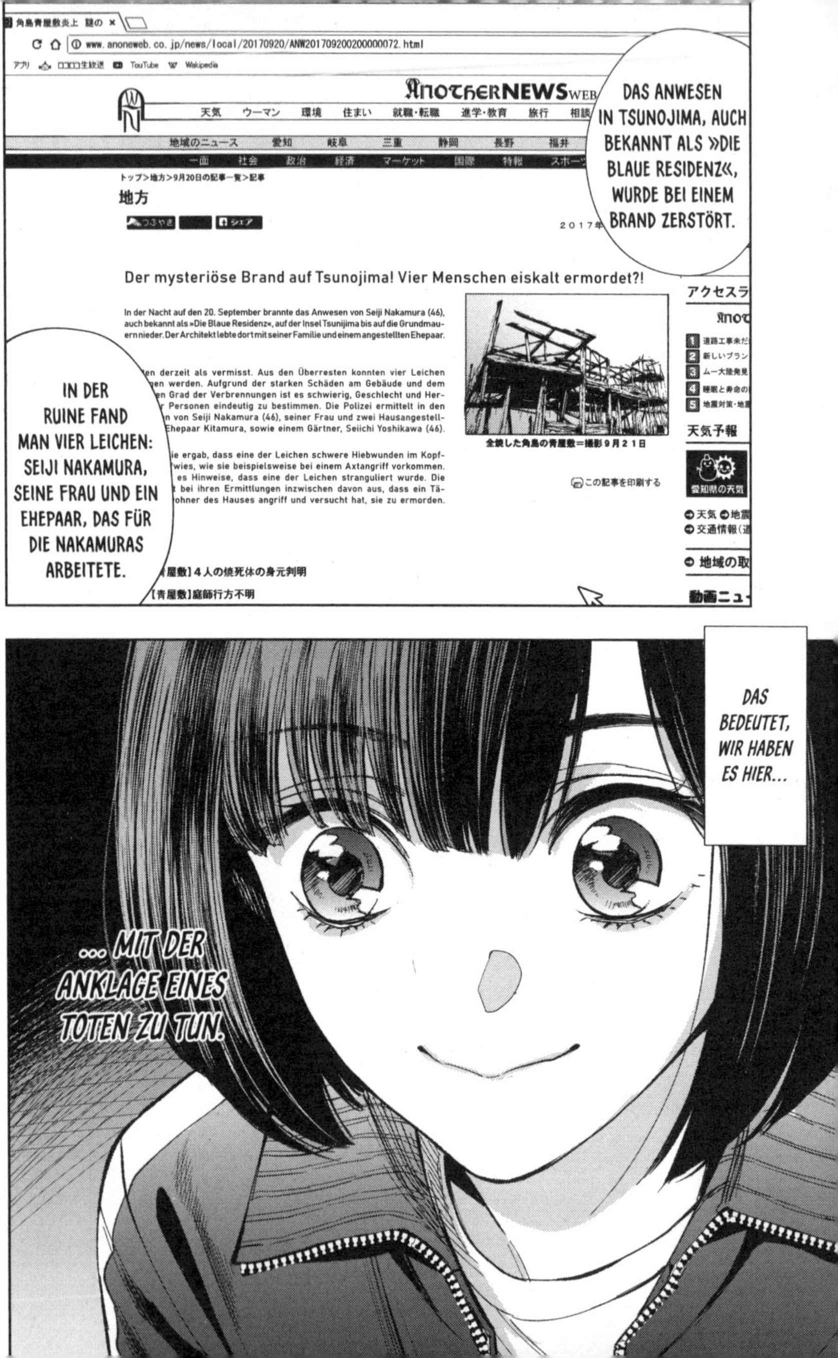

Das Anwesen in Tsunojima, auch bekannt als »Die blaue Residenz«, wurde bei einem Brand zerstört.
Der mysteriöse Brand auf Tsunojima! Vier Menschen eiskalt ermordet?!
In der Nacht auf den 20. September brannte das Anwesen von Seiji Nakamura (46), auch bekannt als »Die Blaue Residenz«, auf der Insel Tsunijima bis auf die Grundmauern nieder. Der Architekt lebte dort mit seiner Familie und einem angestellten Ehepaar.
全焼した角島の青屋敷＝撮影9月21日
In der Ruine fand man vier Leichen: Seiji Nakamura, seine Frau und ein Ehepaar, das für die Nakamuras arbeitete.
Das bedeutet, wir haben es hier...
... mit der Anklage eines Toten zu tun.

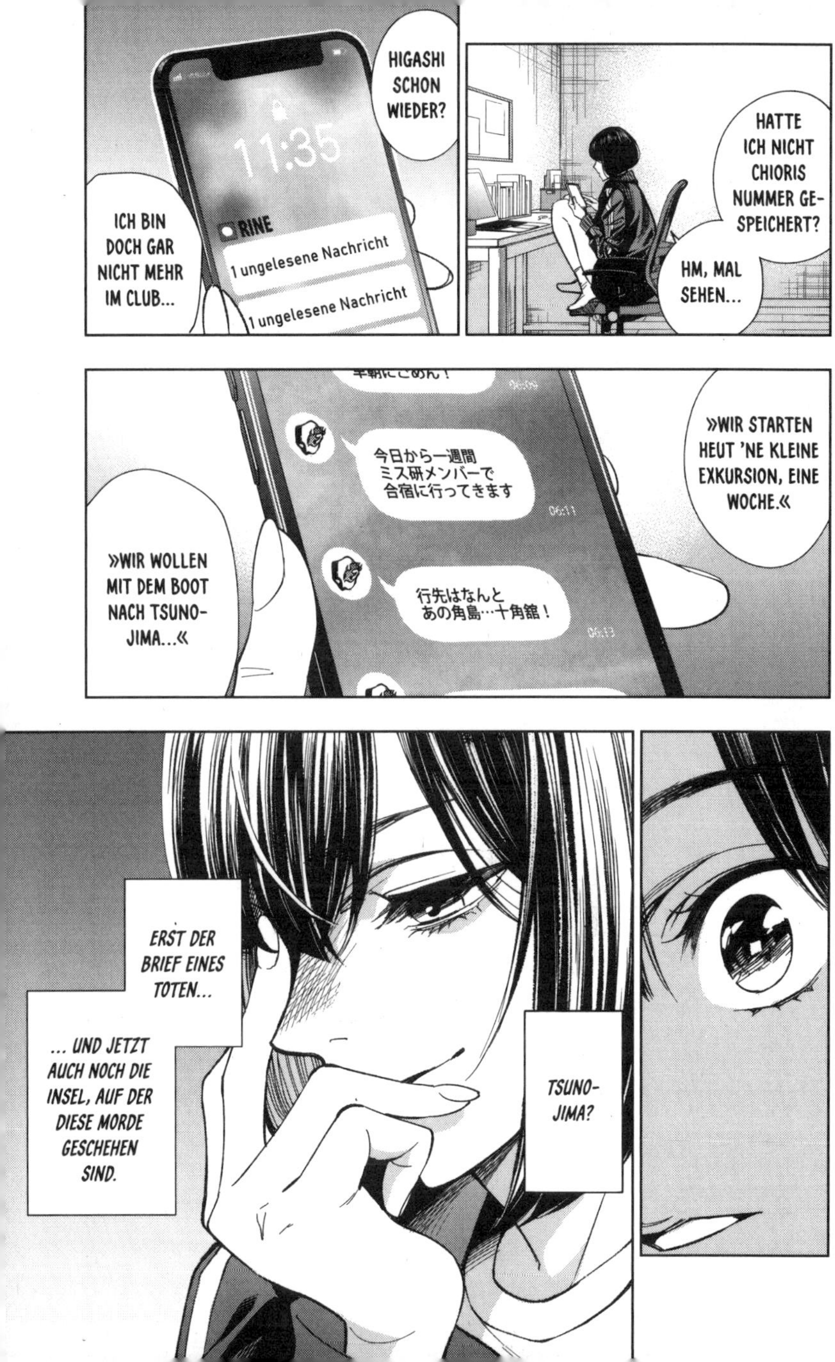
HATTE ICH NICHT CHIORIS NUMMER GESPEICHERT?
HM, MAL SEHEN...
HIGASHI SCHON WIEDER?
11:35
RINE
1 ungelesene Nachricht
1 ungelesene Nachricht
ICH BIN DOCH GAR NICHT MEHR IM CLUB...
»WIR STARTEN HEUT 'NE KLEINE EXKURSION, EINE WOCHE.«
今日から一週間
ミス研メンバーで
合宿に行ってきます
行先はなんと
あの角島…十角館！
»WIR WOLLEN MIT DEM BOOT NACH TSUNOJIMA...«
TSUNOJIMA?
ERST DER BRIEF EINES TOTEN...
... UND JETZT AUCH NOCH DIE INSEL, AUF DER DIESE MORDE GESCHEHEN SIND.

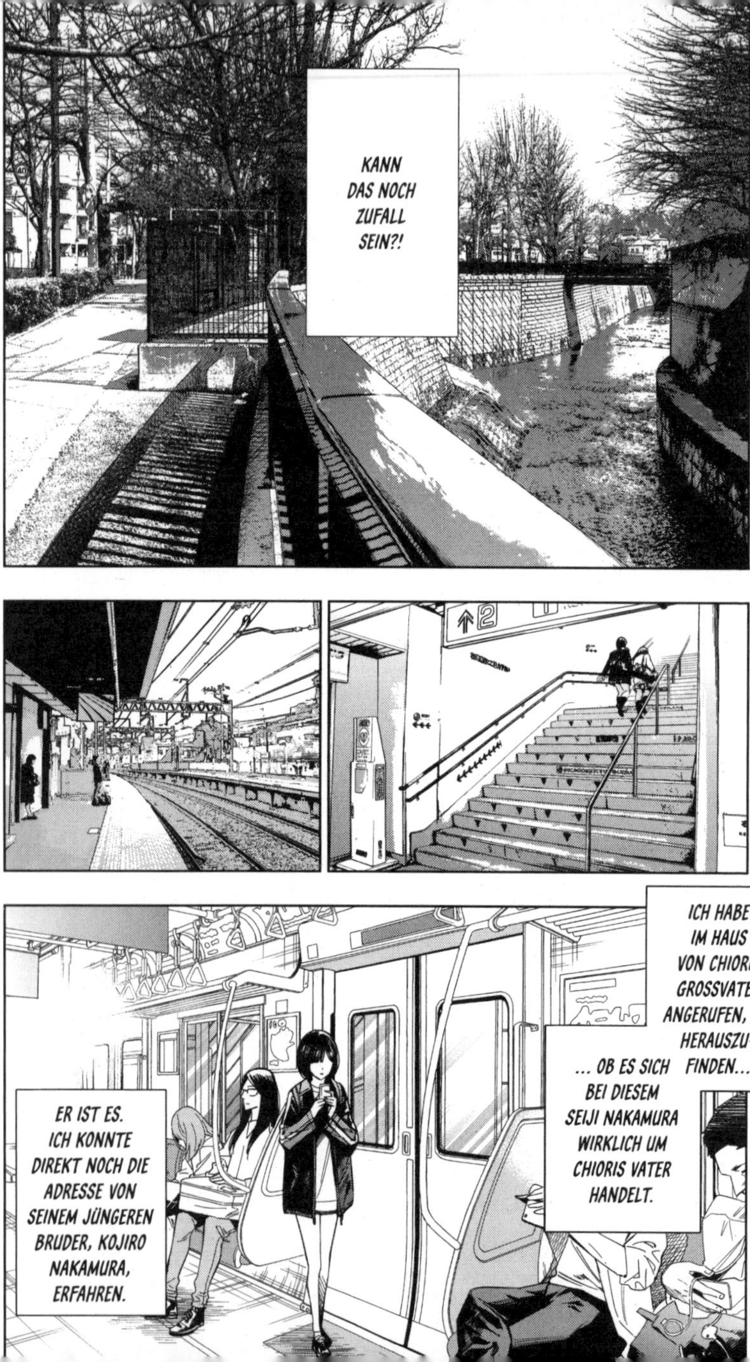
KANN DAS NOCH ZUFALL SEIN?!
ICH HABE IM HAUS VON CHIORIS GROSSVATER ANGERUFEN, UM HERAUSZU- FINDEN...
... OB ES SICH BEI DIESEM SEIJI NAKAMURA WIRKLICH UM CHIORIS VATER HANDELT.
ER IST ES. ICH KONNTE DIREKT NOCH DIE ADRESSE VON SEINEM JÜNGEREN BRUDER, KOJIRO NAKAMURA, ERFAHREN.

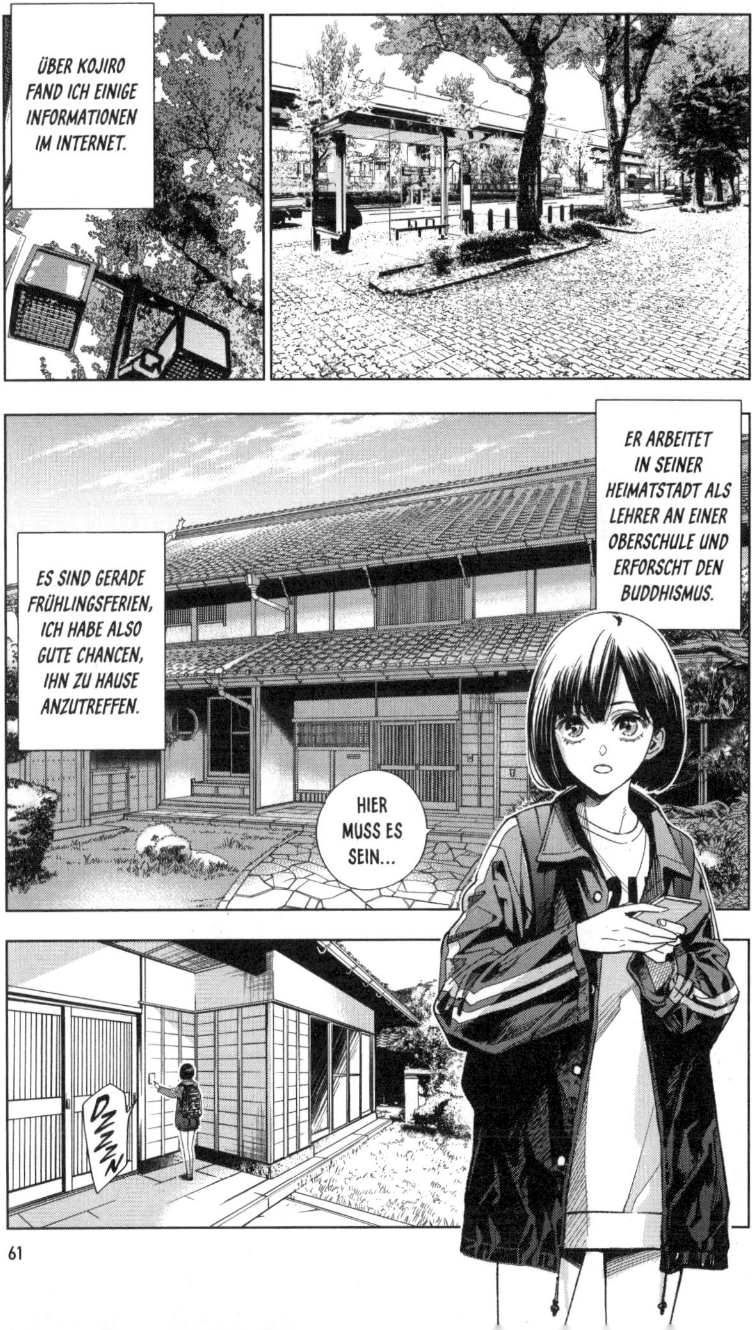
ÜBER KOJIRO FAND ICH EINIGE INFORMATIONEN IM INTERNET.
ER ARBEITET IN SEINER HEIMATSTADT ALS LEHRER AN EINER OBERSCHULE UND ERFORSCHT DEN BUDDHISMUS.
ES SIND GERADE FRÜHLINGSFERIEN, ICH HABE ALSO GUTE CHANCEN, IHN ZU HAUSE ANZUTREFFEN.
HIER MUSS ES SEIN...
DZZZN

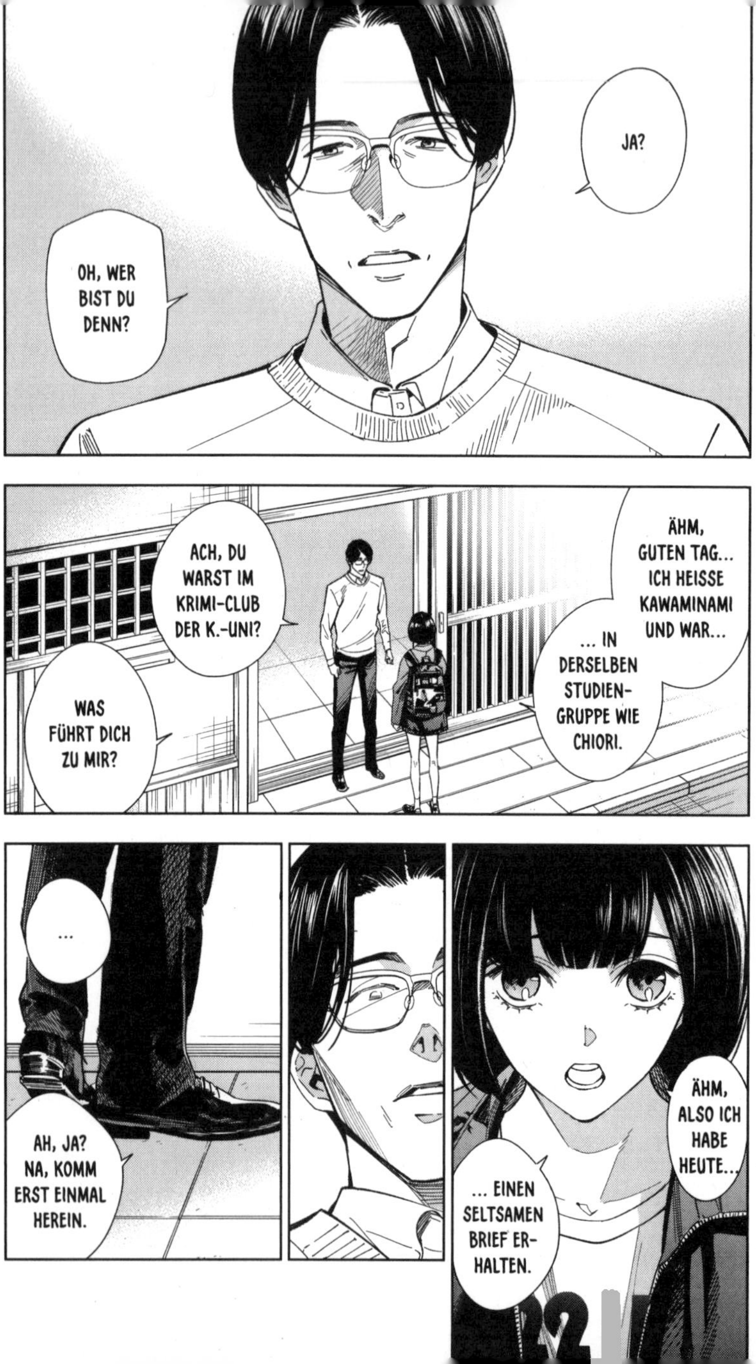

JA?
OH, WER BIST DU DENN?
ÄHM, GUTEN TAG... ICH HEISSE KAWAMINAMI UND WAR...
... IN DERSELBEN STUDIEN-GRUPPE WIE CHIORI.
ACH, DU WARST IM KRIMI-CLUB DER K.-UNI?
WAS FÜHRT DICH ZU MIR?
ÄHM, ALSO ICH HABE HEUTE...
... EINEN SELTSAMEN BRIEF ER-HALTEN.
...
AH, JA? NA, KOMM ERST EINMAL HEREIN.

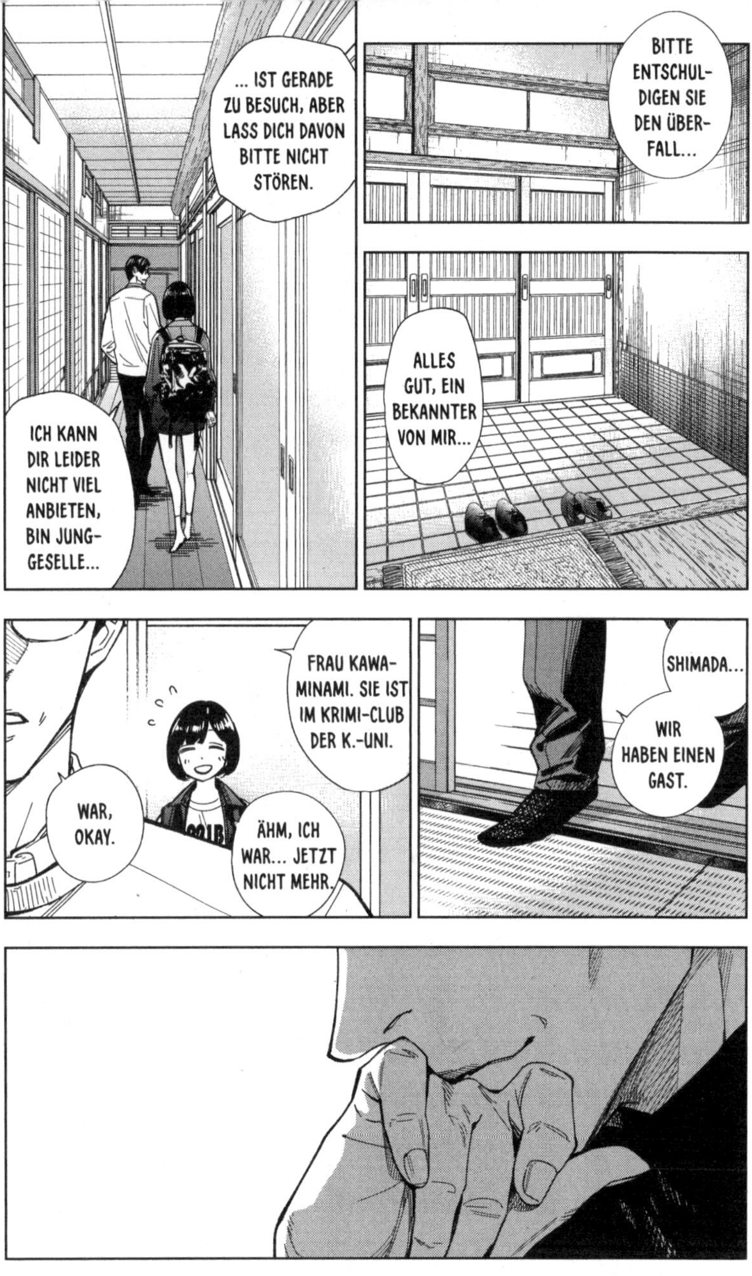
BITTE ENTSCHULDIGEN SIE DEN ÜBERFALL...
ALLES GUT, EIN BEKANNTER VON MIR...
... IST GERADE ZU BESUCH, ABER LASS DICH DAVON BITTE NICHT STÖREN.
ICH KANN DIR LEIDER NICHT VIEL ANBIETEN, BIN JUNGGESELLE...
SHIMADA...
WIR HABEN EINEN GAST.
FRAU KAWAMINAMI. SIE IST IM KRIMI-CLUB DER K.-UNI.
ÄHM, ICH WAR... JETZT NICHT MEHR.
WAR, OKAY.

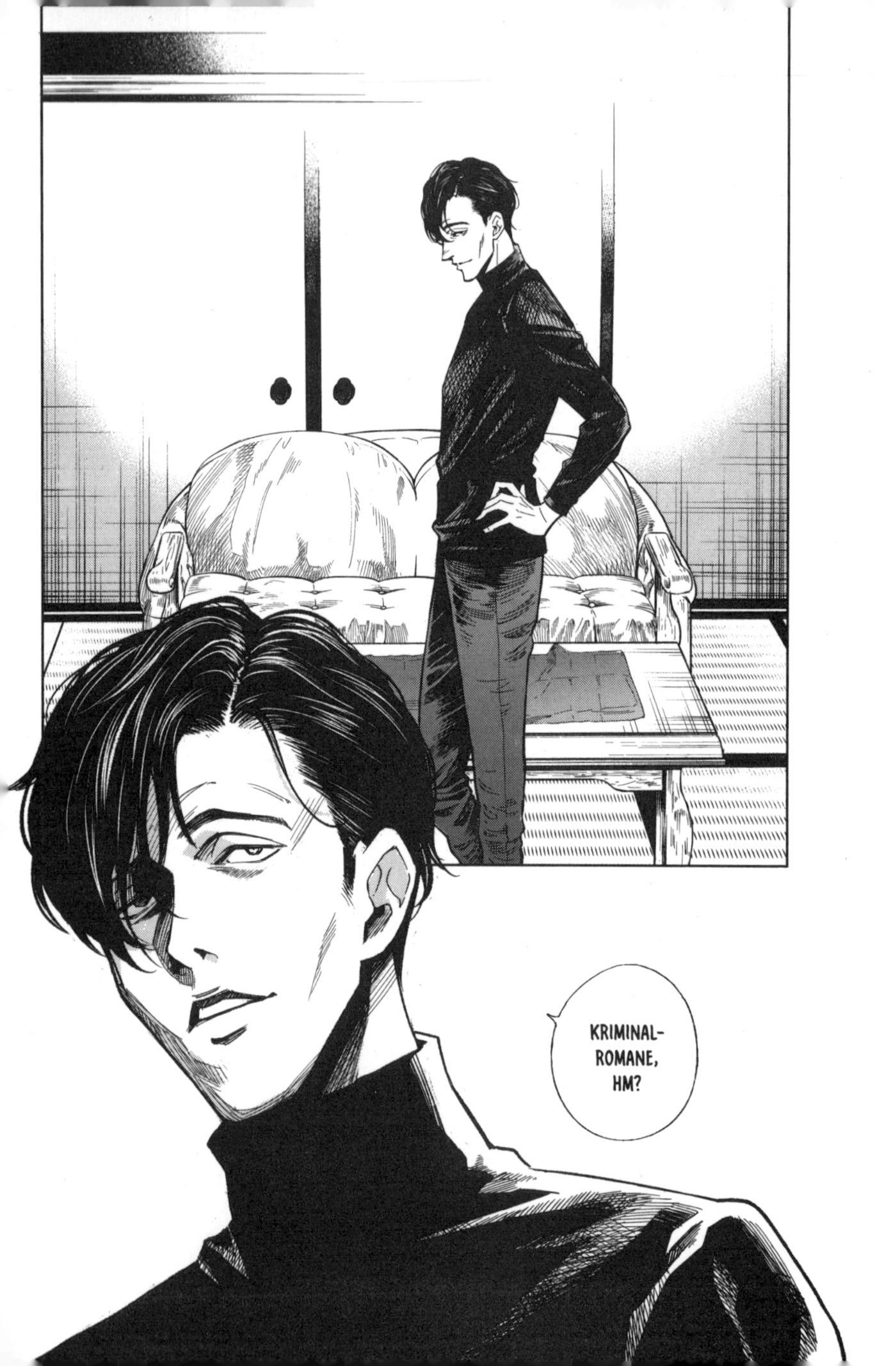
KRIMINAL-
ROMANE,
HM?

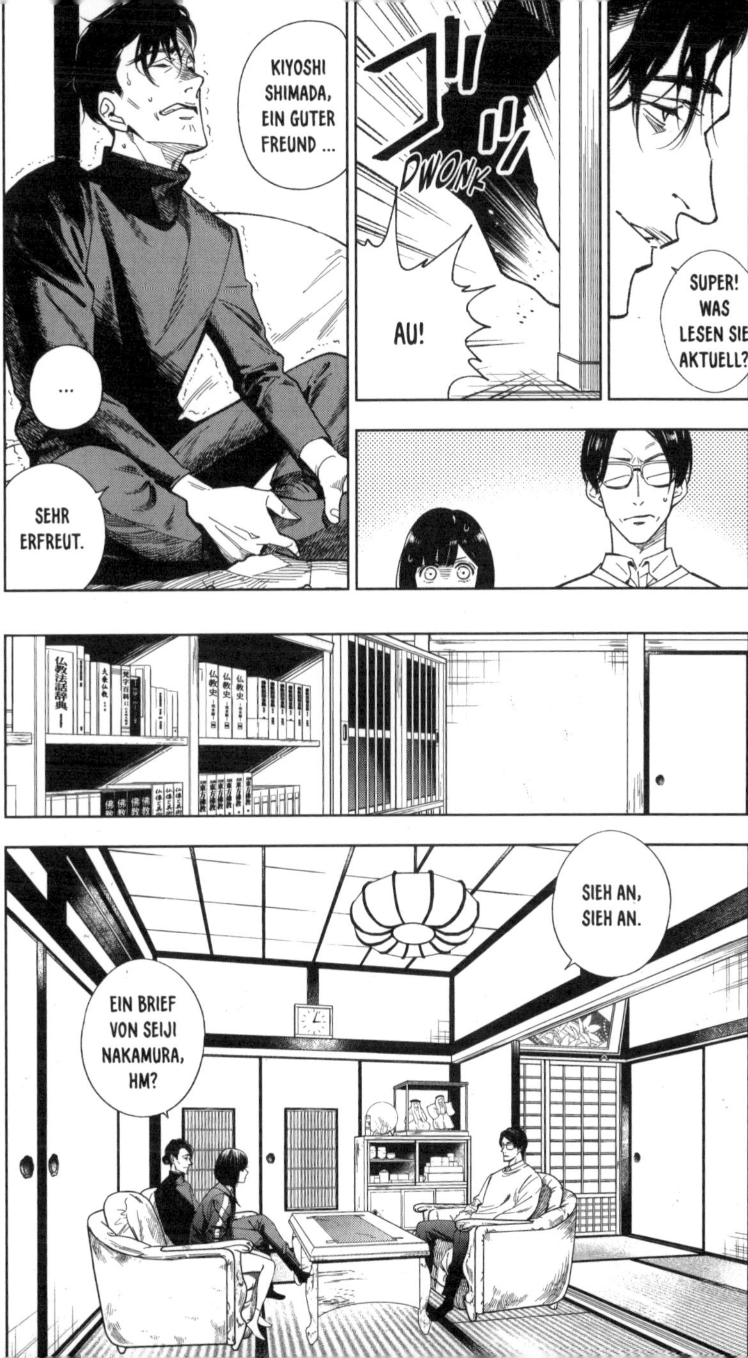
SUPER! WAS LESEN SIE AKTUELL?
DWONK
AU!
KIYOSHI SHIMADA, EIN GUTER FREUND ...
...
SEHR ERFREUT.
仏教法話辞典
大乗仏教
梵字百科
仏教史
仏教史
SIEH AN, SIEH AN.
EIN BRIEF VON SEIJI NAKAMURA, HM?

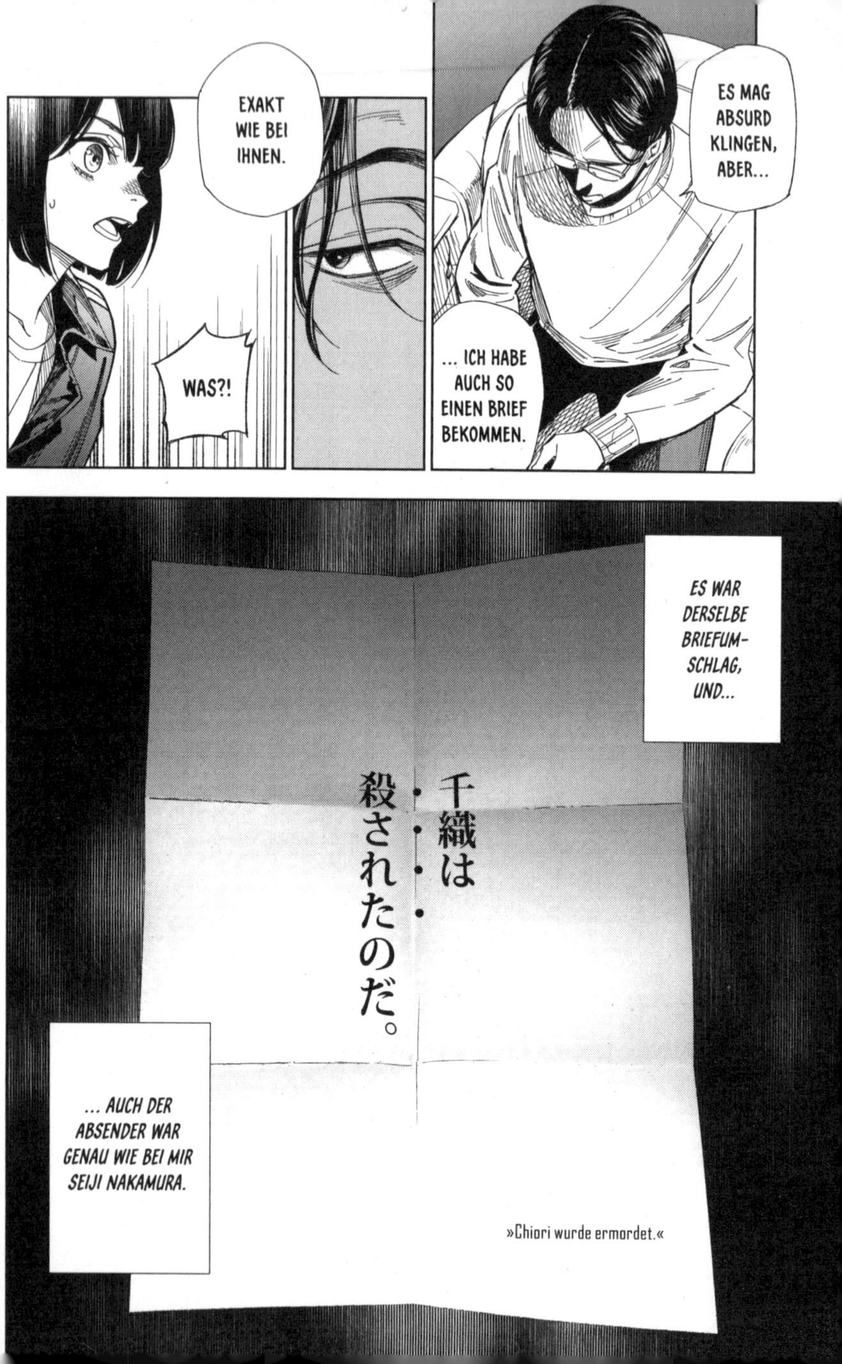
ES MAG ABSURD KLINGEN, ABER...
... ICH HABE AUCH SO EINEN BRIEF BEKOMMEN.
EXAKT WIE BEI IHNEN.
WAS?!
ES WAR DERSELBE BRIEFUM-SCHLAG, UND...
千織は・・・殺されたのだ。
»Chiori wurde ermordet.«
... AUCH DER ABSENDER WAR GENAU WIE BEI MIR SEIJI NAKAMURA.

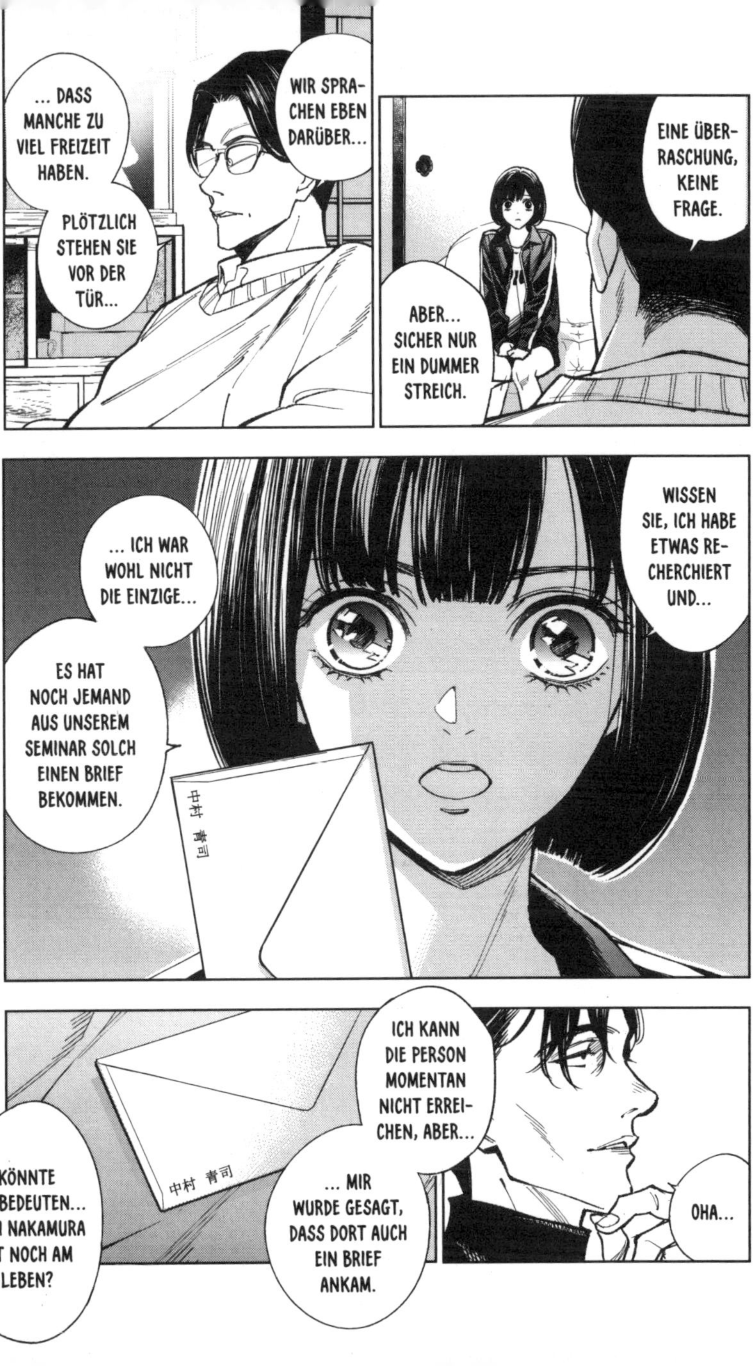
EINE ÜBERRASCHUNG, KEINE FRAGE.
ABER... SICHER NUR EIN DUMMER STREICH.
WIR SPRACHEN EBEN DARÜBER...
... DASS MANCHE ZU VIEL FREIZEIT HABEN.
PLÖTZLICH STEHEN SIE VOR DER TÜR...
WISSEN SIE, ICH HABE ETWAS RECHERCHIERT UND...
... ICH WAR WOHL NICHT DIE EINZIGE...
ES HAT NOCH JEMAND AUS UNSEREM SEMINAR SOLCH EINEN BRIEF BEKOMMEN.
中村 青司
OHA...
ICH KANN DIE PERSON MOMENTAN NICHT ERREICHEN, ABER...
... MIR WURDE GESAGT, DASS DORT AUCH EIN BRIEF ANKAM.
KÖNNTE DAS BEDEUTEN... SEIJI NAKAMURA IST NOCH AM LEBEN?
中村 青司

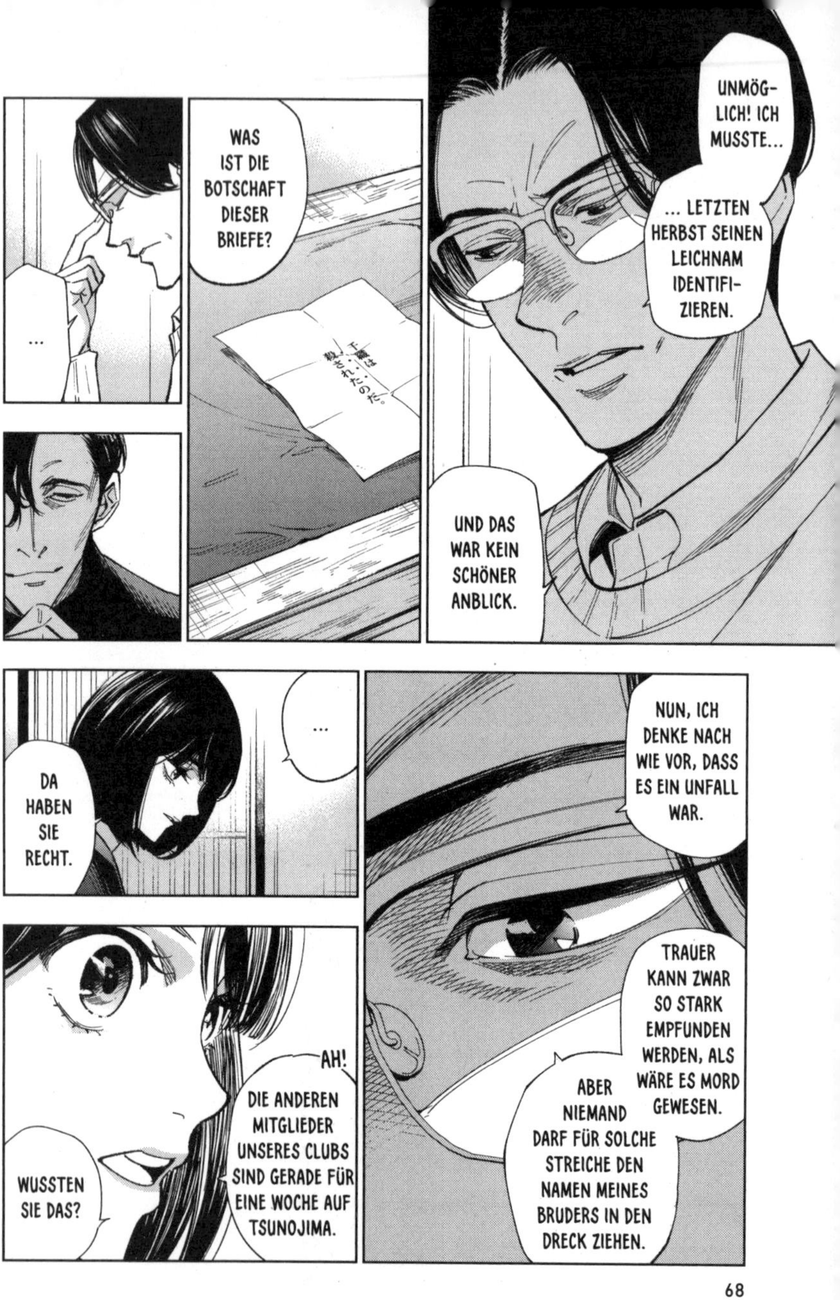
UNMÖGLICH! ICH MUSSTE...
... LETZTEN HERBST SEINEN LEICHNAM IDENTIFIZIEREN.
UND DAS WAR KEIN SCHÖNER ANBLICK.
WAS IST DIE BOTSCHAFT DIESER BRIEFE?
殺されたのだ。
...
NUN, ICH DENKE NACH WIE VOR, DASS ES EIN UNFALL WAR.
TRAUER KANN ZWAR SO STARK EMPFUNDEN WERDEN, ALS WÄRE ES MORD GEWESEN.
ABER NIEMAND DARF FÜR SOLCHE STREICHE DEN NAMEN MEINES BRUDERS IN DEN DRECK ZIEHEN.
...
DA HABEN SIE RECHT.
AH!
DIE ANDEREN MITGLIEDER UNSERES CLUBS SIND GERADE FÜR EINE WOCHE AUF TSUNOJIMA.
WUSSTEN SIE DAS?

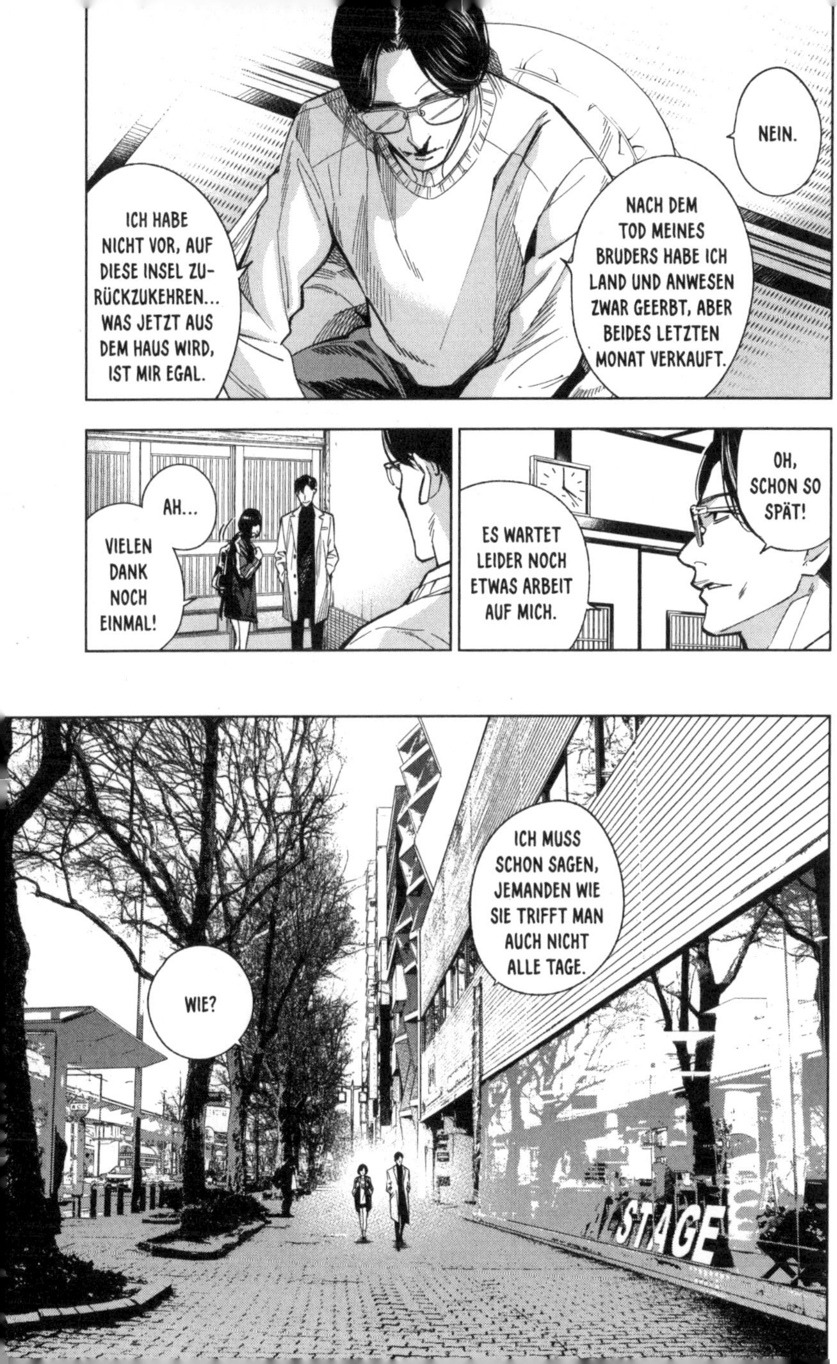
NEIN.
NACH DEM TOD MEINES BRUDERS HABE ICH LAND UND ANWESEN ZWAR GEERBT, ABER BEIDES LETZTEN MONAT VERKAUFT.
ICH HABE NICHT VOR, AUF DIESE INSEL ZURÜCKZUKEHREN... WAS JETZT AUS DEM HAUS WIRD, IST MIR EGAL.
OH, SCHON SO SPÄT!
ES WARTET LEIDER NOCH ETWAS ARBEIT AUF MICH.
AH...
VIELEN DANK NOCH EINMAL!
ICH MUSS SCHON SAGEN, JEMANDEN WIE SIE TRIFFT MAN AUCH NICHT ALLE TAGE.
WIE?
STAGE

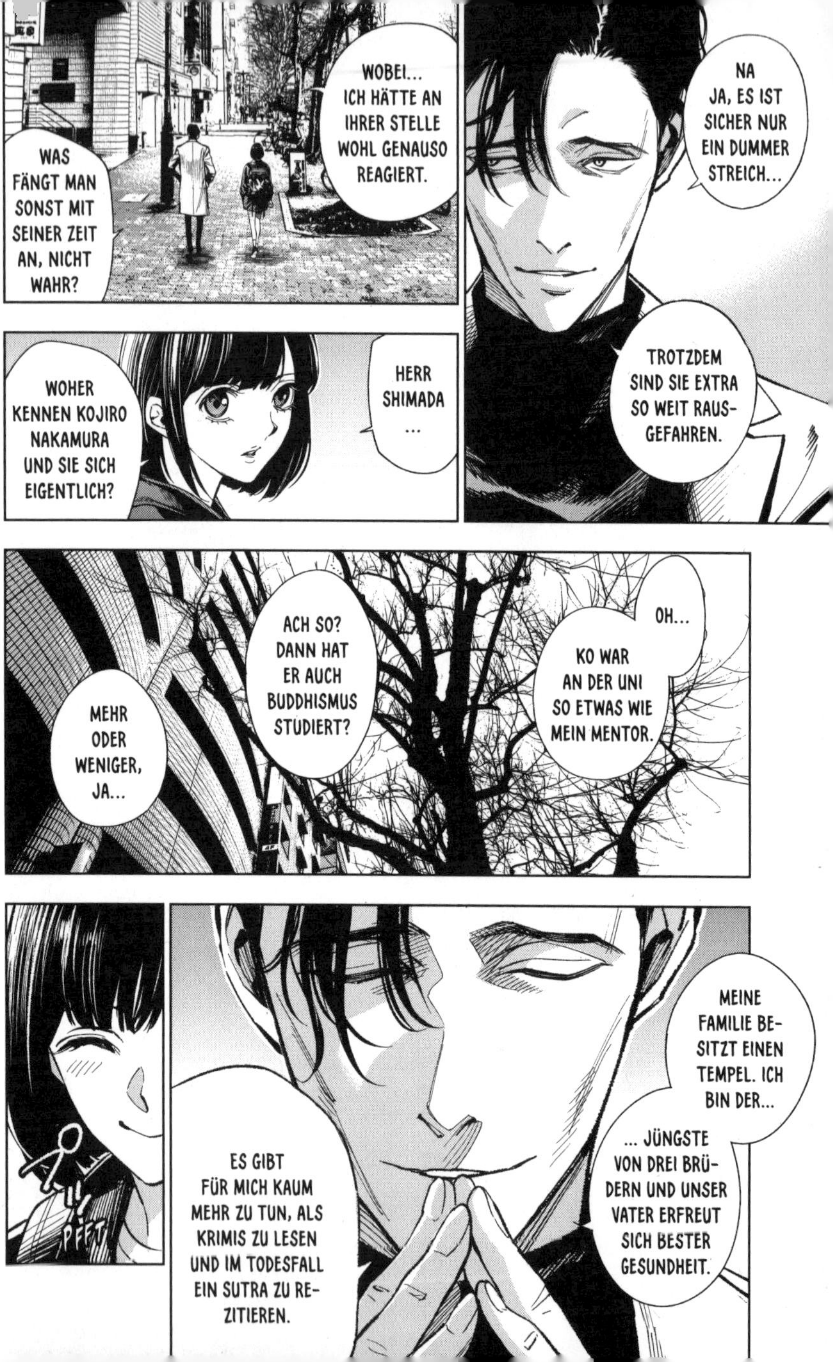
NA JA, ES IST SICHER NUR EIN DUMMER STREICH...
TROTZDEM SIND SIE EXTRA SO WEIT RAUS-GEFAHREN.
WOBEI... ICH HÄTTE AN IHRER STELLE WOHL GENAUSO REAGIERT.
WAS FÄNGT MAN SONST MIT SEINER ZEIT AN, NICHT WAHR?
HERR SHIMADA ...
WOHER KENNEN KOJIRO NAKAMURA UND SIE SICH EIGENTLICH?
OH...
KO WAR AN DER UNI SO ETWAS WIE MEIN MENTOR.
ACH SO? DANN HAT ER AUCH BUDDHISMUS STUDIERT?
MEHR ODER WENIGER, JA...
MEINE FAMILIE BE-SITZT EINEN TEMPEL. ICH BIN DER...
... JÜNGSTE VON DREI BRÜ-DERN UND UNSER VATER ERFREUT SICH BESTER GESUNDHEIT.
ES GIBT FÜR MICH KAUM MEHR ZU TUN, ALS KRIMIS ZU LESEN UND IM TODESFALL EIN SUTRA ZU RE-ZITIEREN.
PFFT

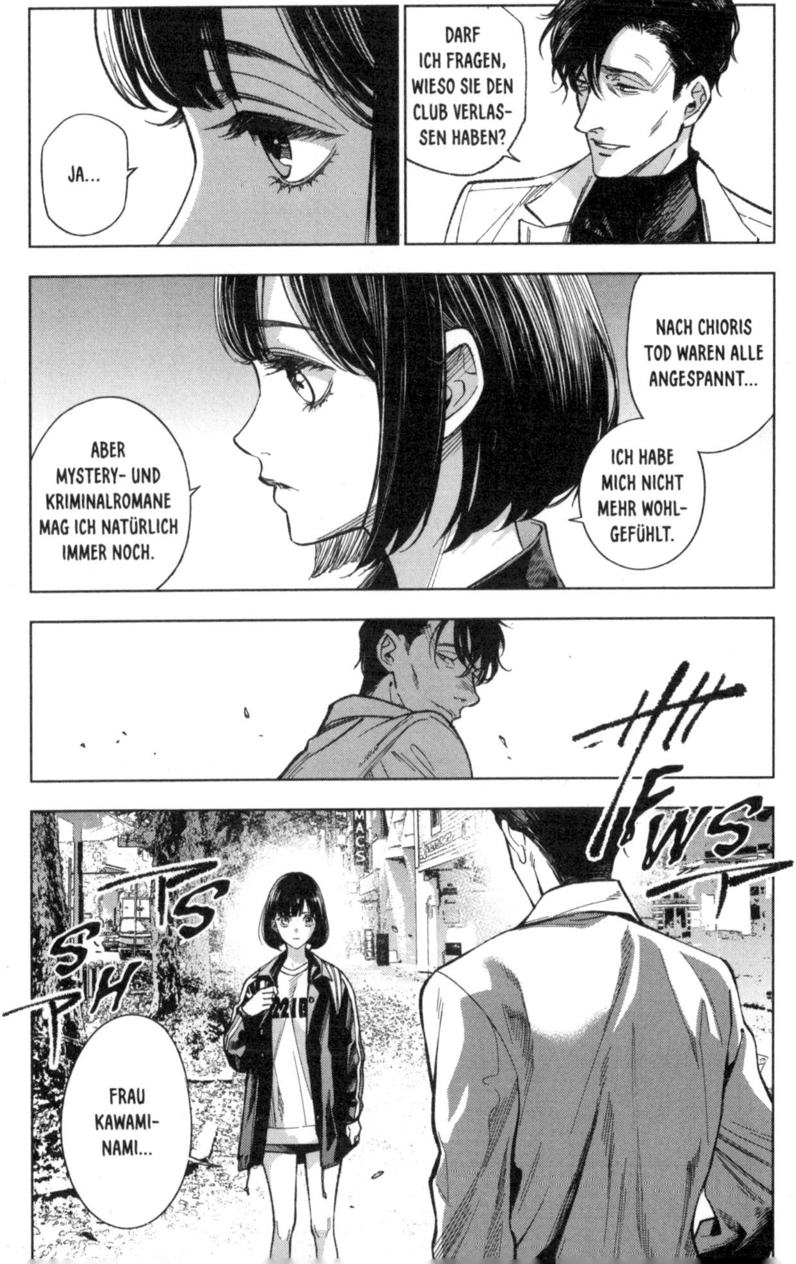

DARF ICH FRAGEN, WIESO SIE DEN CLUB VERLASSEN HABEN?
JA...
NACH CHIORIS TOD WAREN ALLE ANGESPANNT...
ICH HABE MICH NICHT MEHR WOHLGEFÜHLT.
ABER MYSTERY- UND KRIMINALROMANE MAG ICH NATÜRLICH IMMER NOCH.
MACS
FRAU KAWAMINAMI...

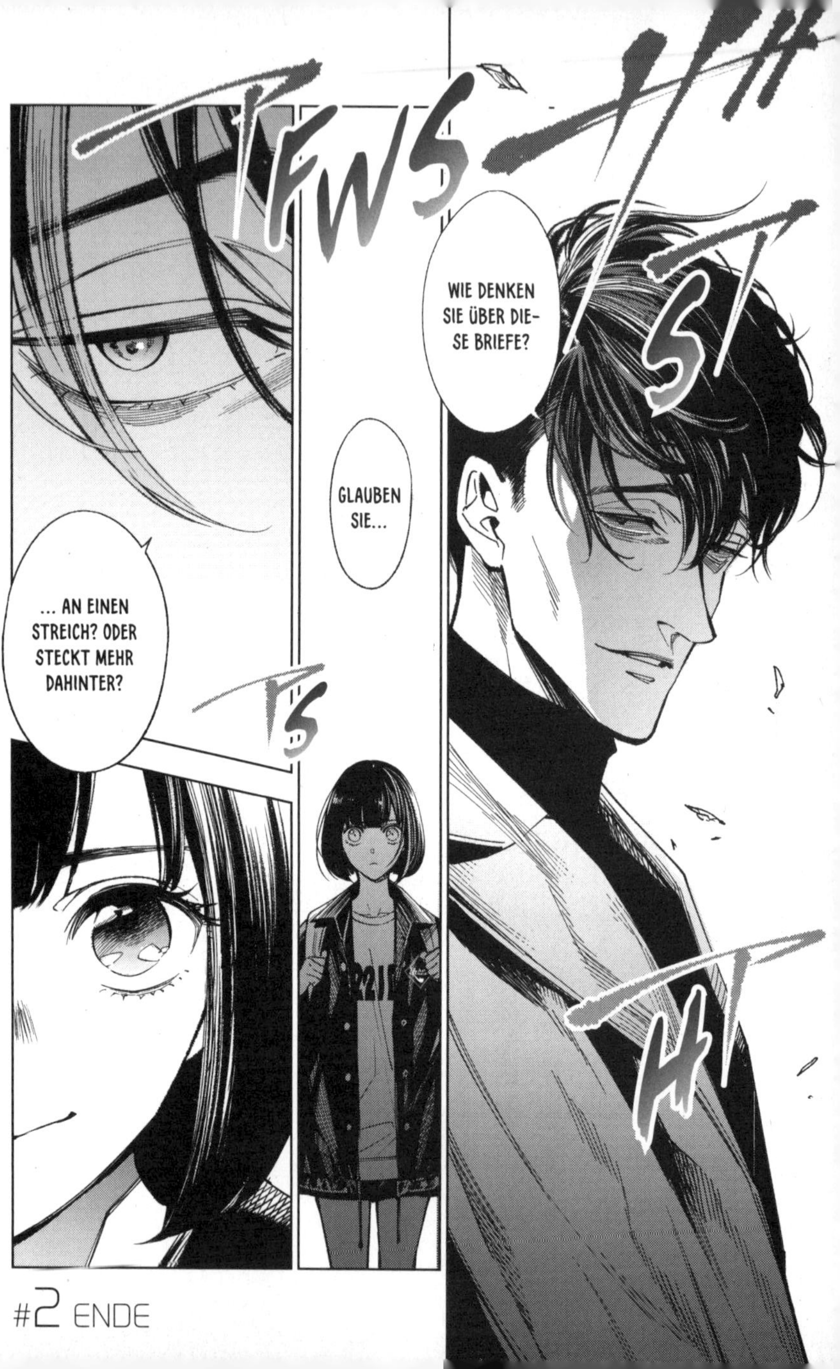
WIE DENKEN SIE ÜBER DIESE BRIEFE?
GLAUBEN SIE...
... AN EINEN STREICH? ODER STECKT MEHR DAHINTER?

#2 ENDE

MORD IM DEKAGON

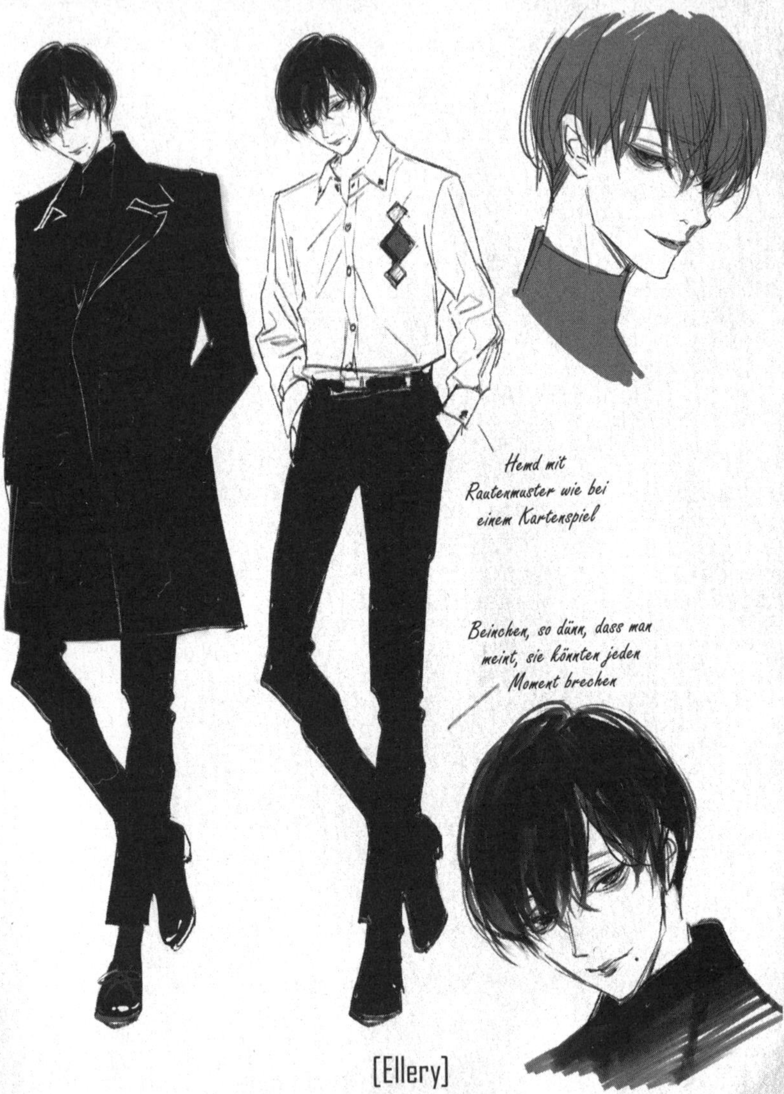

[Ellery]

Jurastudent im dritten Jahr an der K.-Universität, 21 Jahre alt. 172 cm, schlanke Statur, kein guter Sportler. Überdurchschnittlich erfolgreich und narzisstisch. Die Frisur etwas wild, ein Muttermal am Mund.

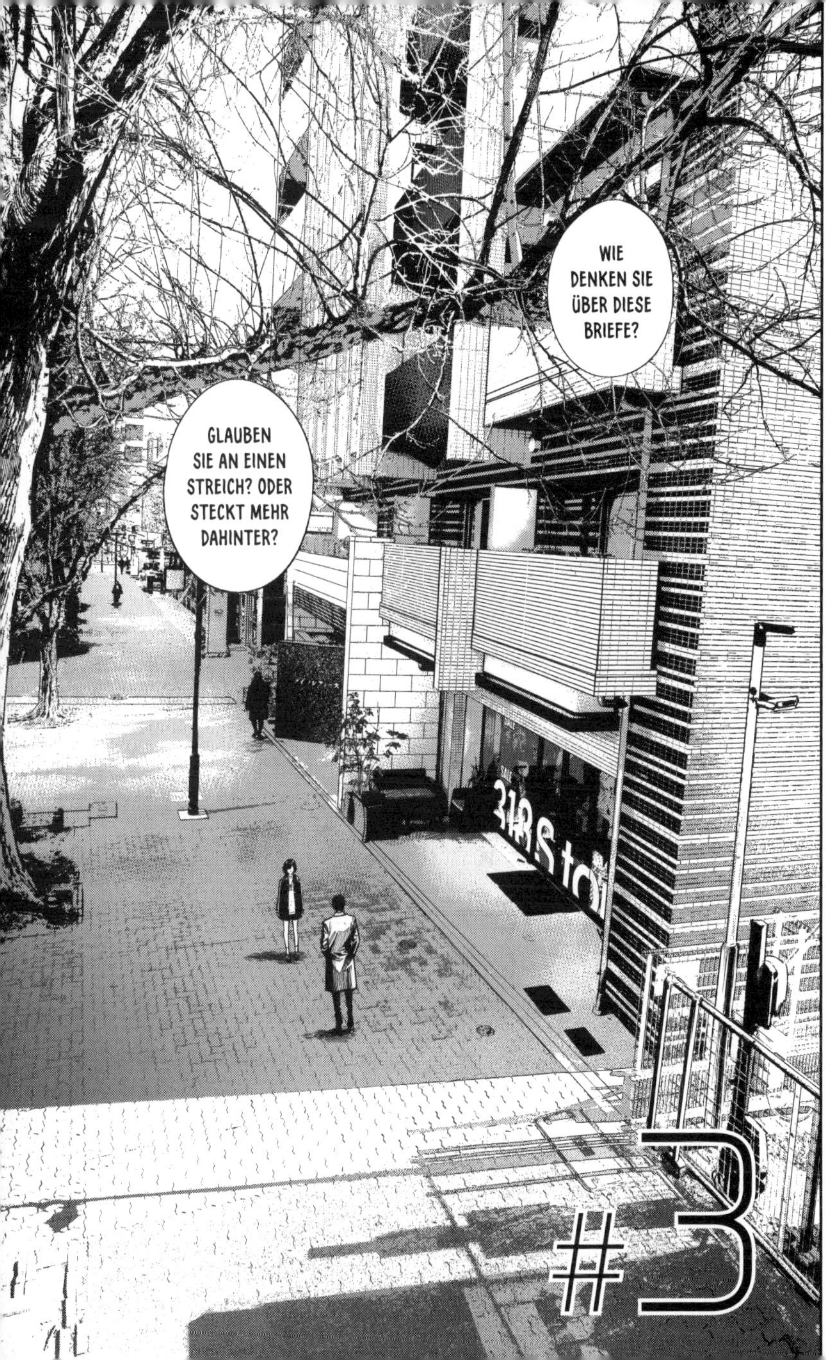
WIE DENKEN SIE ÜBER DIESE BRIEFE?
GLAUBEN SIE AN EINEN STREICH? ODER STECKT MEHR DAHINTER?
#3

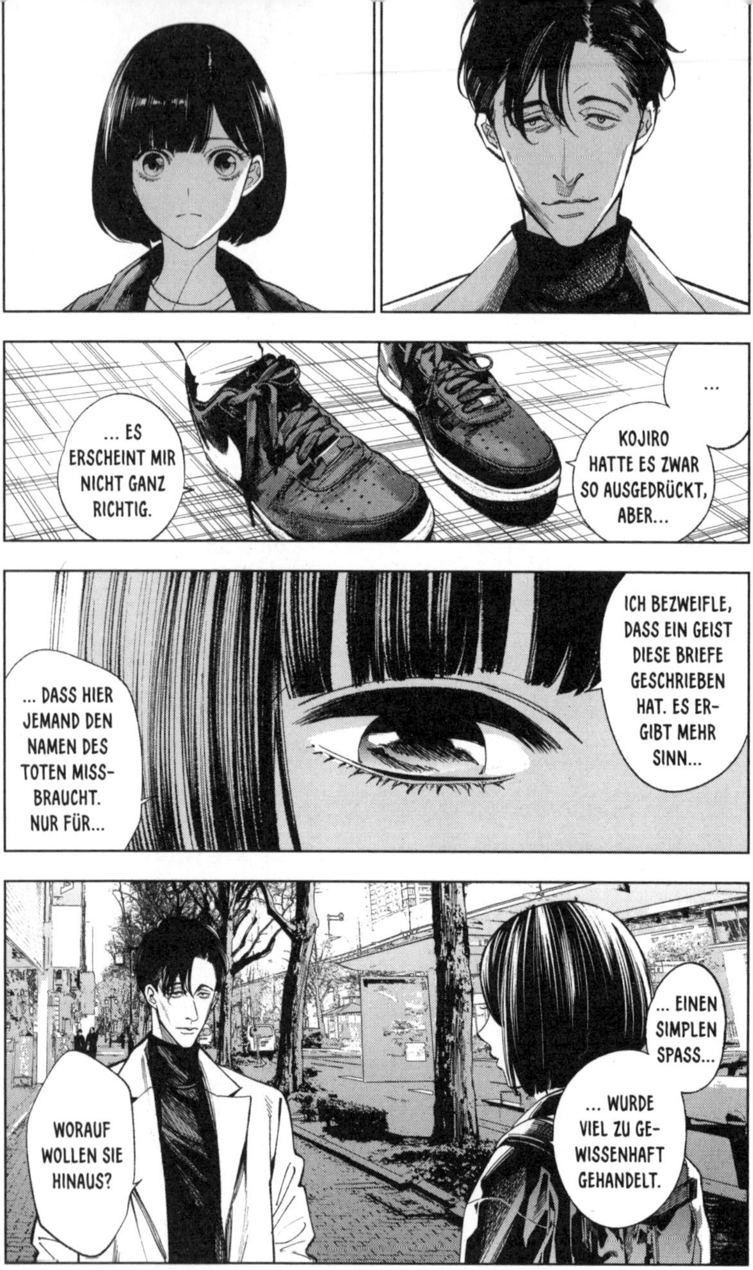
...
KOJIRO HATTE ES ZWAR SO AUSGEDRÜCKT, ABER...
... ES ERSCHEINT MIR NICHT GANZ RICHTIG.
ICH BEZWEIFLE, DASS EIN GEIST DIESE BRIEFE GESCHRIEBEN HAT. ES ERGIBT MEHR SINN...
... DASS HIER JEMAND DEN NAMEN DES TOTEN MISSBRAUCHT. NUR FÜR...
... EINEN SIMPLEN SPASS...
... WURDE VIEL ZU GEWISSENHAFT GEHANDELT.
WORAUF WOLLEN SIE HINAUS?

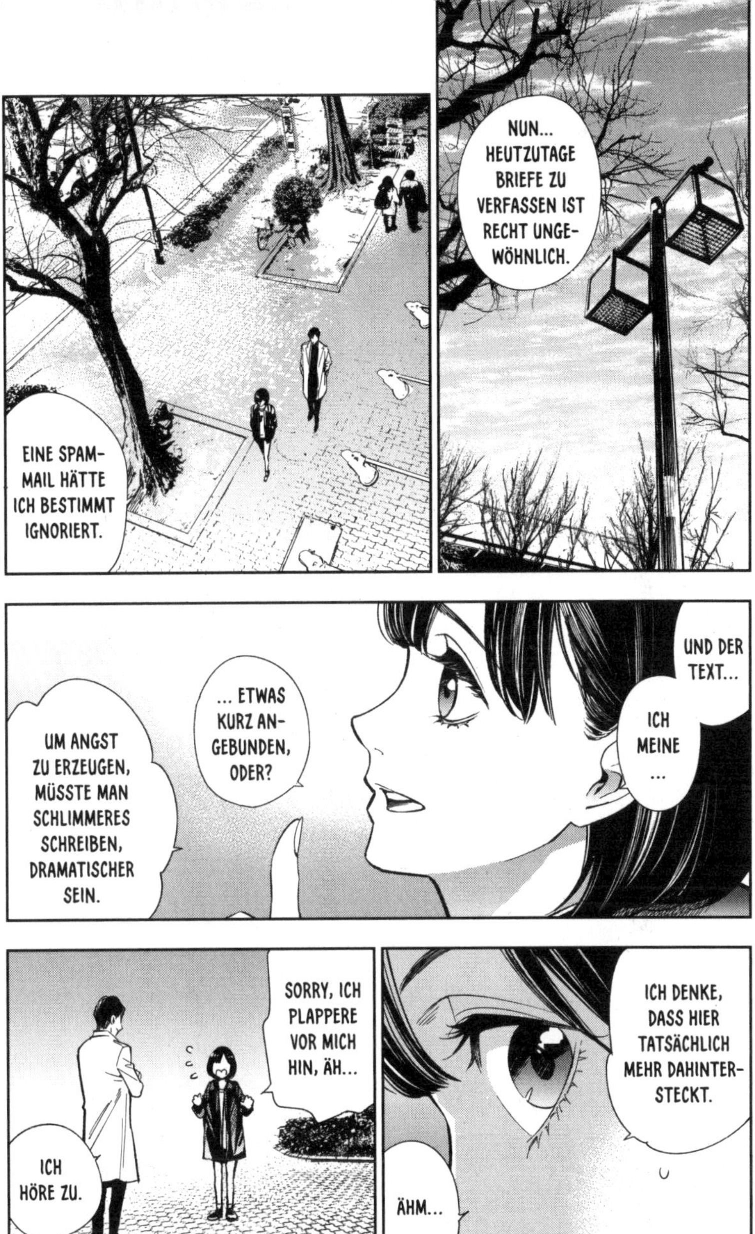
NUN... HEUTZUTAGE BRIEFE ZU VERFASSEN IST RECHT UNGE-WÖHNLICH.
EINE SPAM-MAIL HÄTTE ICH BESTIMMT IGNORIERT.
UND DER TEXT...
ICH MEINE ...
... ETWAS KURZ AN-GEBUNDEN, ODER?
UM ANGST ZU ERZEUGEN, MÜSSTE MAN SCHLIMMERES SCHREIBEN, DRAMATISCHER SEIN.
ICH DENKE, DASS HIER TATSÄCHLICH MEHR DAHINTER-STECKT.
ÄHM...
SORRY, ICH PLAPPERE VOR MICH HIN, ÄH...
ICH HÖRE ZU.

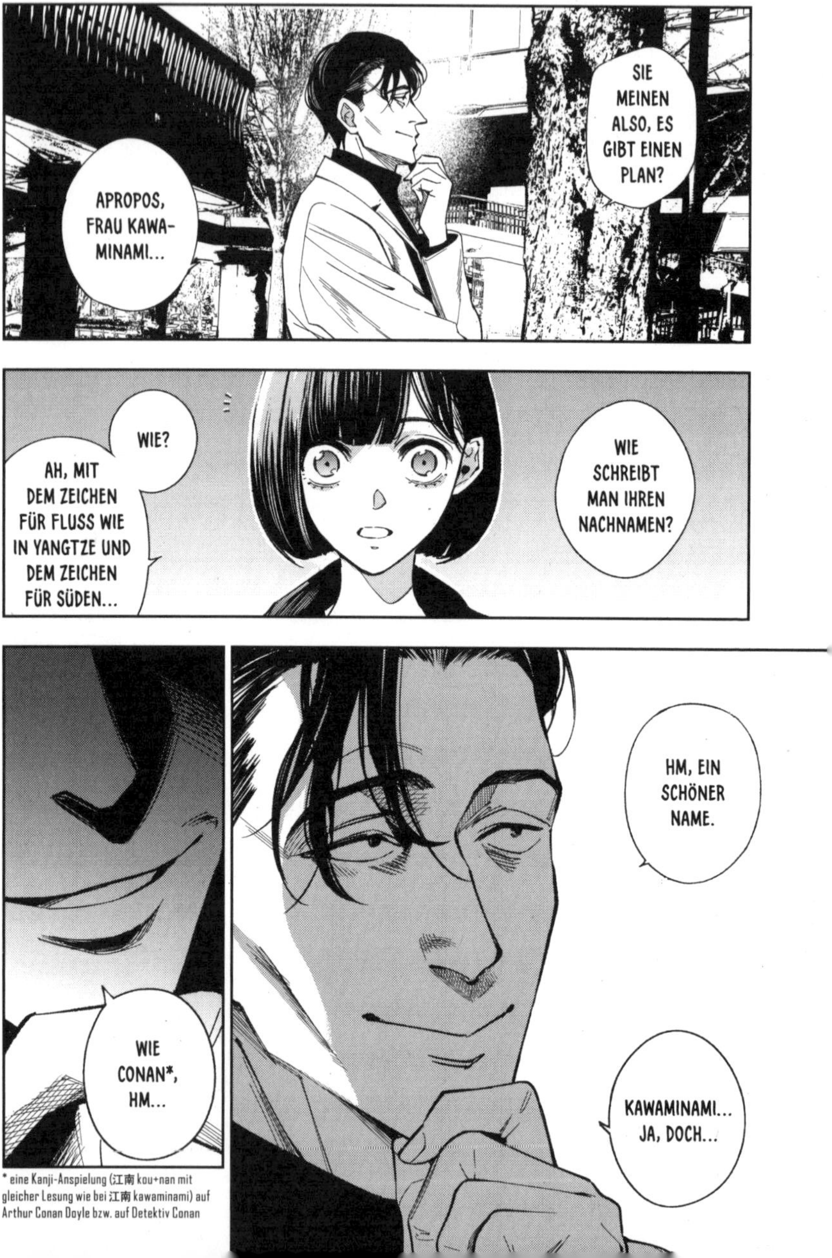

* eine Kanji-Anspielung (江南 kou+nan mit gleicher Lesung wie bei 江南 kawaminami) auf Arthur Conan Doyle bzw. auf Detektiv Conan

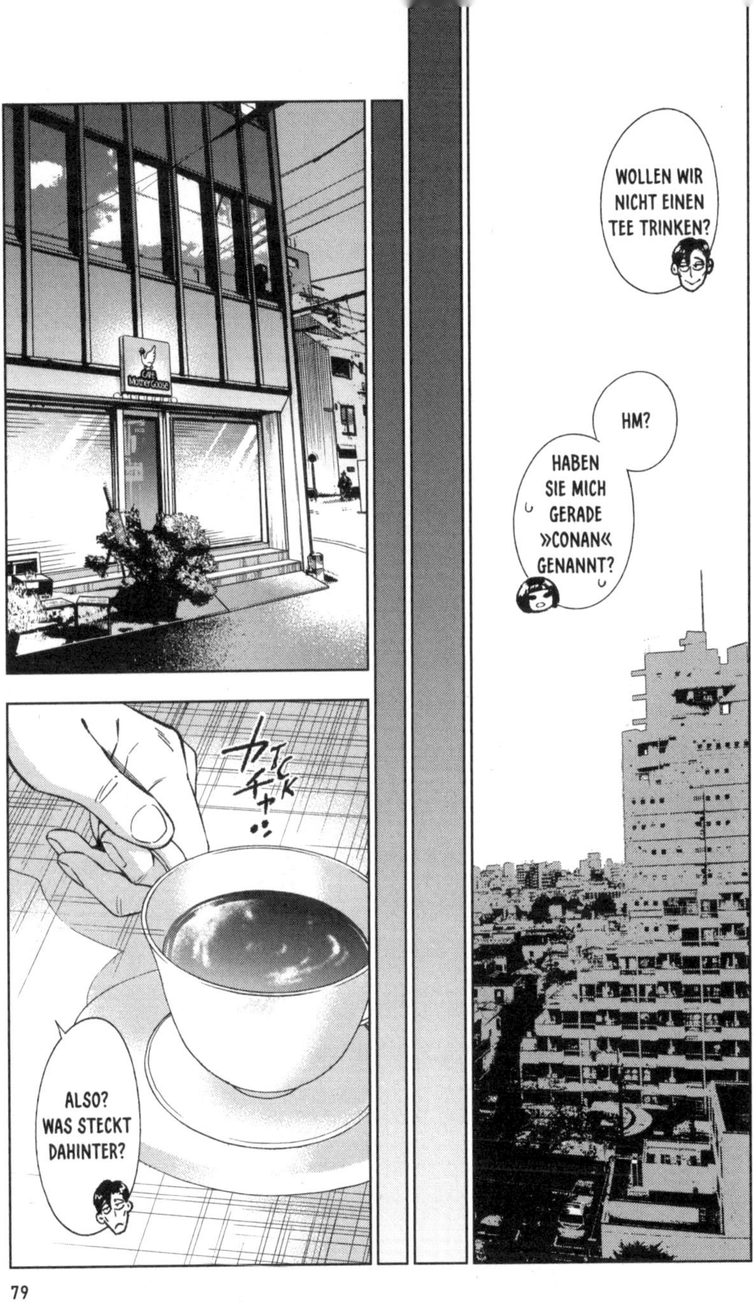
WOLLEN WIR NICHT EINEN TEE TRINKEN?
HM?
HABEN SIE MICH GERADE »CONAN« GENANNT?
ALSO? WAS STECKT DAHINTER?

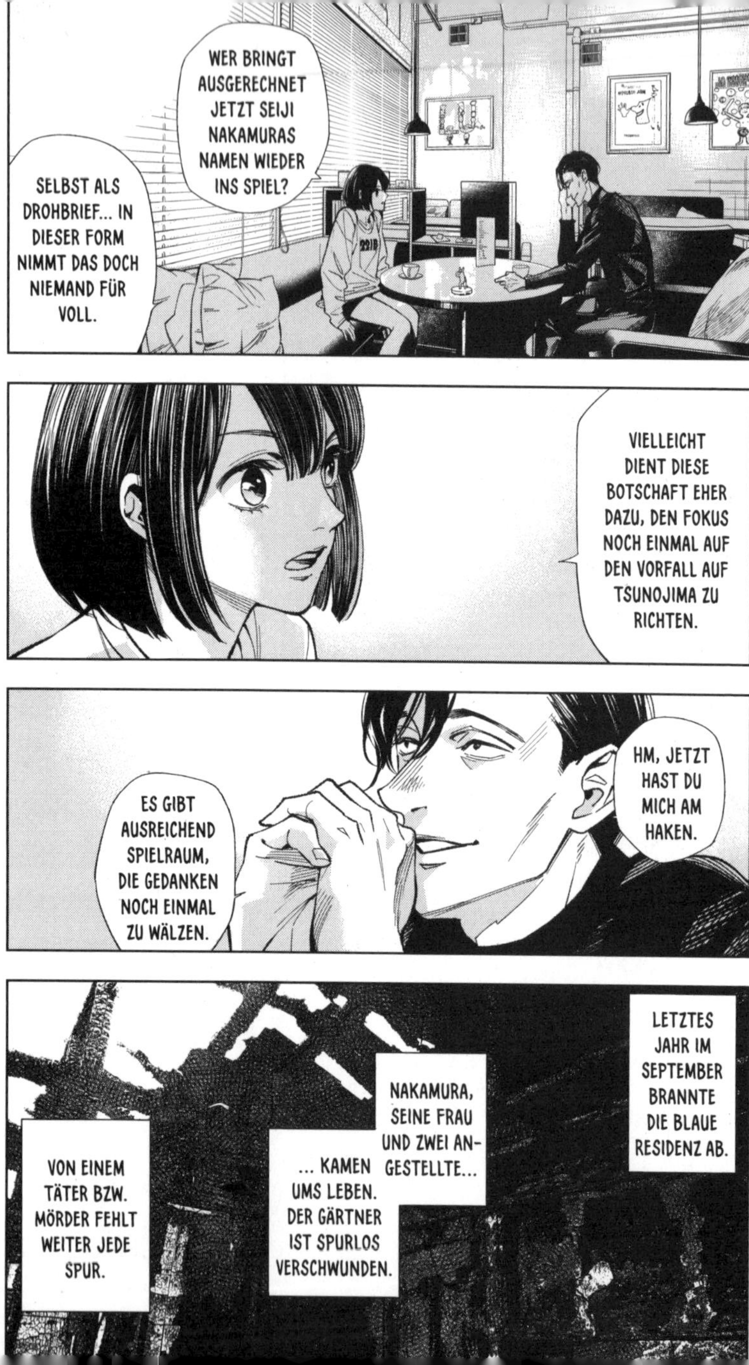
WER BRINGT AUSGERECHNET JETZT SEIJI NAKAMURAS NAMEN WIEDER INS SPIEL?
SELBST ALS DROHBRIEF... IN DIESER FORM NIMMT DAS DOCH NIEMAND FÜR VOLL.
VIELLEICHT DIENT DIESE BOTSCHAFT EHER DAZU, DEN FOKUS NOCH EINMAL AUF DEN VORFALL AUF TSUNOJIMA ZU RICHTEN.
HM, JETZT HAST DU MICH AM HAKEN.
ES GIBT AUSREICHEND SPIELRAUM, DIE GEDANKEN NOCH EINMAL ZU WÄLZEN.
LETZTES JAHR IM SEPTEMBER BRANNTE DIE BLAUE RESIDENZ AB.
NAKAMURA, SEINE FRAU UND ZWEI AN-GESTELLTE...
... KAMEN UMS LEBEN. DER GÄRTNER IST SPURLOS VERSCHWUNDEN.
VON EINEM TÄTER BZW. MÖRDER FEHLT WEITER JEDE SPUR.

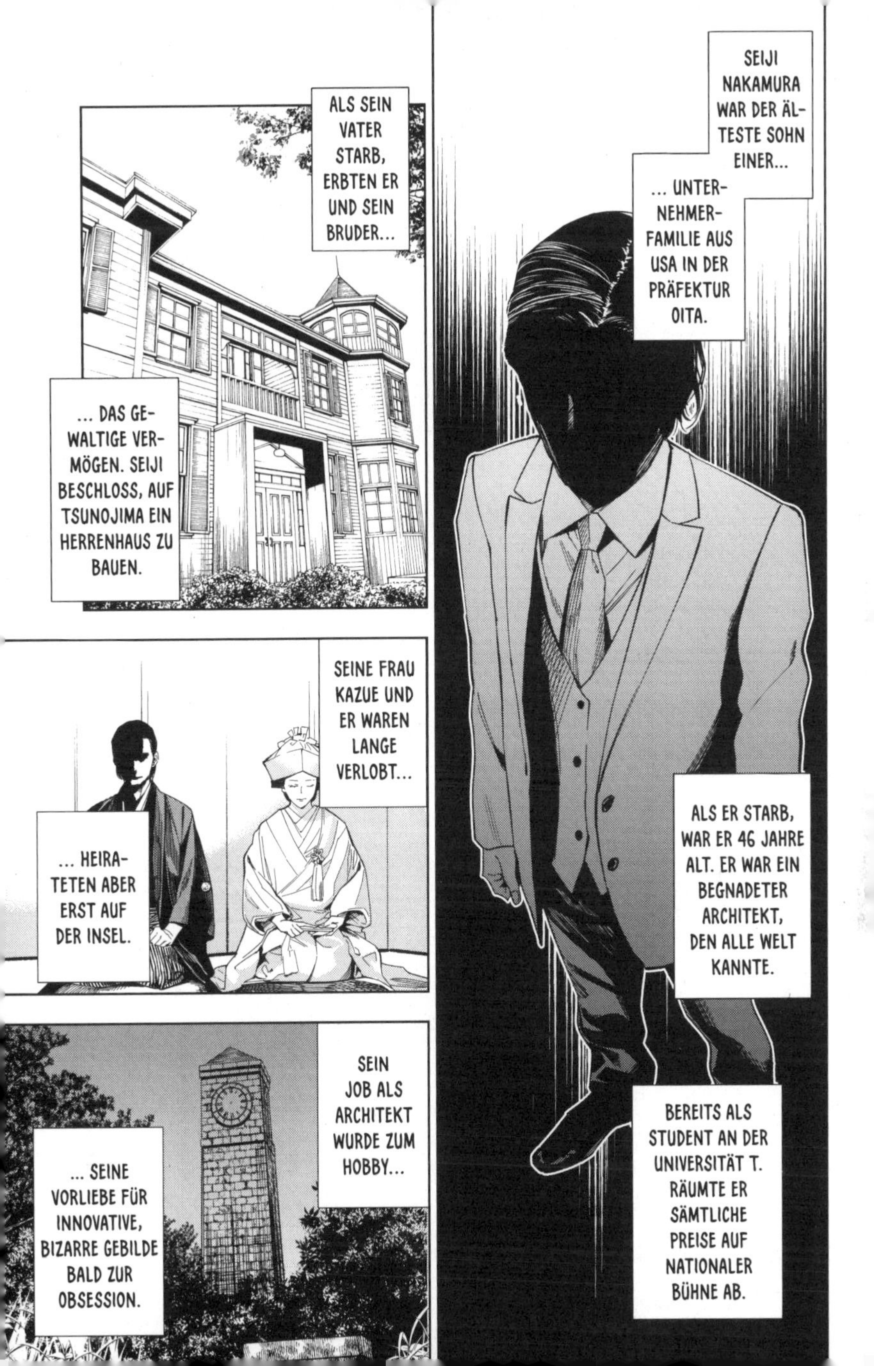
SEIJI NAKAMURA WAR DER ÄLTESTE SOHN EINER...
... UNTERNEHMERFAMILIE AUS USA IN DER PRÄFEKTUR OITA.
ALS ER STARB, WAR ER 46 JAHRE ALT. ER WAR EIN BEGNADETER ARCHITEKT, DEN ALLE WELT KANNTE.
BEREITS ALS STUDENT AN DER UNIVERSITÄT T. RÄUMTE ER SÄMTLICHE PREISE AUF NATIONALER BÜHNE AB.
ALS SEIN VATER STARB, ERBTEN ER UND SEIN BRUDER...
... DAS GEWALTIGE VERMÖGEN. SEIJI BESCHLOSS, AUF TSUNOJIMA EIN HERRENHAUS ZU BAUEN.
SEINE FRAU KAZUE UND ER WAREN LANGE VERLOBT...
... HEIRATETEN ABER ERST AUF DER INSEL.
SEIN JOB ALS ARCHITEKT WURDE ZUM HOBBY...
... SEINE VORLIEBE FÜR INNOVATIVE, BIZARRE GEBILDE BALD ZUR OBSESSION.

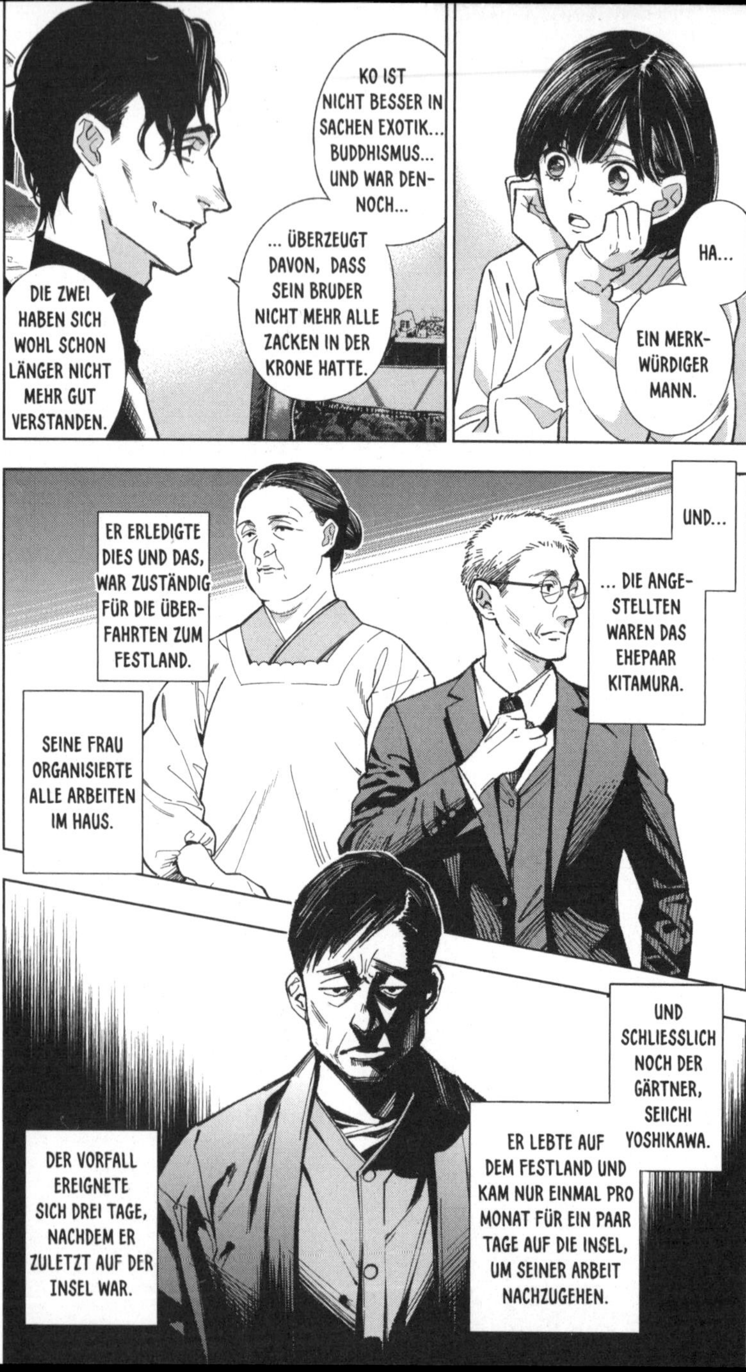
HA...
EIN MERKWÜRDIGER MANN.
KO IST NICHT BESSER IN SACHEN EXOTIK... BUDDHISMUS... UND WAR DENNOCH...
... ÜBERZEUGT DAVON, DASS SEIN BRUDER NICHT MEHR ALLE ZACKEN IN DER KRONE HATTE.
DIE ZWEI HABEN SICH WOHL SCHON LÄNGER NICHT MEHR GUT VERSTANDEN.
UND...
... DIE ANGESTELLTEN WAREN DAS EHEPAAR KITAMURA.
ER ERLEDIGTE DIES UND DAS, WAR ZUSTÄNDIG FÜR DIE ÜBERFAHRTEN ZUM FESTLAND.
SEINE FRAU ORGANISIERTE ALLE ARBEITEN IM HAUS.
UND SCHLIESSLICH NOCH DER GÄRTNER, SEIICHI YOSHIKAWA.
ER LEBTE AUF DEM FESTLAND UND KAM NUR EINMAL PRO MONAT FÜR EIN PAAR TAGE AUF DIE INSEL, UM SEINER ARBEIT NACHZUGEHEN.
DER VORFALL EREIGNETE SICH DREI TAGE, NACHDEM ER ZULETZT AUF DER INSEL WAR.

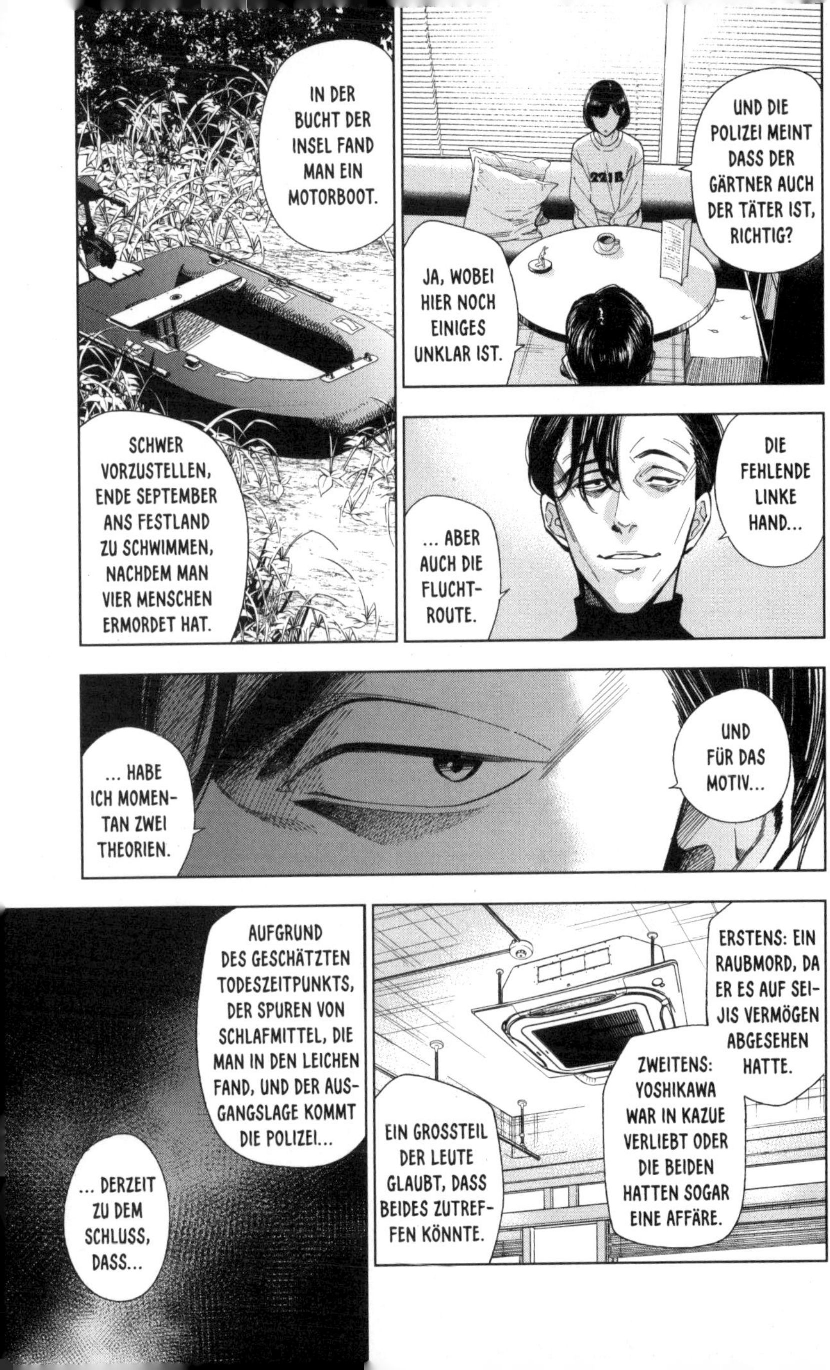

UND DIE POLIZEI MEINT DASS DER GÄRTNER AUCH DER TÄTER IST, RICHTIG?
JA, WOBEI HIER NOCH EINIGES UNKLAR IST.
DIE FEHLENDE LINKE HAND...
... ABER AUCH DIE FLUCHT-ROUTE.
IN DER BUCHT DER INSEL FAND MAN EIN MOTORBOOT.
SCHWER VORZUSTELLEN, ENDE SEPTEMBER ANS FESTLAND ZU SCHWIMMEN, NACHDEM MAN VIER MENSCHEN ERMORDET HAT.
UND FÜR DAS MOTIV...
... HABE ICH MOMEN-TAN ZWEI THEORIEN.
ERSTENS: EIN RAUBMORD, DA ER ES AUF SEI-JIS VERMÖGEN ABGESEHEN HATTE.
ZWEITENS: YOSHIKAWA WAR IN KAZUE VERLIEBT ODER DIE BEIDEN HATTEN SOGAR EINE AFFÄRE.
EIN GROSSTEIL DER LEUTE GLAUBT, DASS BEIDES ZUTREF-FEN KÖNNTE.
AUFGRUND DES GESCHÄTZTEN TODESZEITPUNKTS, DER SPUREN VON SCHLAFMITTEL, DIE MAN IN DEN LEICHEN FAND, UND DER AUS-GANGSLAGE KOMMT DIE POLIZEI...
... DERZEIT ZU DEM SCHLUSS, DASS...

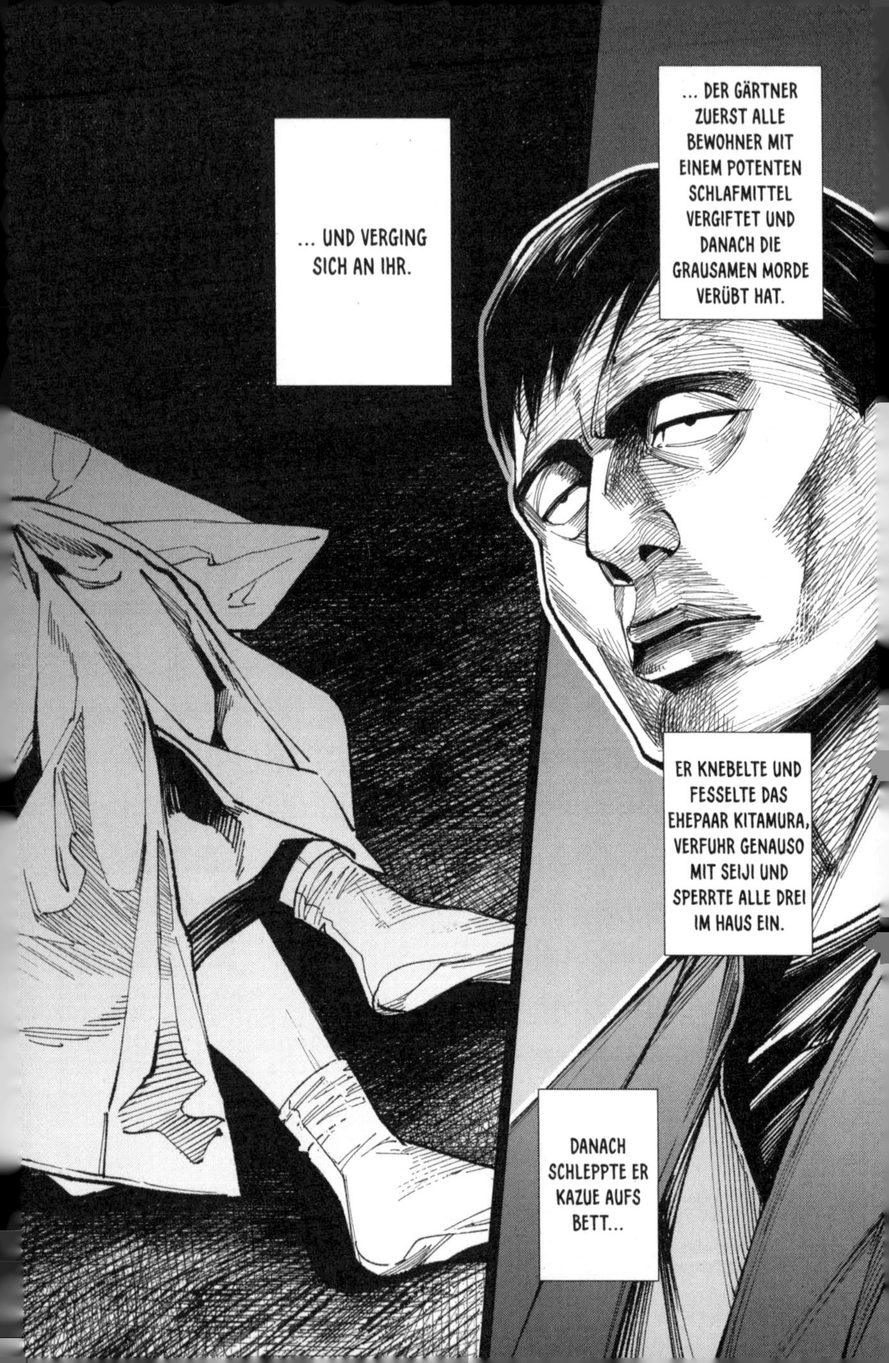
... DER GÄRTNER ZUERST ALLE BEWOHNER MIT EINEM POTENTEN SCHLAFMITTEL VERGIFTET UND DANACH DIE GRAUSAMEN MORDE VERÜBT HAT.
... UND VERGING SICH AN IHR.
ER KNEBELTE UND FESSELTE DAS EHEPAAR KITAMURA, VERFUHR GENAUSO MIT SEIJI UND SPERRTE ALLE DREI IM HAUS EIN.
DANACH SCHLEPPTE ER KAZUE AUFS BETT...

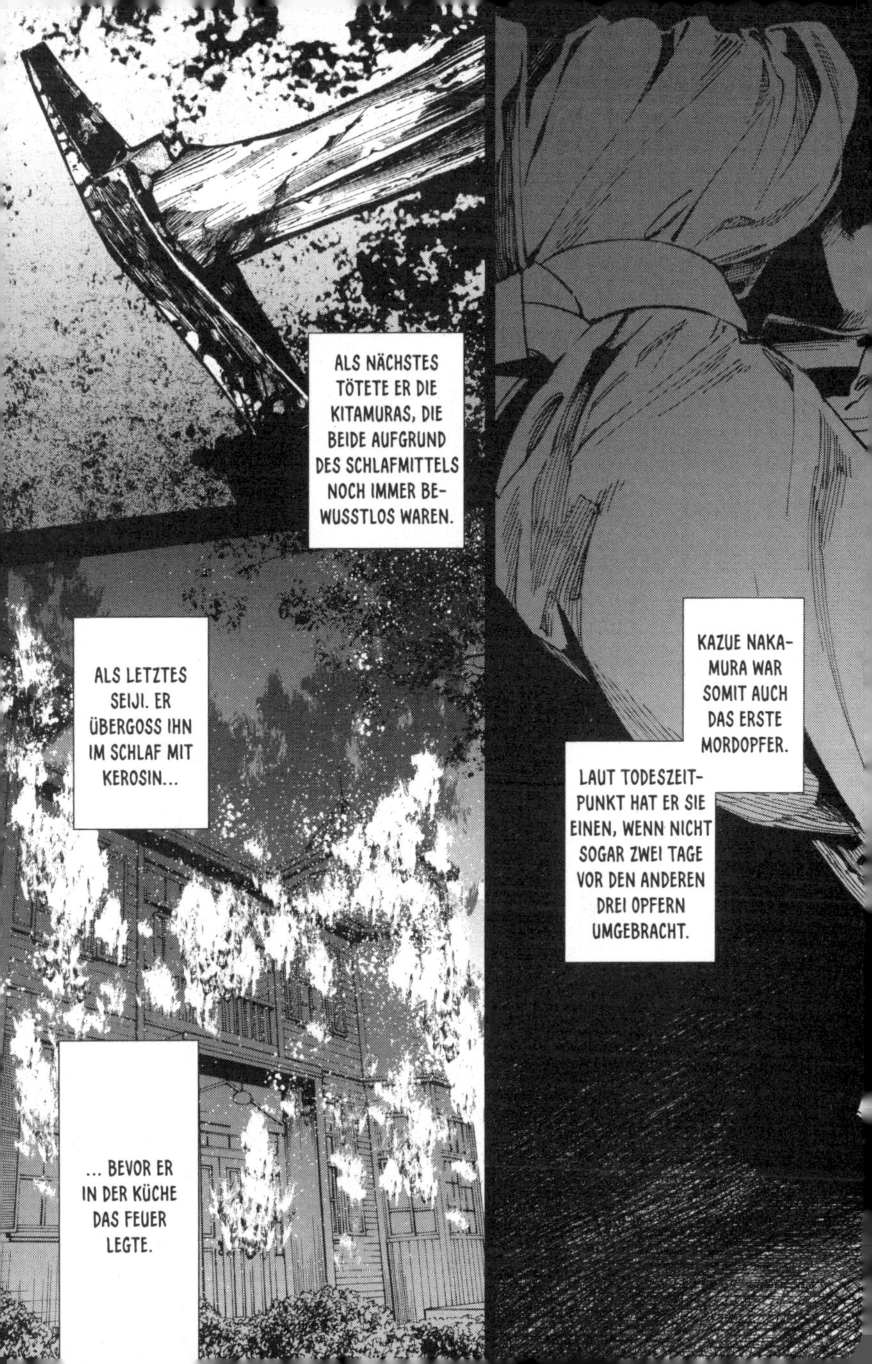
KAZUE NAKAMURA WAR SOMIT AUCH DAS ERSTE MORDOPFER.
LAUT TODESZEITPUNKT HAT ER SIE EINEN, WENN NICHT SOGAR ZWEI TAGE VOR DEN ANDEREN DREI OPFERN UMGEBRACHT.
ALS NÄCHSTES TÖTETE ER DIE KITAMURAS, DIE BEIDE AUFGRUND DES SCHLAFMITTELS NOCH IMMER BEWUSSTLOS WAREN.
ALS LETZTES SEIJI. ER ÜBERGOSS IHN IM SCHLAF MIT KEROSIN...
... BEVOR ER IN DER KÜCHE DAS FEUER LEGTE.

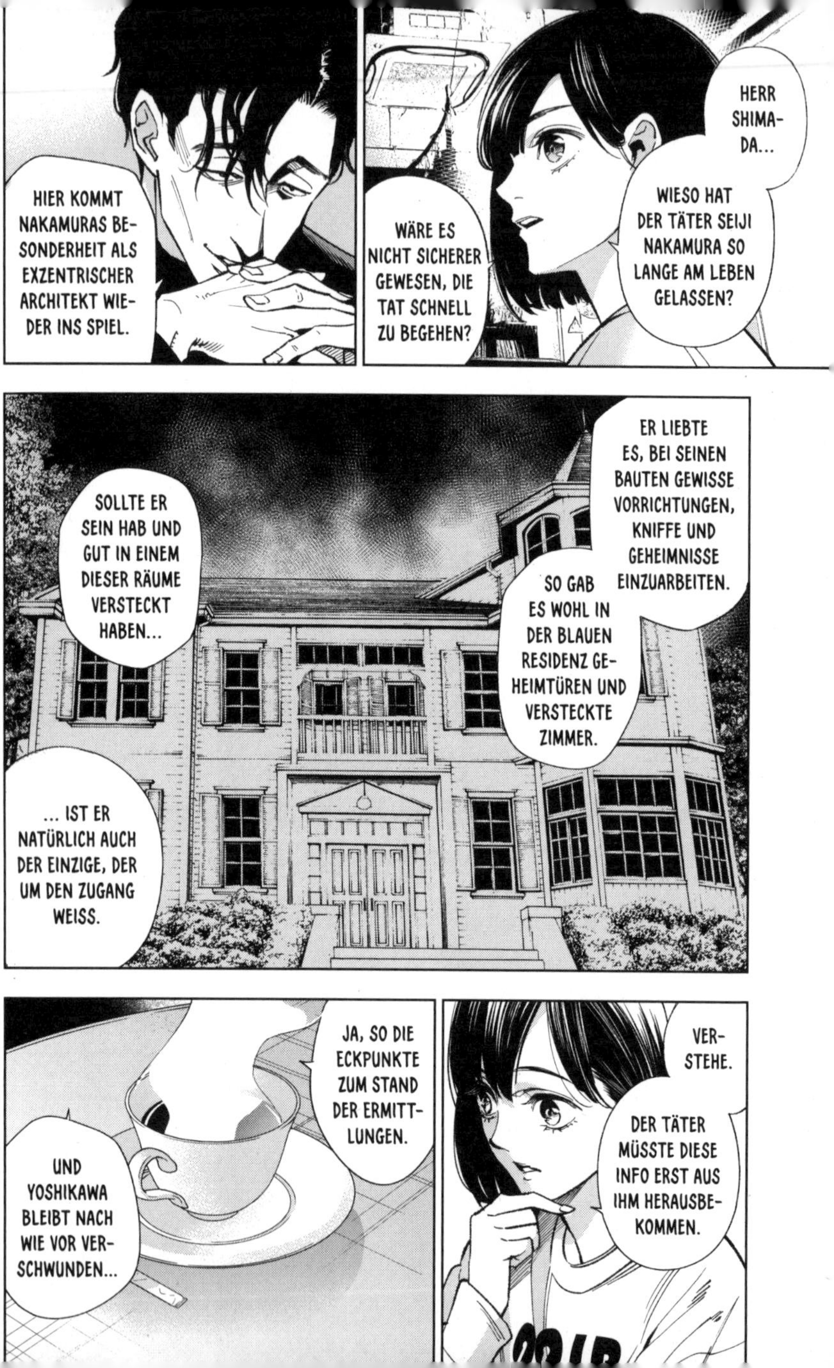
HERR SHIMA-DA...
WIESO HAT DER TÄTER SEIJI NAKAMURA SO LANGE AM LEBEN GELASSEN?
WÄRE ES NICHT SICHERER GEWESEN, DIE TAT SCHNELL ZU BEGEHEN?
HIER KOMMT NAKAMURAS BE-SONDERHEIT ALS EXZENTRISCHER ARCHITEKT WIE-DER INS SPIEL.
ER LIEBTE ES, BEI SEINEN BAUTEN GEWISSE VORRICHTUNGEN, KNIFFE UND GEHEIMNISSE EINZUARBEITEN.
SO GAB ES WOHL IN DER BLAUEN RESIDENZ GE-HEIMTÜREN UND VERSTECKTE ZIMMER.
SOLLTE ER SEIN HAB UND GUT IN EINEM DIESER RÄUME VERSTECKT HABEN...
... IST ER NATÜRLICH AUCH DER EINZIGE, DER UM DEN ZUGANG WEISS.
VER-STEHE.
DER TÄTER MÜSSTE DIESE INFO ERST AUS IHM HERAUSBE-KOMMEN.
JA, SO DIE ECKPUNKTE ZUM STAND DER ERMITT-LUNGEN.
UND YOSHIKAWA BLEIBT NACH WIE VOR VER-SCHWUNDEN...

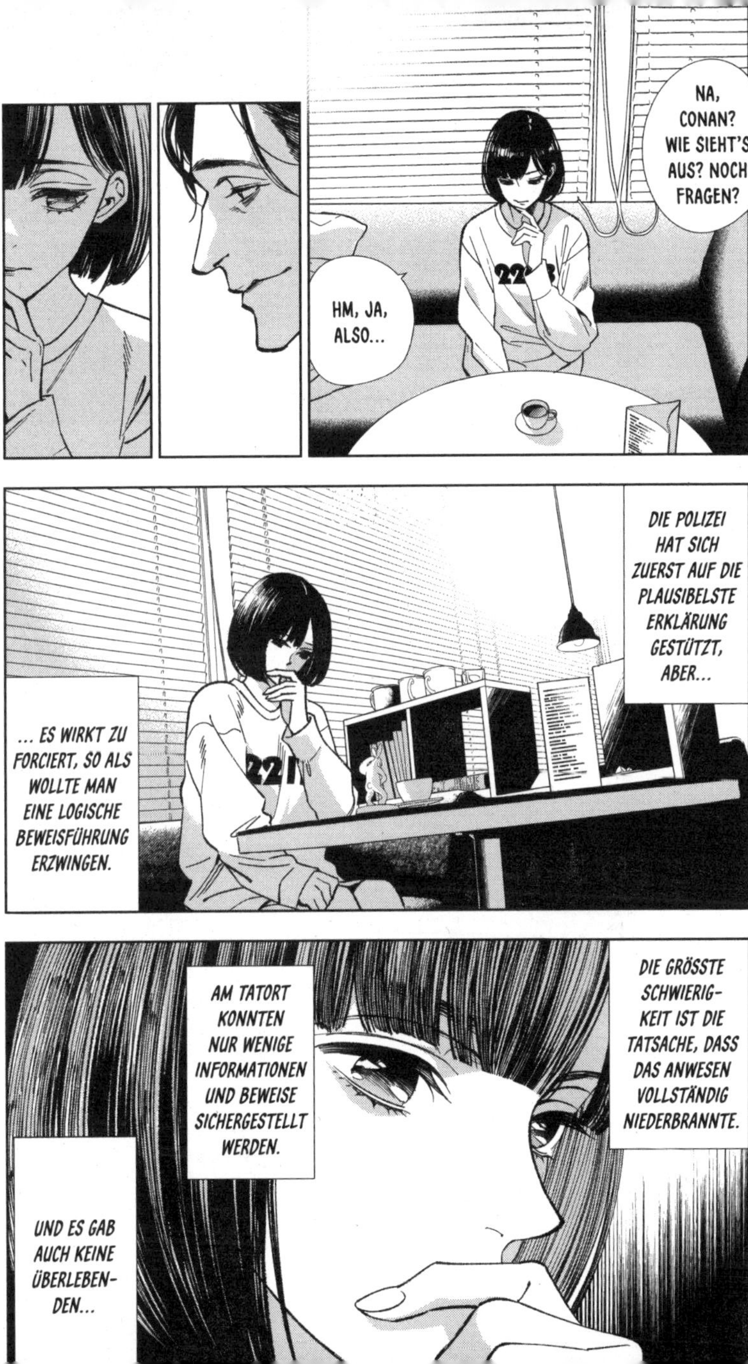
NA, CONAN? WIE SIEHT'S AUS? NOCH FRAGEN?
HM, JA, ALSO...
DIE POLIZEI HAT SICH ZUERST AUF DIE PLAUSIBELSTE ERKLÄRUNG GESTÜTZT, ABER...
... ES WIRKT ZU FORCIERT, SO ALS WOLLTE MAN EINE LOGISCHE BEWEISFÜHRUNG ERZWINGEN.
DIE GRÖSSTE SCHWIERIG-KEIT IST DIE TATSACHE, DASS DAS ANWESEN VOLLSTÄNDIG NIEDERBRANNTE.
AM TATORT KONNTEN NUR WENIGE INFORMATIONEN UND BEWEISE SICHERGESTELLT WERDEN.
UND ES GAB AUCH KEINE ÜBERLEBEN-DEN...

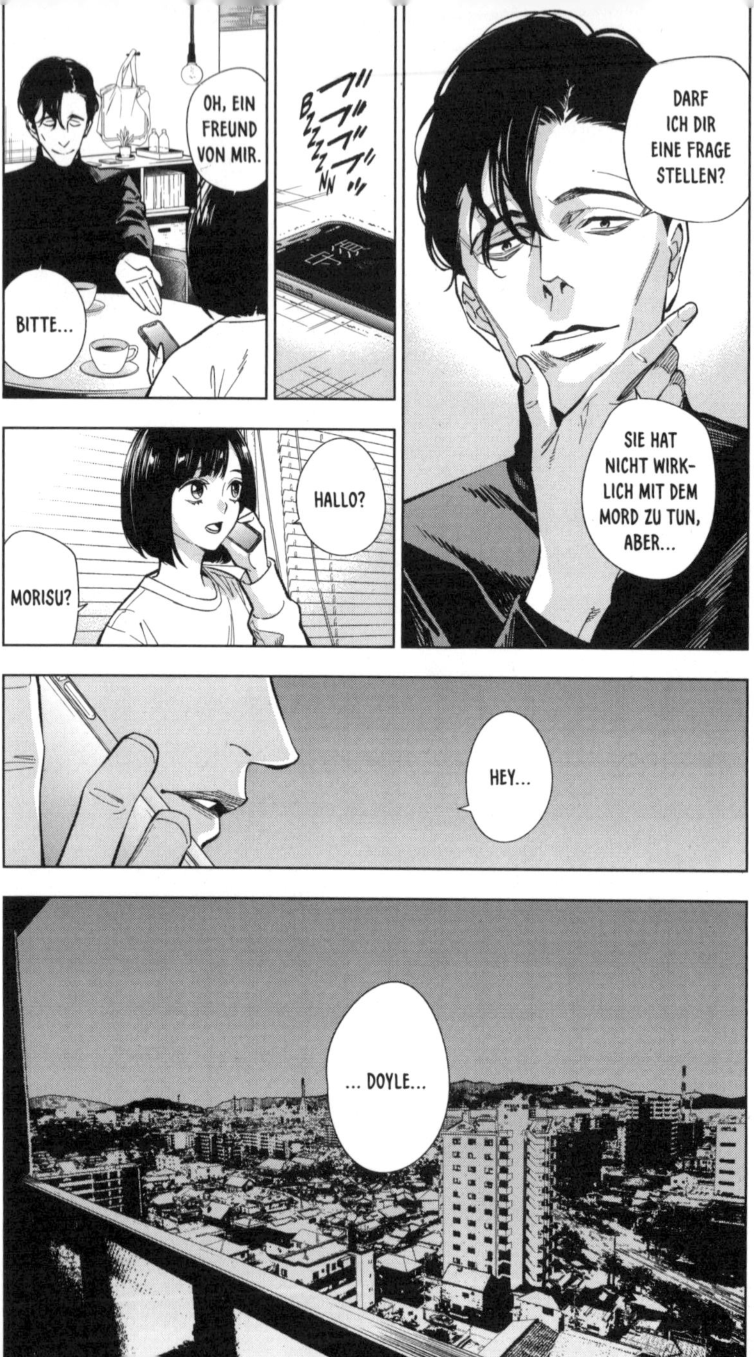
DARF ICH DIR EINE FRAGE STELLEN?
SIE HAT NICHT WIRKLICH MIT DEM MORD ZU TUN, ABER...
BZZZZNN
OH, EIN FREUND VON MIR.
BITTE...
HALLO?
MORISU?
HEY...
... DOYLE...

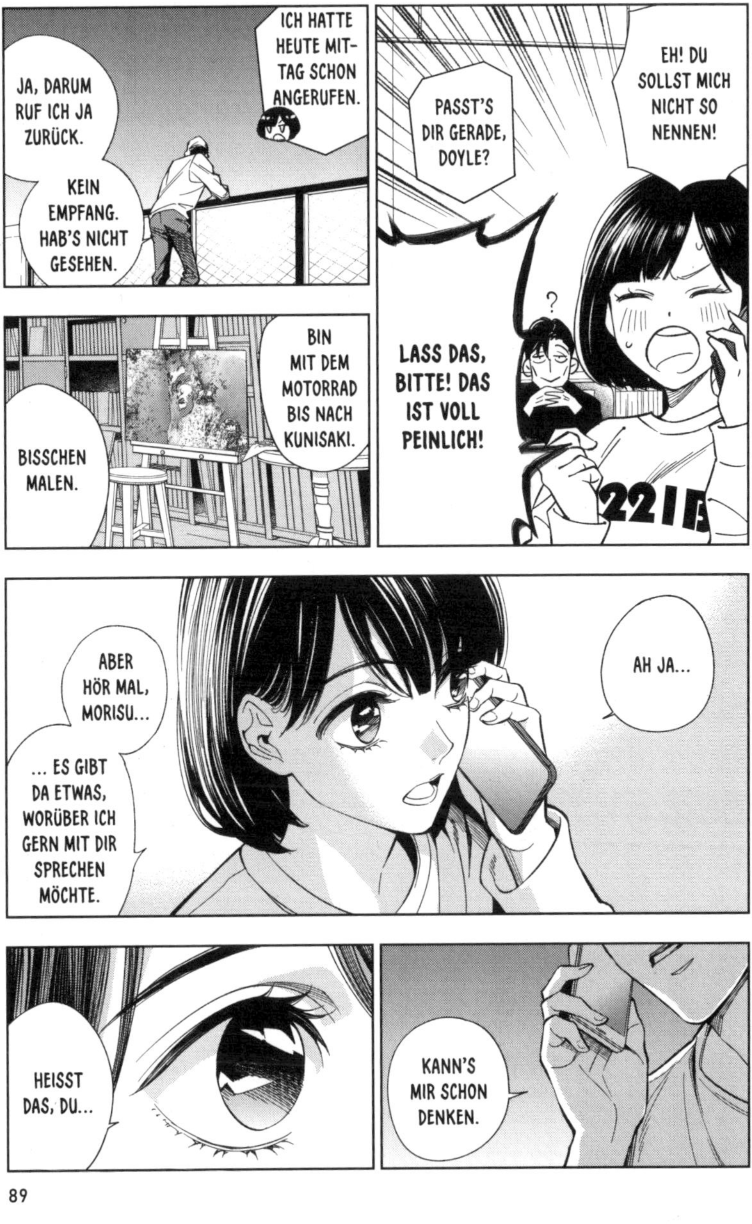

PASST'S DIR GERADE, DOYLE?
EH! DU SOLLST MICH NICHT SO NENNEN!
LASS DAS, BITTE! DAS IST VOLL PEINLICH!
ICH HATTE HEUTE MITTAG SCHON ANGERUFEN.
JA, DARUM RUF ICH JA ZURÜCK.
KEIN EMPFANG. HAB'S NICHT GESEHEN.
BIN MIT DEM MOTORRAD BIS NACH KUNISAKI.
BISSCHEN MALEN.
AH JA...
ABER HÖR MAL, MORISU...
... ES GIBT DA ETWAS, WORÜBER ICH GERN MIT DIR SPRECHEN MÖCHTE.
KANN'S MIR SCHON DENKEN.
HEISST DAS, DU...

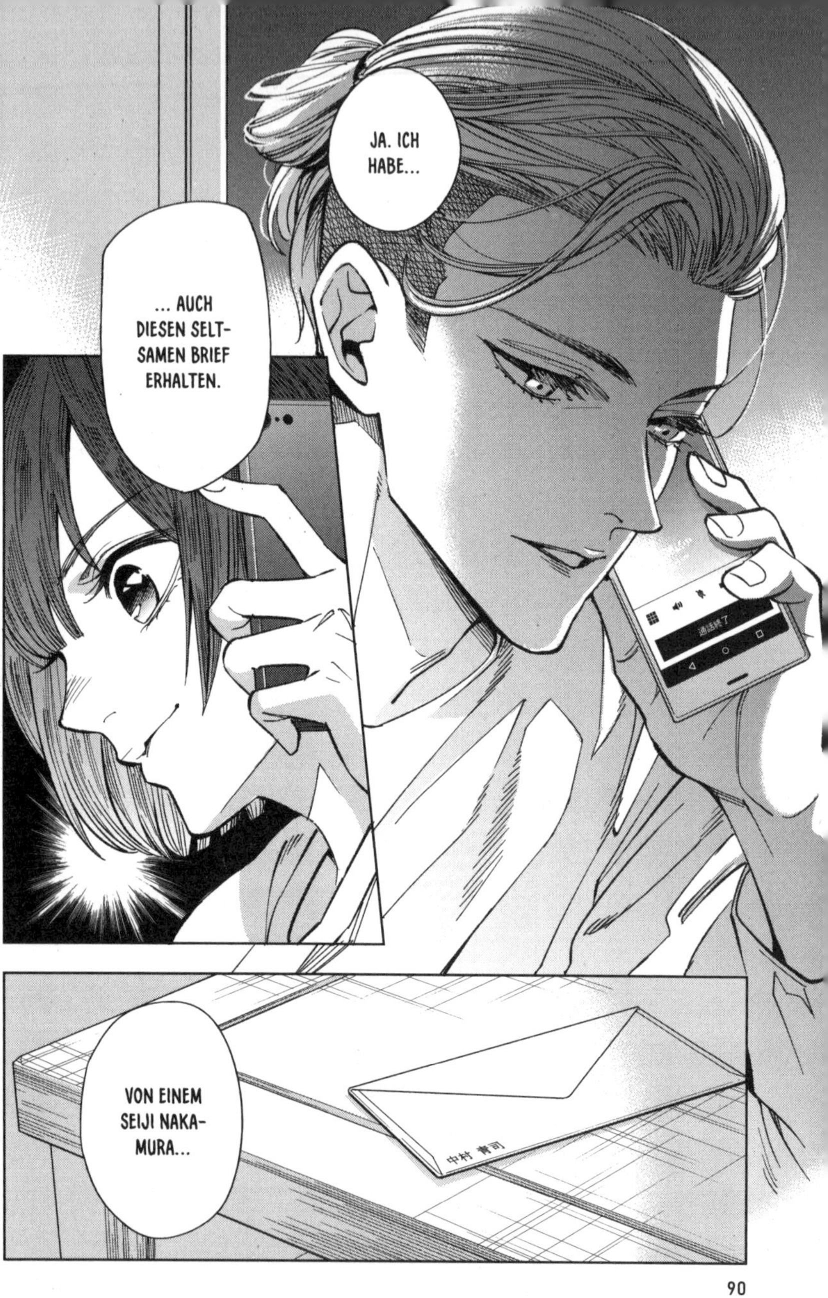
JA. ICH HABE...
... AUCH DIESEN SELT-SAMEN BRIEF ERHALTEN.
VON EINEM SEIJI NAKA-MURA...
中村 青司

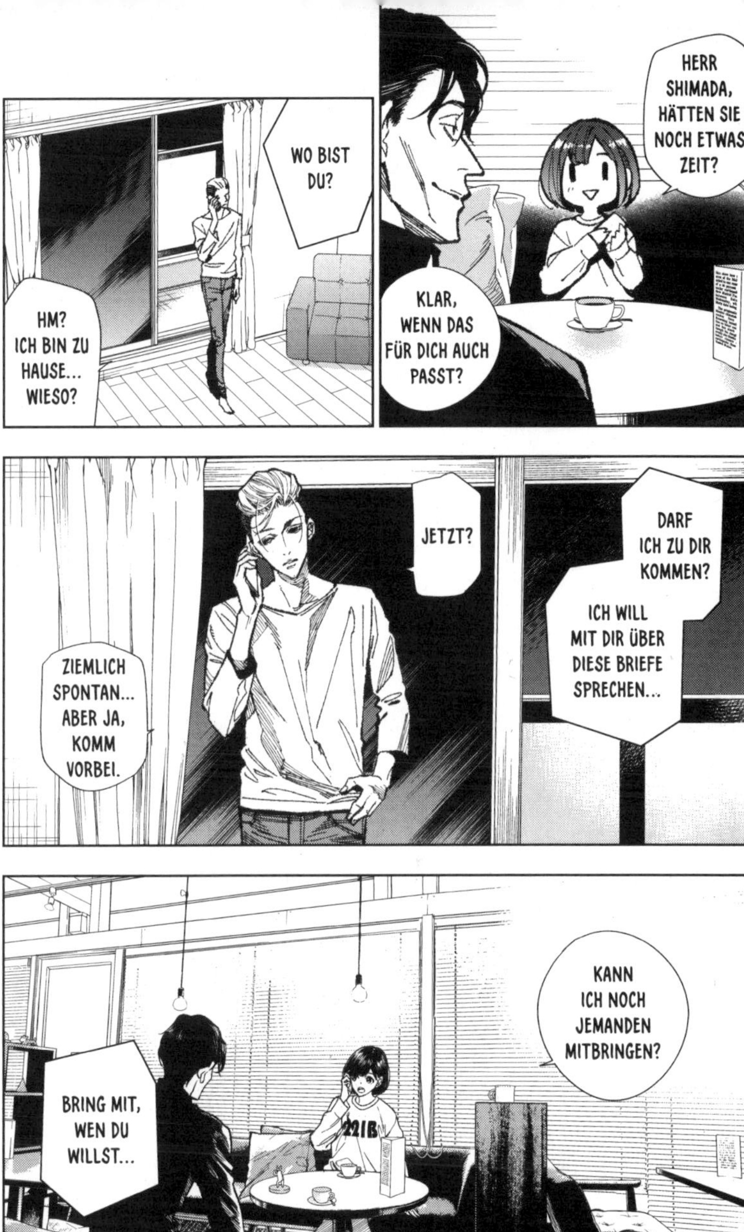
HERR SHIMADA, HÄTTEN SIE NOCH ETWAS ZEIT?
KLAR, WENN DAS FÜR DICH AUCH PASST?
WO BIST DU?
HM? ICH BIN ZU HAUSE... WIESO?
DARF ICH ZU DIR KOMMEN?
ICH WILL MIT DIR ÜBER DIESE BRIEFE SPRECHEN...
JETZT?
ZIEMLICH SPONTAN... ABER JA, KOMM VORBEI.
KANN ICH NOCH JEMANDEN MITBRINGEN?
BRING MIT, WEN DU WILLST...

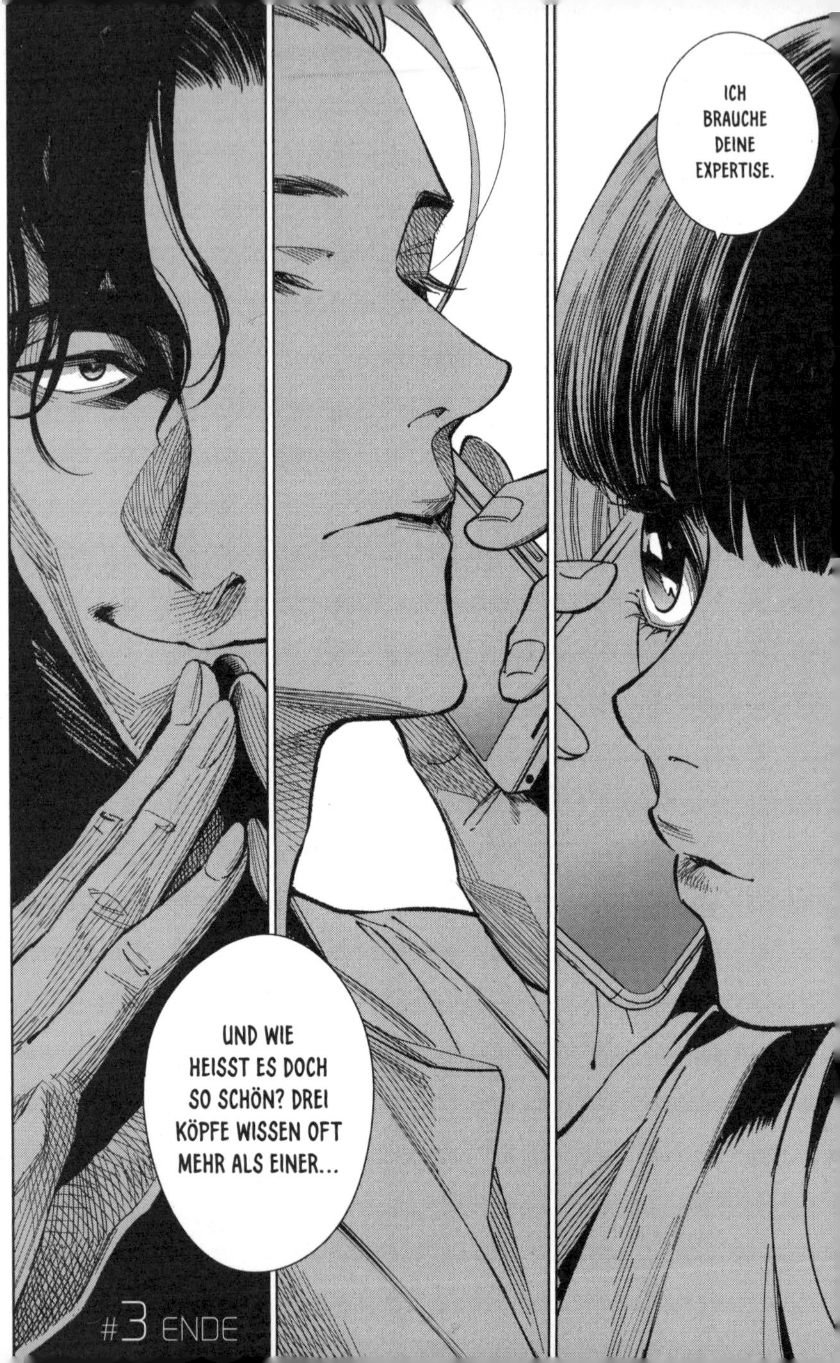
ICH BRAUCHE DEINE EXPERTISE.
UND WIE HEISST ES DOCH SO SCHÖN? DREI KÖPFE WISSEN OFT MEHR ALS EINER...
#3 ENDE

MORD IM DEKAGON

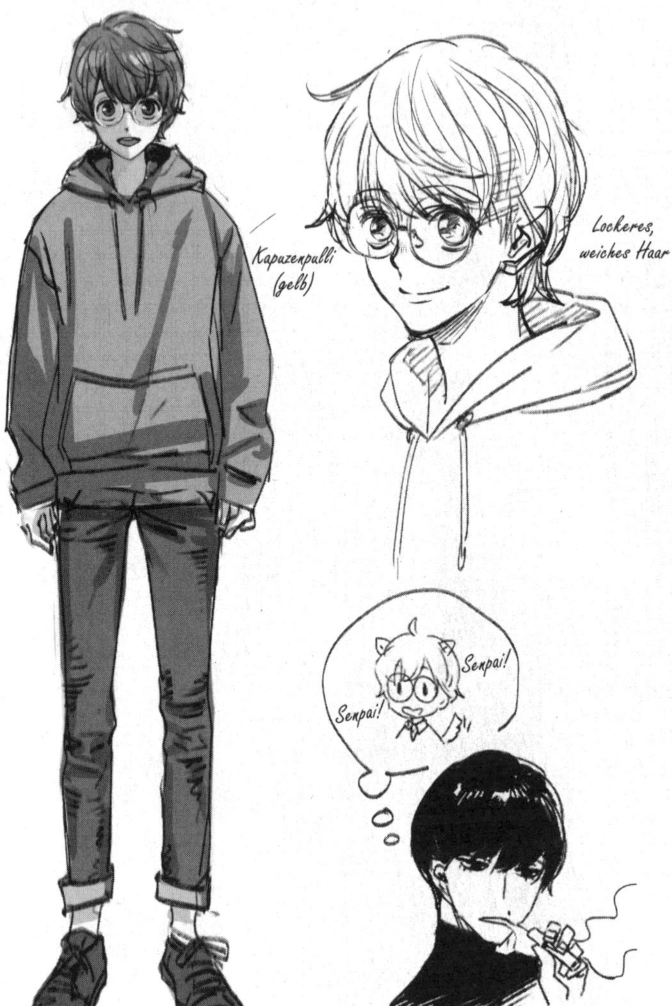

[Leroux]

Student der Literatur und Philosophie im zweiten Jahr an der Universität K. 20 Jahre alt, 165 cm. Eher kleine Statur, mit Babygesicht und runder Brille. Er ist ein absoluter Mystery- und Krimi-Liebhaber mit einer fröhlichen Persönlichkeit. Derzeit der neue Chefredakteur des Clubjournals »Dead Man's Island«.

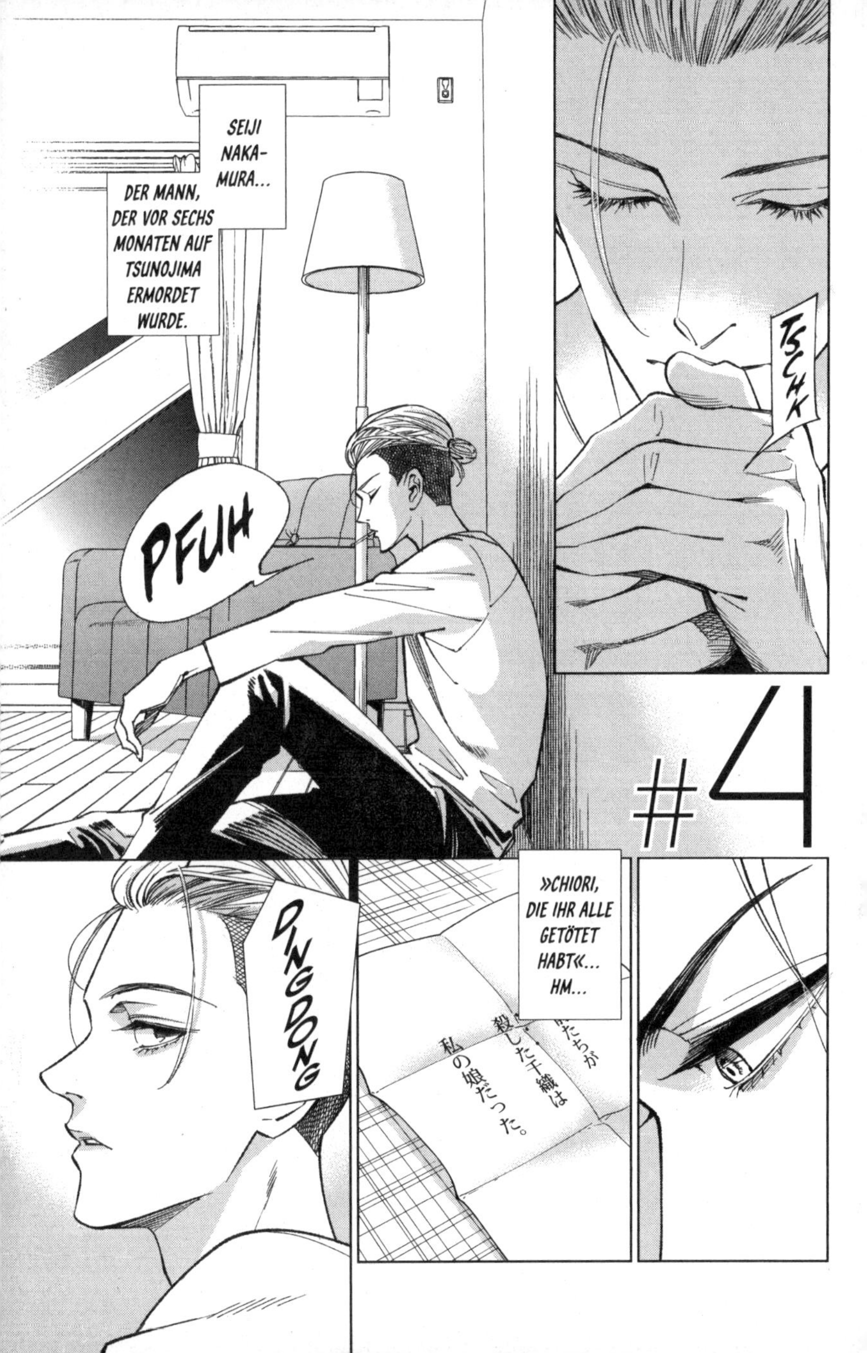
TSCHK
SEIJI NAKAMURA...
DER MANN, DER VOR SECHS MONATEN AUF TSUNOJIMA ERMORDET WURDE.
PFUH
#4
»CHIORI, DIE IHR ALLE GETÖTET HABT«... HM...
たちが
殺した千織は
私の娘だった。
DINGDONG

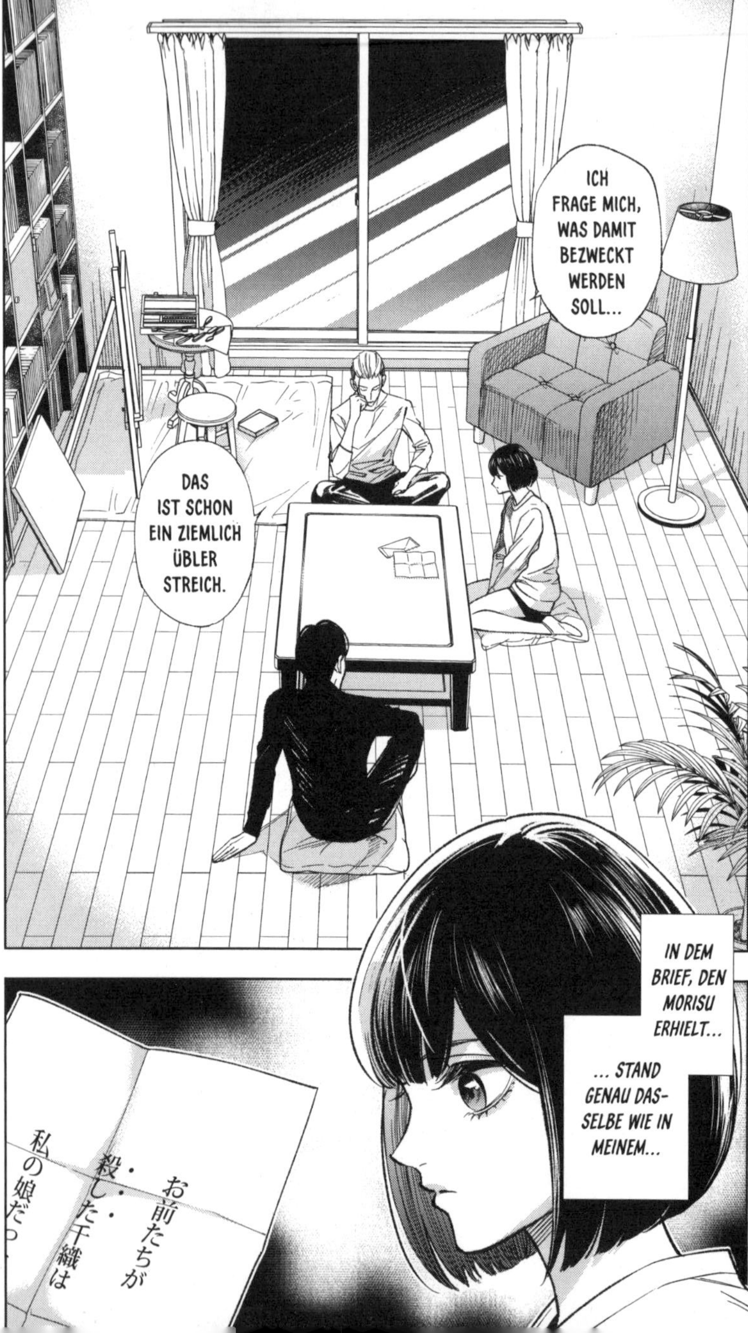
ICH FRAGE MICH, WAS DAMIT BEZWECKT WERDEN SOLL...
DAS IST SCHON EIN ZIEMLICH ÜBLER STREICH.
IN DEM BRIEF, DEN MORISU ERHIELT...
... STAND GENAU DAS-SELBE WIE IN MEINEM...
お前たちが・・・殺した千織は私の娘だっ

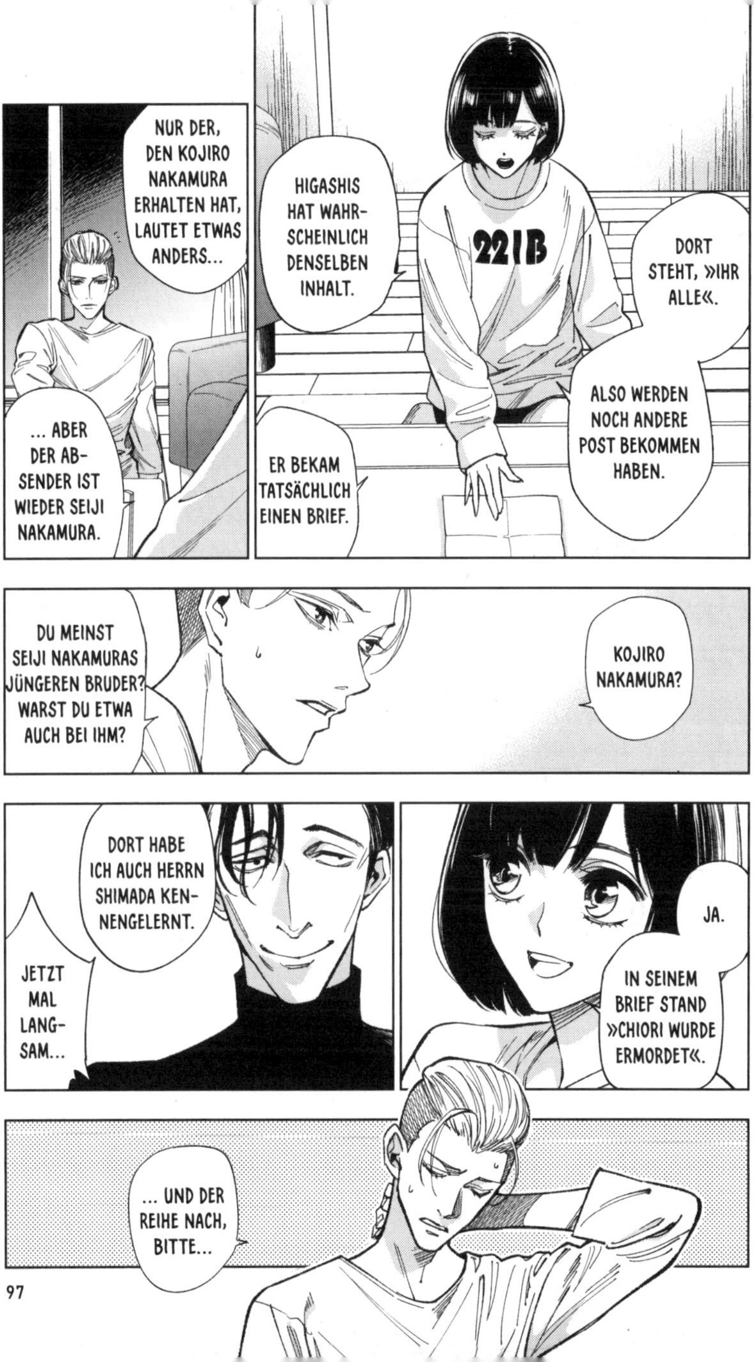
DORT STEHT, »IHR ALLE«.
ALSO WERDEN NOCH ANDERE POST BEKOMMEN HABEN.
HIGASHIS HAT WAHR-SCHEINLICH DENSELBEN INHALT.
ER BEKAM TATSÄCHLICH EINEN BRIEF.
NUR DER, DEN KOJIRO NAKAMURA ERHALTEN HAT, LAUTET ETWAS ANDERS...
... ABER DER AB-SENDER IST WIEDER SEIJI NAKAMURA.
KOJIRO NAKAMURA?
DU MEINST SEIJI NAKAMURAS JÜNGEREN BRUDER? WARST DU ETWA AUCH BEI IHM?
JA.
IN SEINEM BRIEF STAND »CHIORI WURDE ERMORDET«.
DORT HABE ICH AUCH HERRN SHIMADA KEN-NENGELERNT.
JETZT MAL LANG-SAM...
... UND DER REIHE NACH, BITTE...

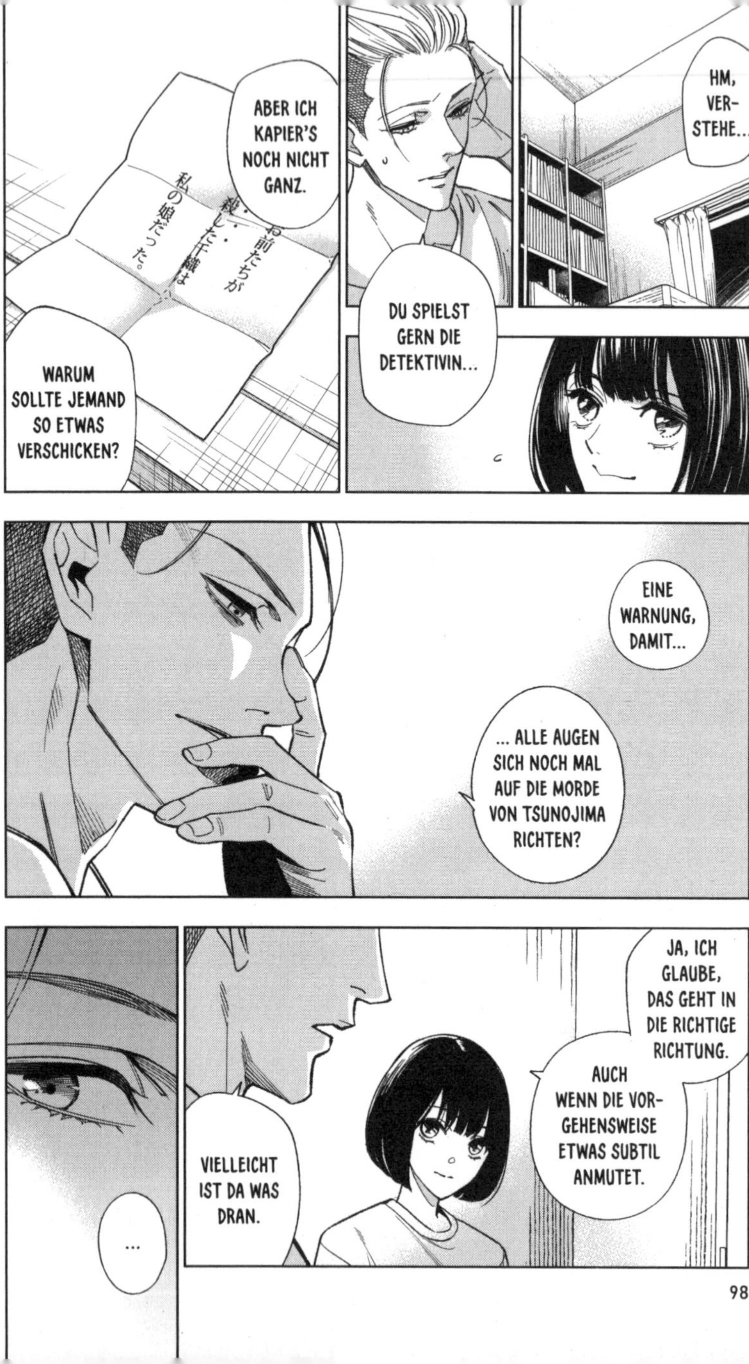
HM, VER-STEHE...
ABER ICH KAPIER'S NOCH NICHT GANZ.
お前たちが殺した千織は私の娘だった。
WARUM SOLLTE JEMAND SO ETWAS VERSCHICKEN?
DU SPIELST GERN DIE DETEKTIVIN...
EINE WARNUNG, DAMIT...
... ALLE AUGEN SICH NOCH MAL AUF DIE MORDE VON TSUNOJIMA RICHTEN?
JA, ICH GLAUBE, DAS GEHT IN DIE RICHTIGE RICHTUNG.
AUCH WENN DIE VOR-GEHENSWEISE ETWAS SUBTIL ANMUTET.
VIELLEICHT IST DA WAS DRAN.
...

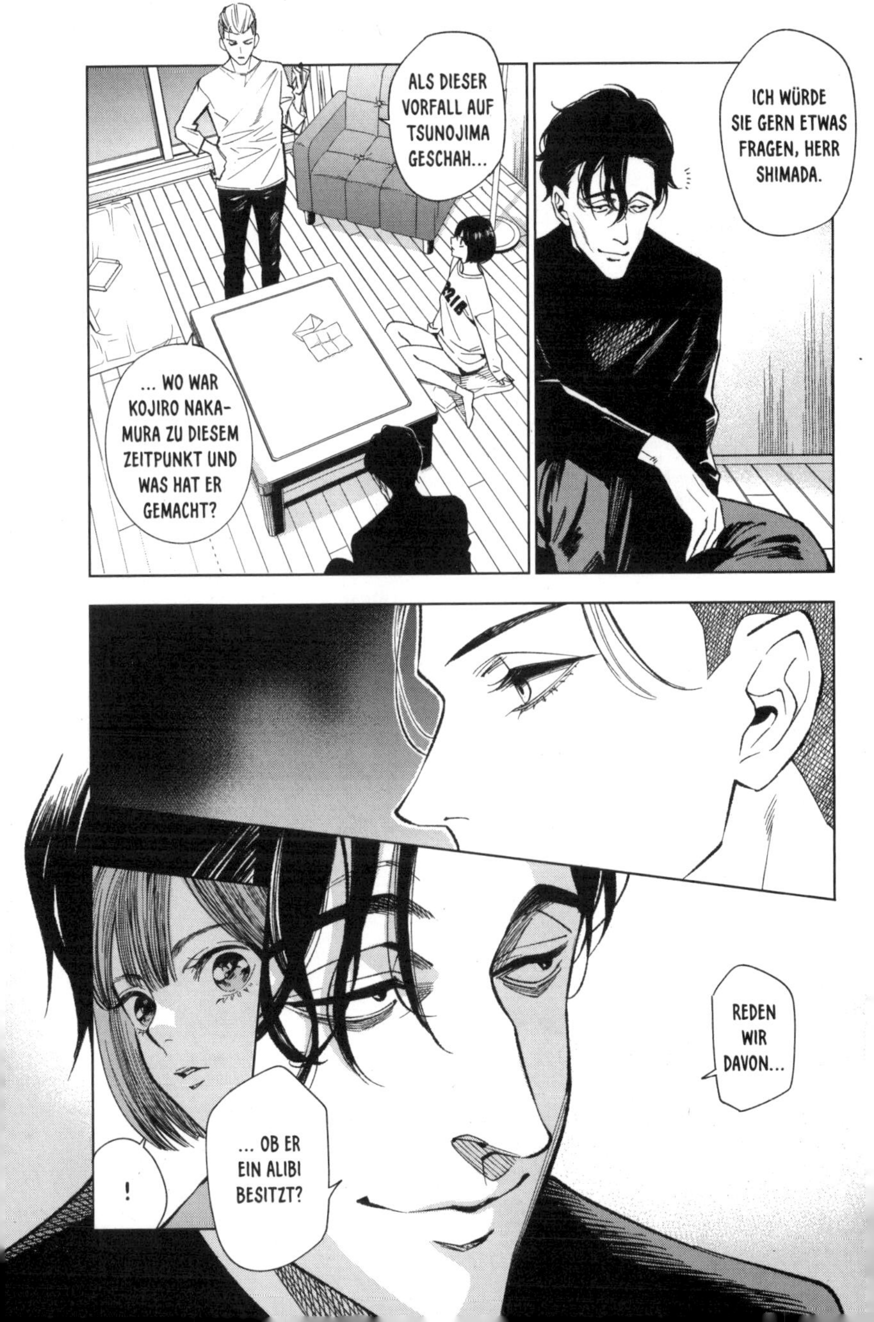
ICH WÜRDE SIE GERN ETWAS FRAGEN, HERR SHIMADA.
ALS DIESER VORFALL AUF TSUNOJIMA GESCHAH...
... WO WAR KOJIRO NAKAMURA ZU DIESEM ZEITPUNKT UND WAS HAT ER GEMACHT?
REDEN WIR DAVON...
... OB ER EIN ALIBI BESITZT?
!

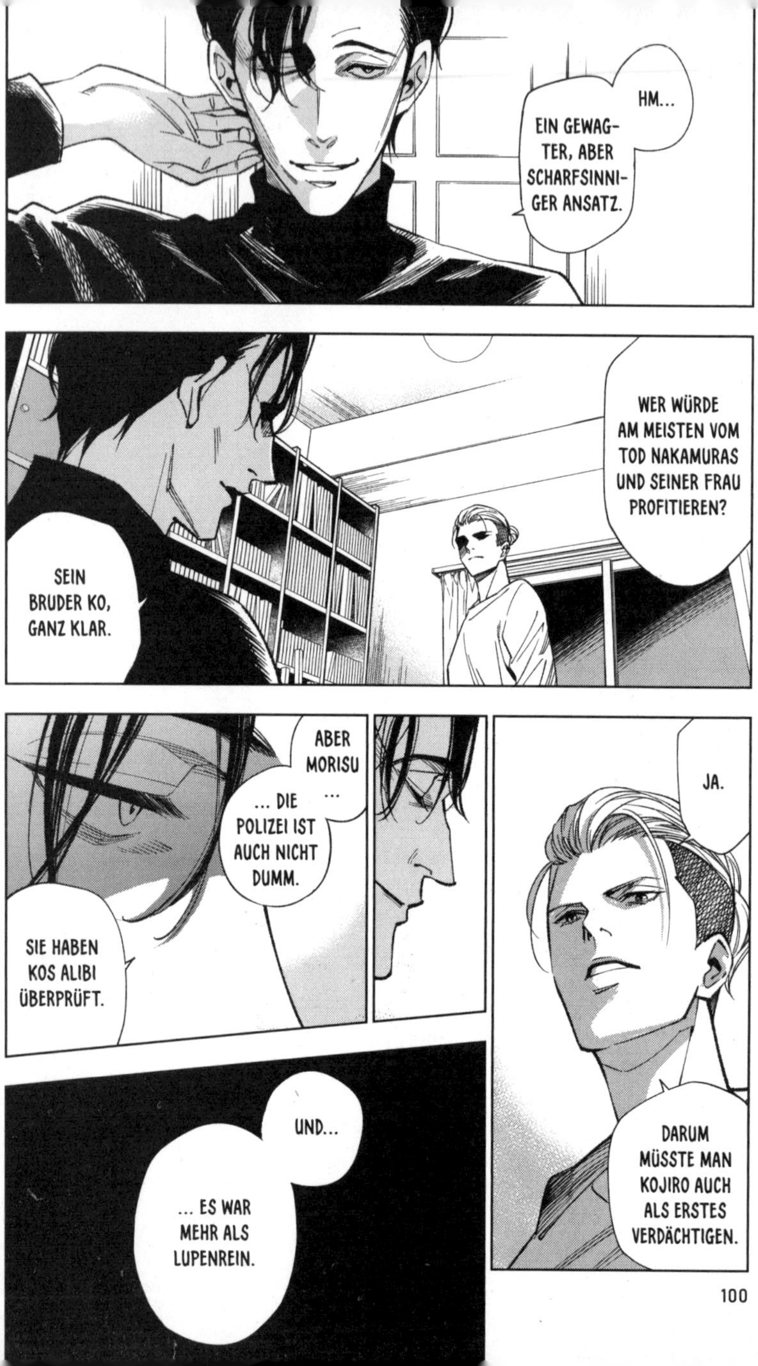
HM...
EIN GEWAGTER, ABER SCHARFSINNIGER ANSATZ.
WER WÜRDE AM MEISTEN VOM TOD NAKAMURAS UND SEINER FRAU PROFITIEREN?
SEIN BRUDER KO, GANZ KLAR.
JA.
DARUM MÜSSTE MAN KOJIRO AUCH ALS ERSTES VERDÄCHTIGEN.
ABER MORISU ...
... DIE POLIZEI IST AUCH NICHT DUMM.
SIE HABEN KOS ALIBI ÜBERPRÜFT.
UND...
... ES WAR MEHR ALS LUPENREIN.

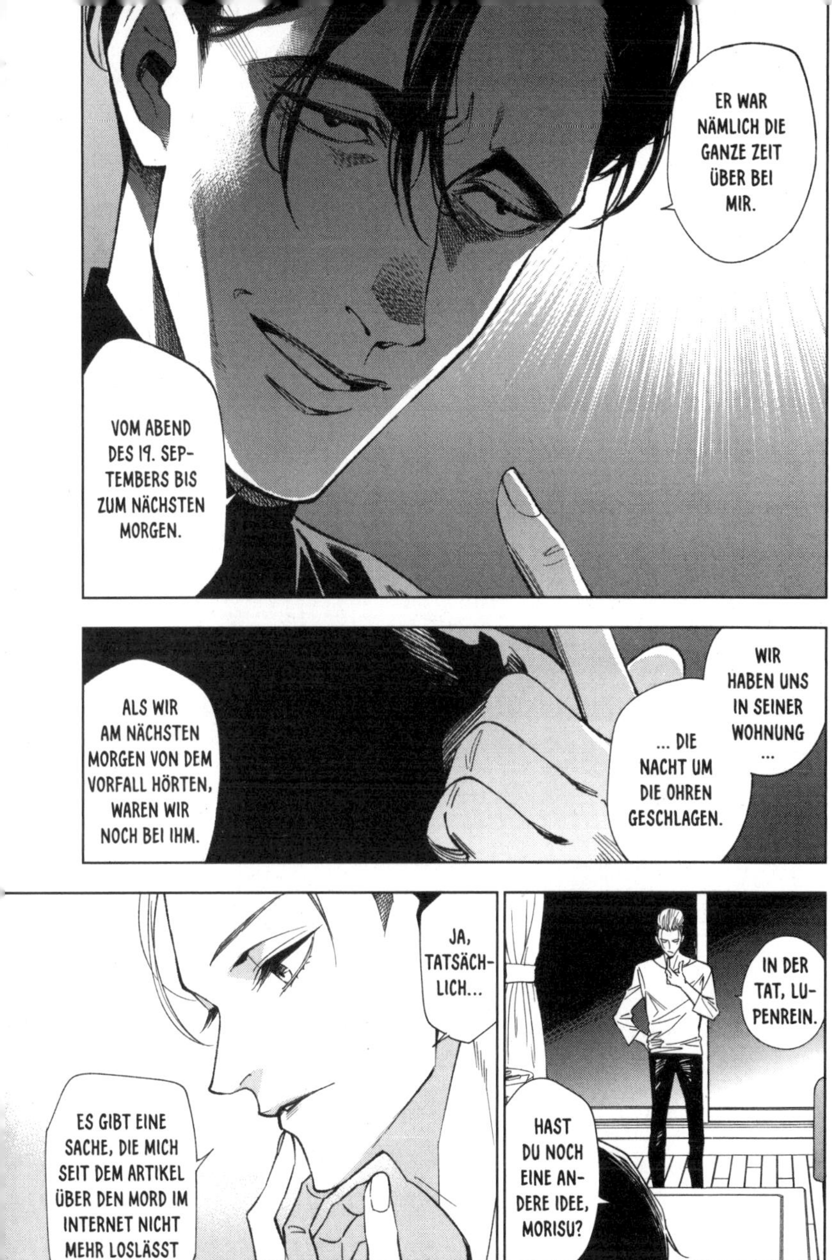
ER WAR NÄMLICH DIE GANZE ZEIT ÜBER BEI MIR.
VOM ABEND DES 19. SEPTEMBERS BIS ZUM NÄCHSTEN MORGEN.
WIR HABEN UNS IN SEINER WOHNUNG ...
... DIE NACHT UM DIE OHREN GESCHLAGEN.
ALS WIR AM NÄCHSTEN MORGEN VON DEM VORFALL HÖRTEN, WAREN WIR NOCH BEI IHM.
IN DER TAT, LUPENREIN.
HAST DU NOCH EINE ANDERE IDEE, MORISU?
JA, TATSÄCHLICH...
ES GIBT EINE SACHE, DIE MICH SEIT DEM ARTIKEL ÜBER DEN MORD IM INTERNET NICHT MEHR LOSLÄSST ...

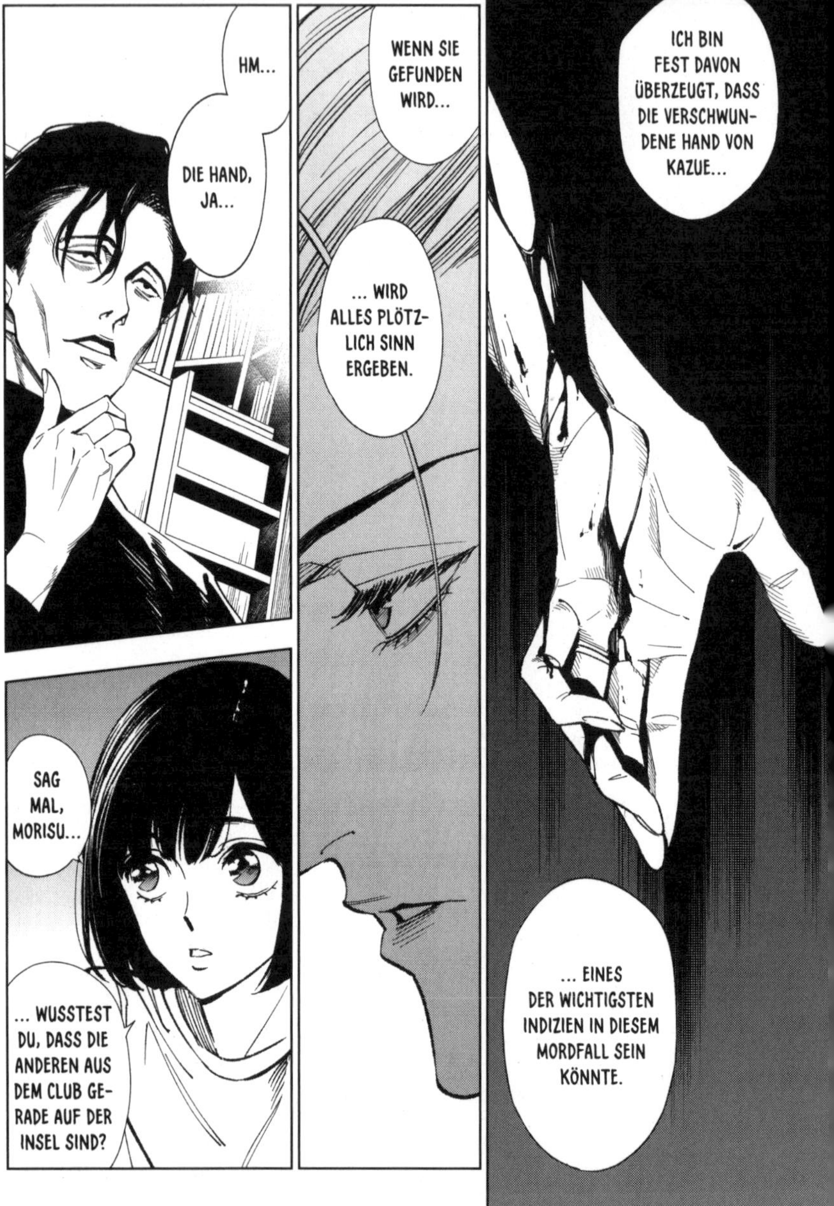
ICH BIN FEST DAVON ÜBERZEUGT, DASS DIE VERSCHWUNDENE HAND VON KAZUE...
... EINES DER WICHTIGSTEN INDIZIEN IN DIESEM MORDFALL SEIN KÖNNTE.
WENN SIE GEFUNDEN WIRD...
... WIRD ALLES PLÖTZLICH SINN ERGEBEN.
HM...
DIE HAND, JA...
SAG MAL, MORISU...
... WUSSTEST DU, DASS DIE ANDEREN AUS DEM CLUB GERADE AUF DER INSEL SIND?

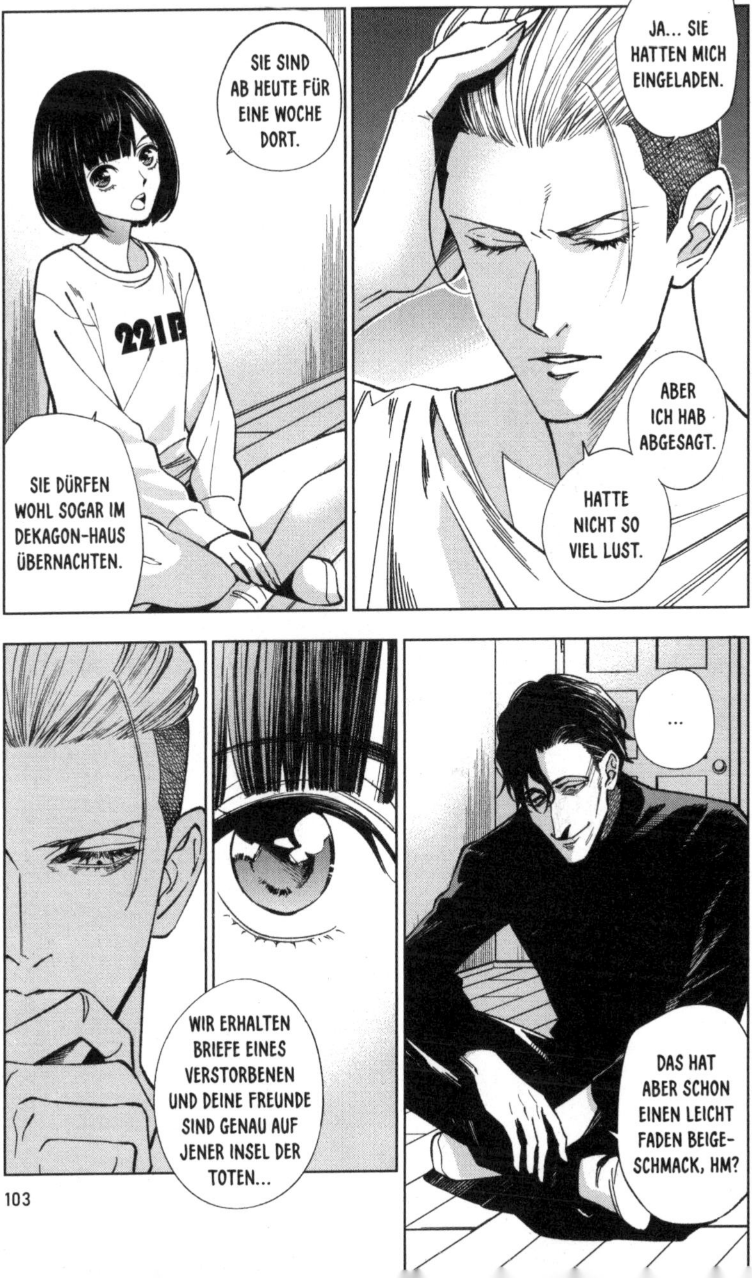
JA... SIE HATTEN MICH EINGELADEN.
ABER ICH HAB ABGESAGT.
HATTE NICHT SO VIEL LUST.
SIE SIND AB HEUTE FÜR EINE WOCHE DORT.
SIE DÜRFEN WOHL SOGAR IM DEKAGON-HAUS ÜBERNACHTEN.
...
DAS HAT ABER SCHON EINEN LEICHT FADEN BEIGE-SCHMACK, HM?
WIR ERHALTEN BRIEFE EINES VERSTORBENEN UND DEINE FREUNDE SIND GENAU AUF JENER INSEL DER TOTEN...

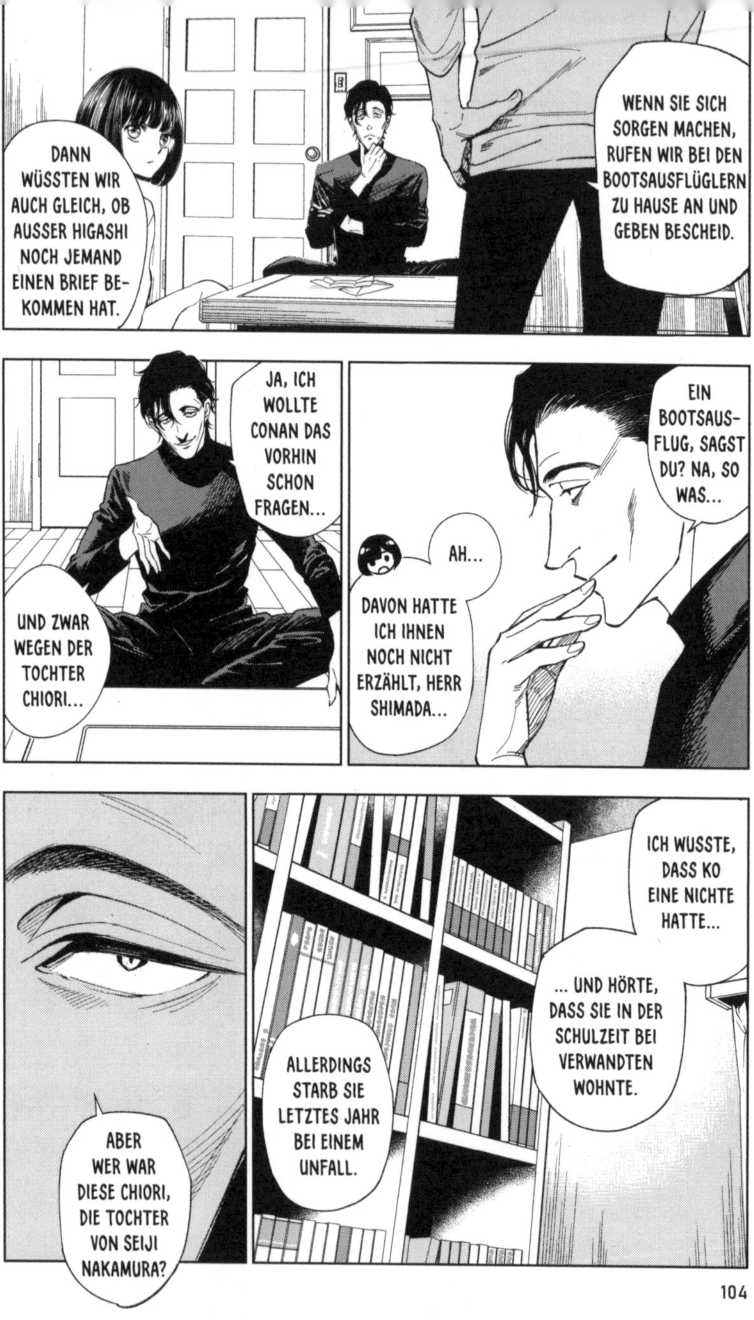
WENN SIE SICH SORGEN MACHEN, RUFEN WIR BEI DEN BOOTSAUSFLÜGLERN ZU HAUSE AN UND GEBEN BESCHEID.
DANN WÜSSTEN WIR AUCH GLEICH, OB AUSSER HIGASHI NOCH JEMAND EINEN BRIEF BE-KOMMEN HAT.
EIN BOOTSAUS-FLUG, SAGST DU? NA, SO WAS...
AH...
DAVON HATTE ICH IHNEN NOCH NICHT ERZÄHLT, HERR SHIMADA...
JA, ICH WOLLTE CONAN DAS VORHIN SCHON FRAGEN...
UND ZWAR WEGEN DER TOCHTER CHIORI...
ICH WUSSTE, DASS KO EINE NICHTE HATTE...
... UND HÖRTE, DASS SIE IN DER SCHULZEIT BEI VERWANDTEN WOHNTE.
ALLERDINGS STARB SIE LETZTES JAHR BEI EINEM UNFALL.
ABER WER WAR DIESE CHIORI, DIE TOCHTER VON SEIJI NAKAMURA?

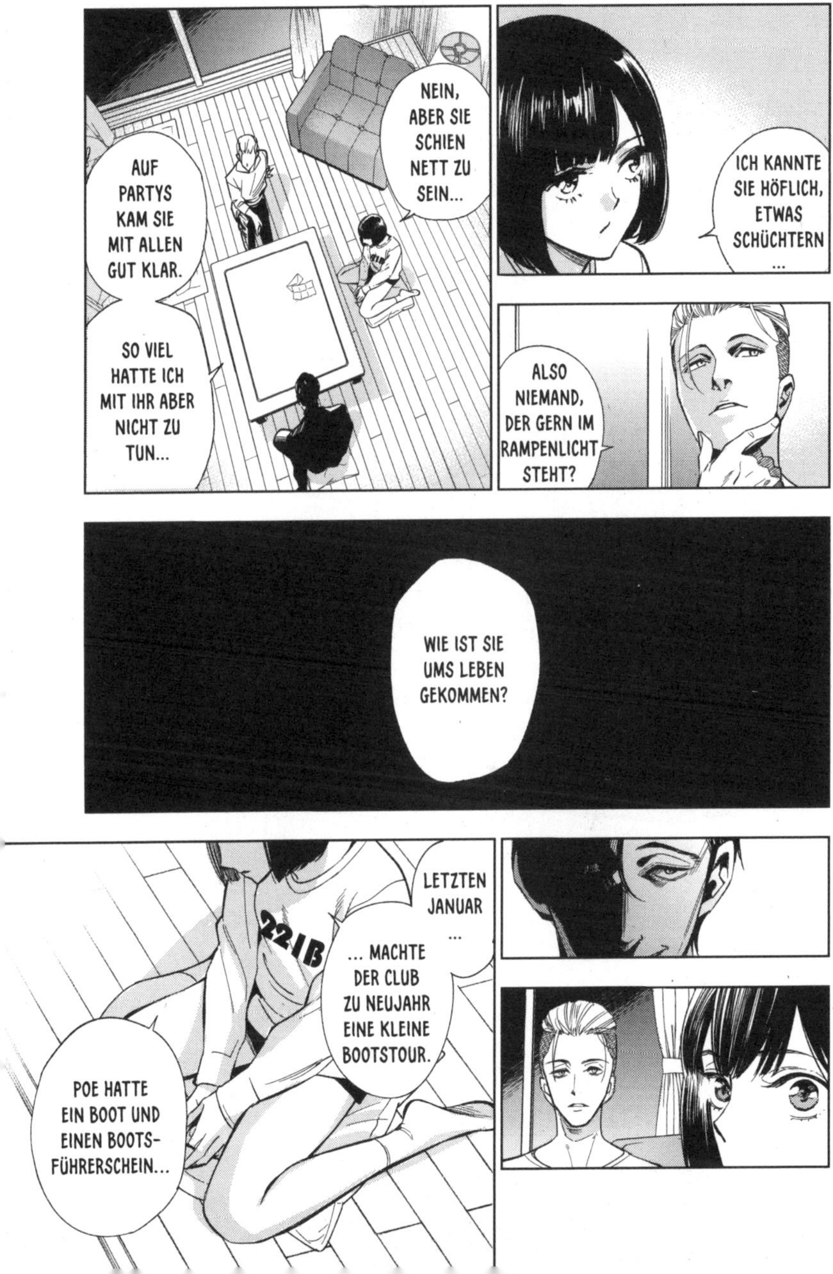
ICH KANNTE SIE HÖFLICH, ETWAS SCHÜCHTERN ...
ALSO NIEMAND, DER GERN IM RAMPENLICHT STEHT?
NEIN, ABER SIE SCHIEN NETT ZU SEIN...
AUF PARTYS KAM SIE MIT ALLEN GUT KLAR.
SO VIEL HATTE ICH MIT IHR ABER NICHT ZU TUN...
WIE IST SIE UMS LEBEN GEKOMMEN?
LETZTEN JANUAR ...
... MACHTE DER CLUB ZU NEUJAHR EINE KLEINE BOOTSTOUR.
POE HATTE EIN BOOT UND EINEN BOOTS-FÜHRERSCHEIN...

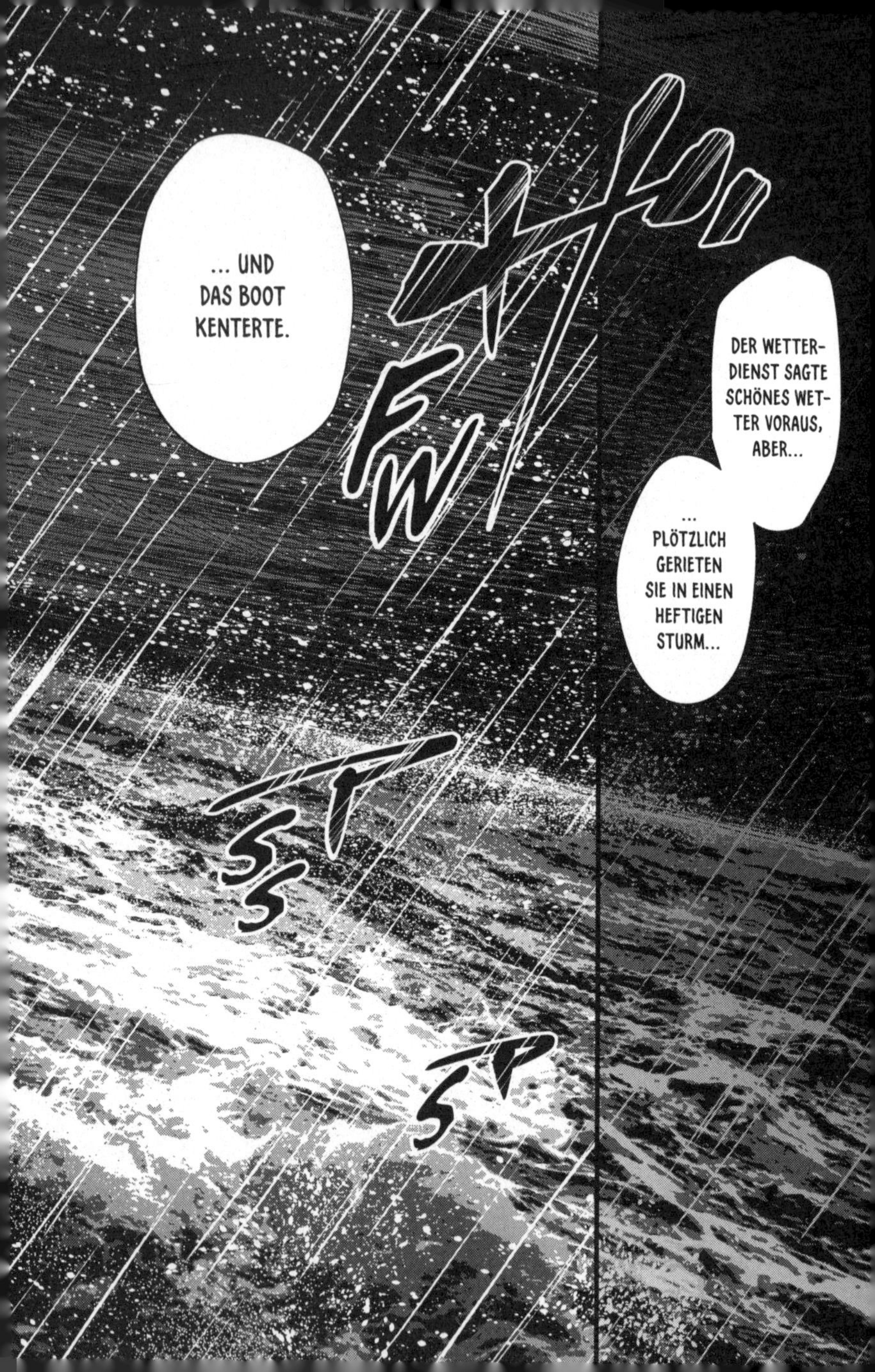
DER WETTER-DIENST SAGTE SCHÖNES WET-TER VORAUS, ABER...
... PLÖTZLICH GERIETEN SIE IN EINEN HEFTIGEN STURM...
... UND DAS BOOT KENTERTE.

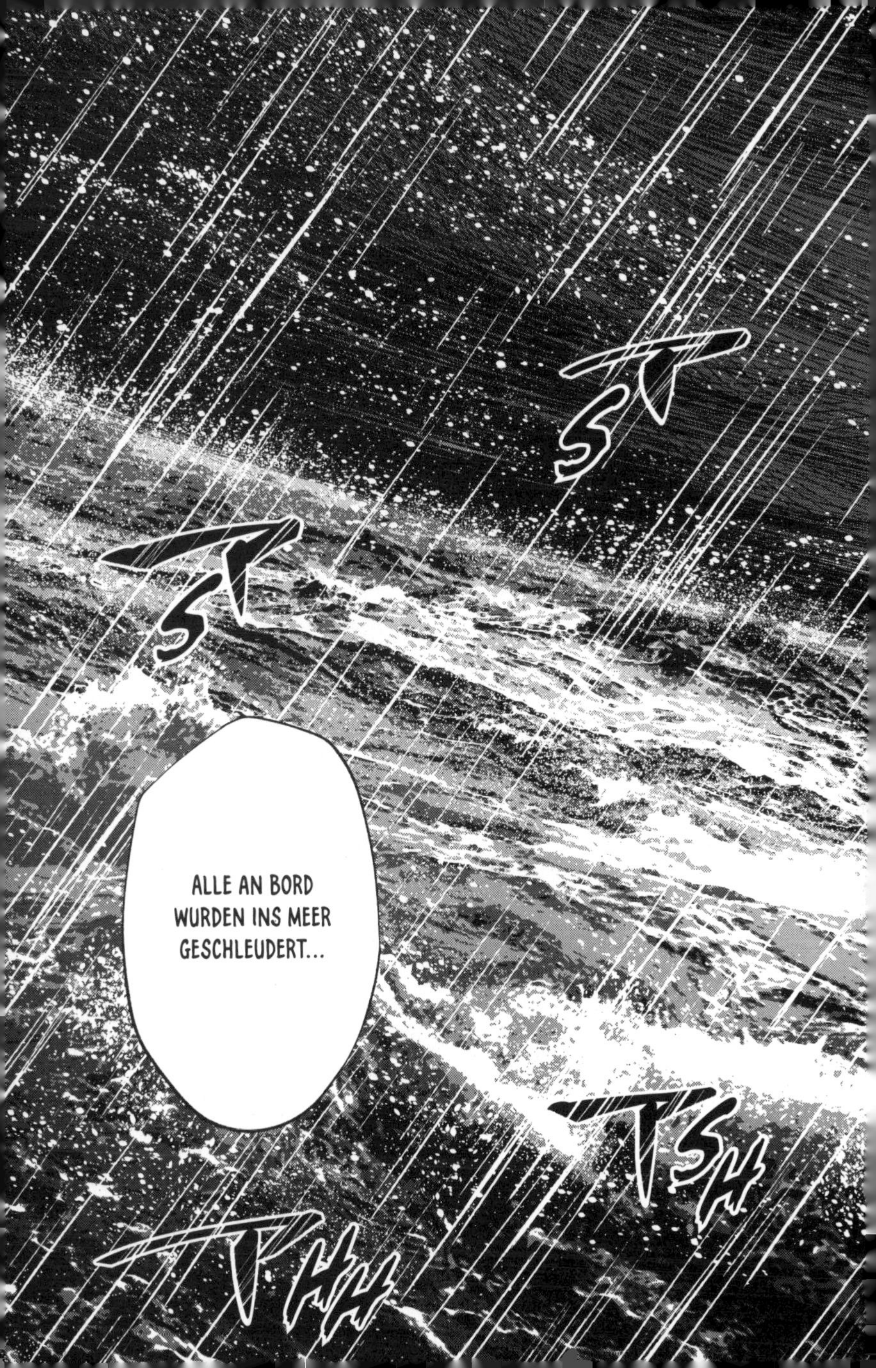

SS
SS
ALLE AN BORD
WURDEN INS MEER
GESCHLEUDERT...
TSH
PHH

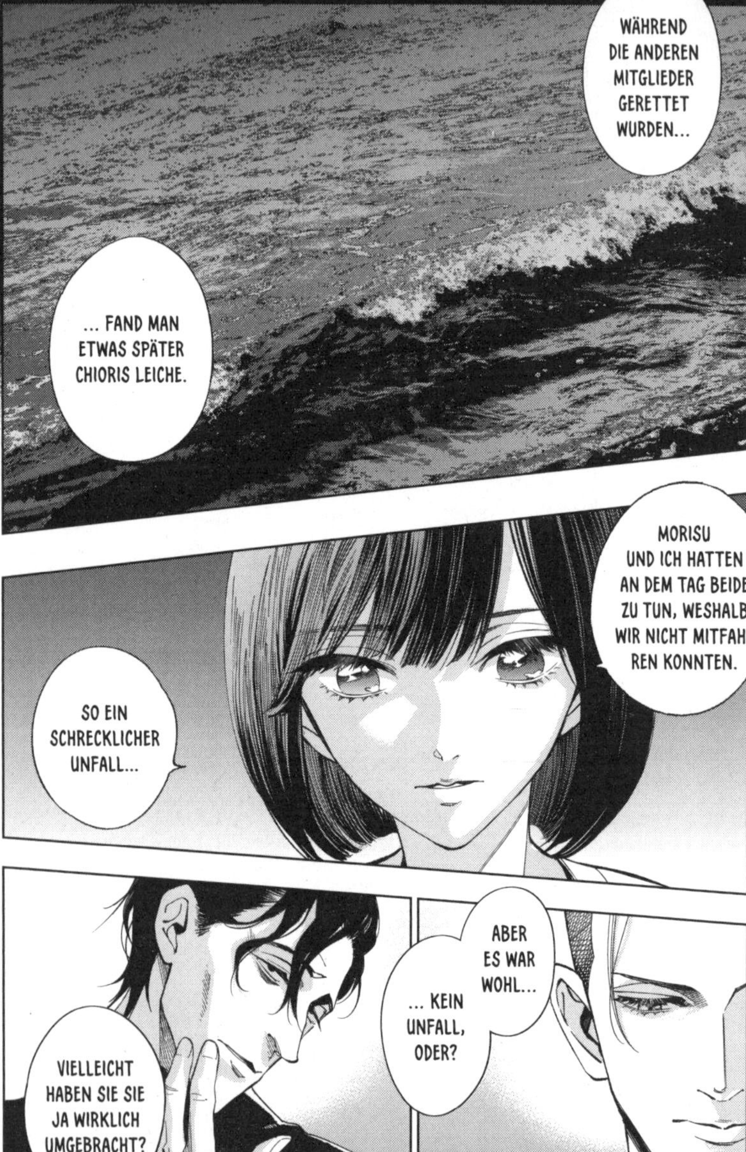
WÄHREND DIE ANDEREN MITGLIEDER GERETTET WURDEN...
... FAND MAN ETWAS SPÄTER CHIORIS LEICHE.
MORISU UND ICH HATTEN AN DEM TAG BEIDE ZU TUN, WESHALB WIR NICHT MITFAHREN KONNTEN.
SO EIN SCHRECKLICHER UNFALL...
ABER ES WAR WOHL...
... KEIN UNFALL, ODER?
VIELLEICHT HABEN SIE SIE JA WIRKLICH UMGEBRACHT?

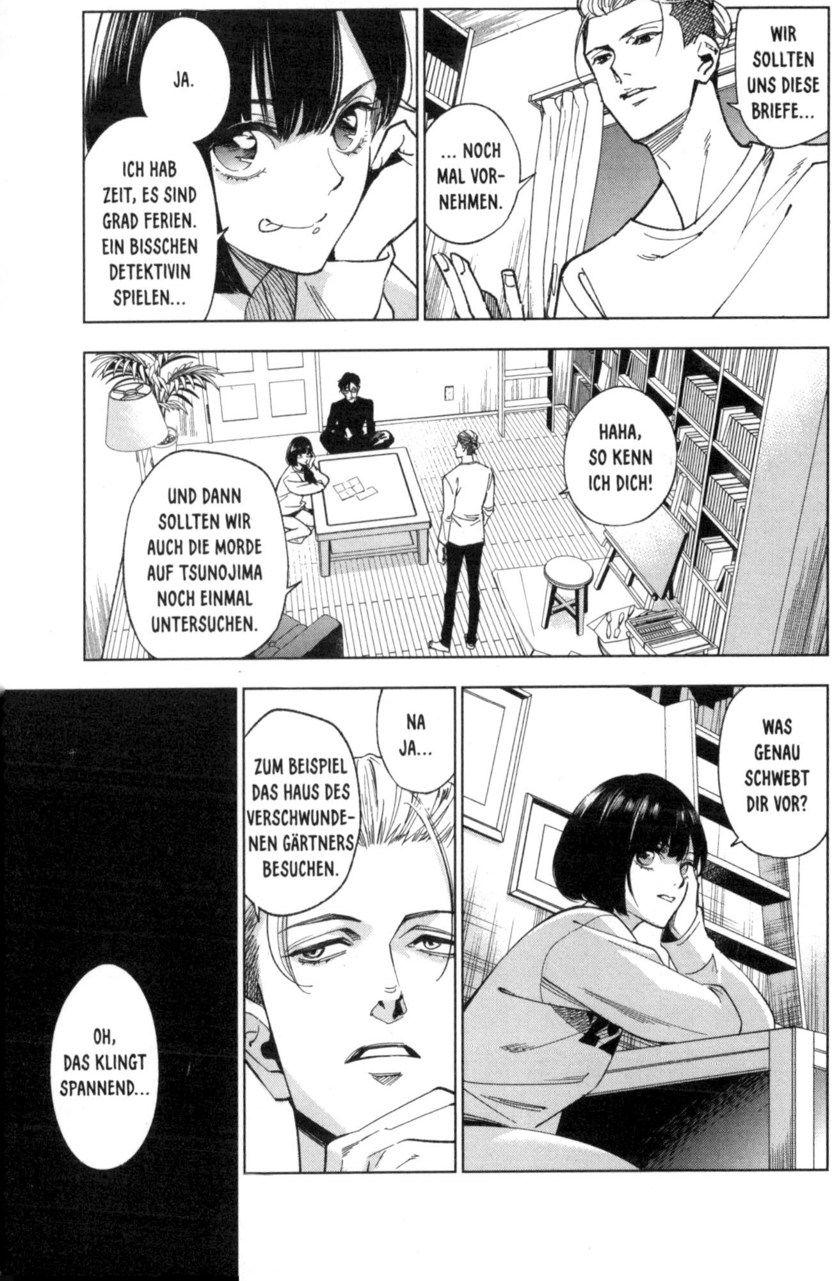
WIR SOLLTEN UNS DIESE BRIEFE...
... NOCH MAL VOR-NEHMEN.
JA.
ICH HAB ZEIT, ES SIND GRAD FERIEN. EIN BISSCHEN DETEKTIVIN SPIELEN...
HAHA, SO KENN ICH DICH!
UND DANN SOLLTEN WIR AUCH DIE MORDE AUF TSUNOJIMA NOCH EINMAL UNTERSUCHEN.
WAS GENAU SCHWEBT DIR VOR?
NA JA...
ZUM BEISPIEL DAS HAUS DES VERSCHWUNDE-NEN GÄRTNERS BESUCHEN.
OH, DAS KLINGT SPANNEND...

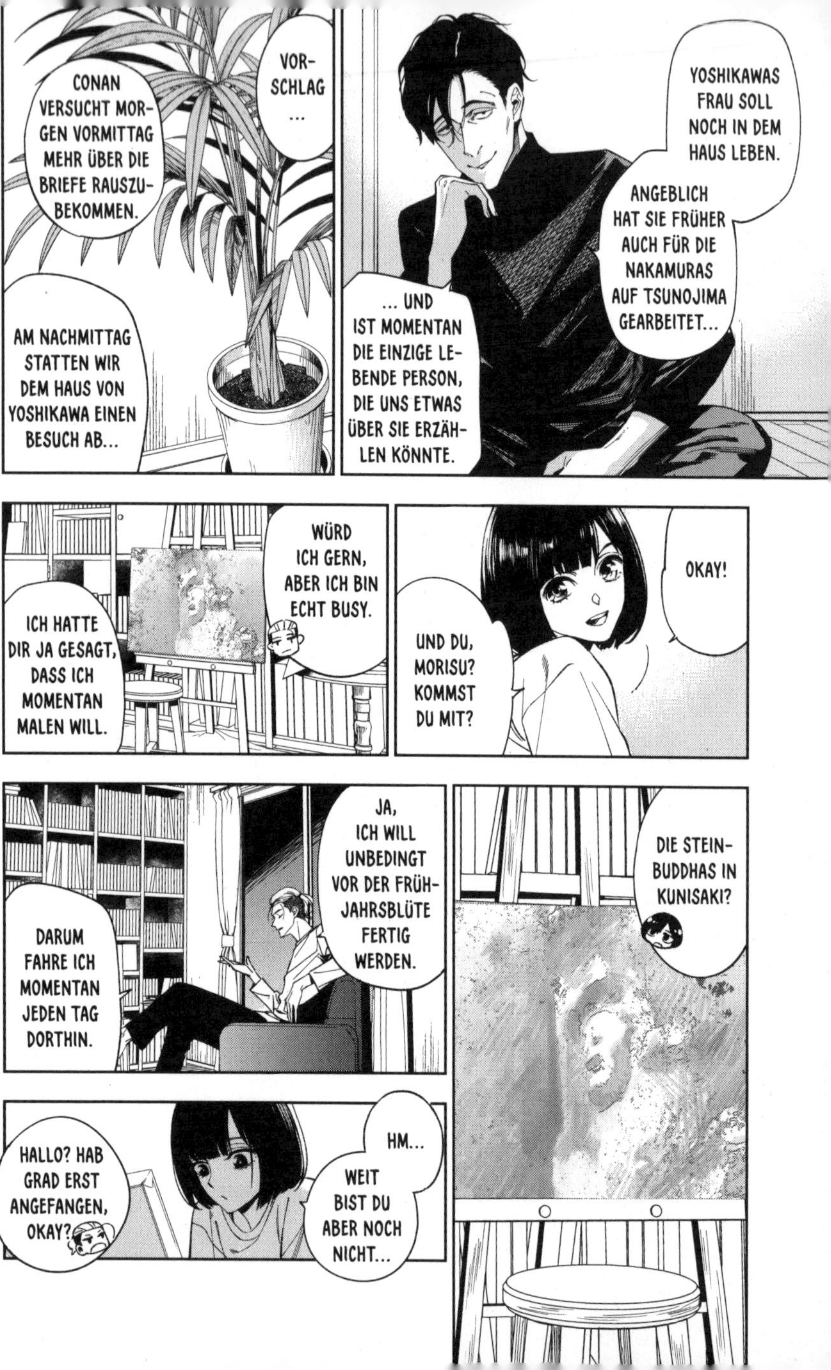

YOSHIKAWAS FRAU SOLL NOCH IN DEM HAUS LEBEN.
ANGEBLICH HAT SIE FRÜHER AUCH FÜR DIE NAKAMURAS AUF TSUNOJIMA GEARBEITET...
... UND IST MOMENTAN DIE EINZIGE LEBENDE PERSON, DIE UNS ETWAS ÜBER SIE ERZÄHLEN KÖNNTE.
VORSCHLAG ...
CONAN VERSUCHT MORGEN VORMITTAG MEHR ÜBER DIE BRIEFE RAUSZUBEKOMMEN.
AM NACHMITTAG STATTEN WIR DEM HAUS VON YOSHIKAWA EINEN BESUCH AB...
OKAY!
UND DU, MORISU? KOMMST DU MIT?
WÜRD ICH GERN, ABER ICH BIN ECHT BUSY.
ICH HATTE DIR JA GESAGT, DASS ICH MOMENTAN MALEN WILL.
DIE STEINBUDDHAS IN KUNISAKI?
JA, ICH WILL UNBEDINGT VOR DER FRÜHJAHRSBLÜTE FERTIG WERDEN.
DARUM FAHRE ICH MOMENTAN JEDEN TAG DORTHIN.
HM...
WEIT BIST DU ABER NOCH NICHT...
HALLO? HAB GRAD ERST ANGEFANGEN, OKAY?

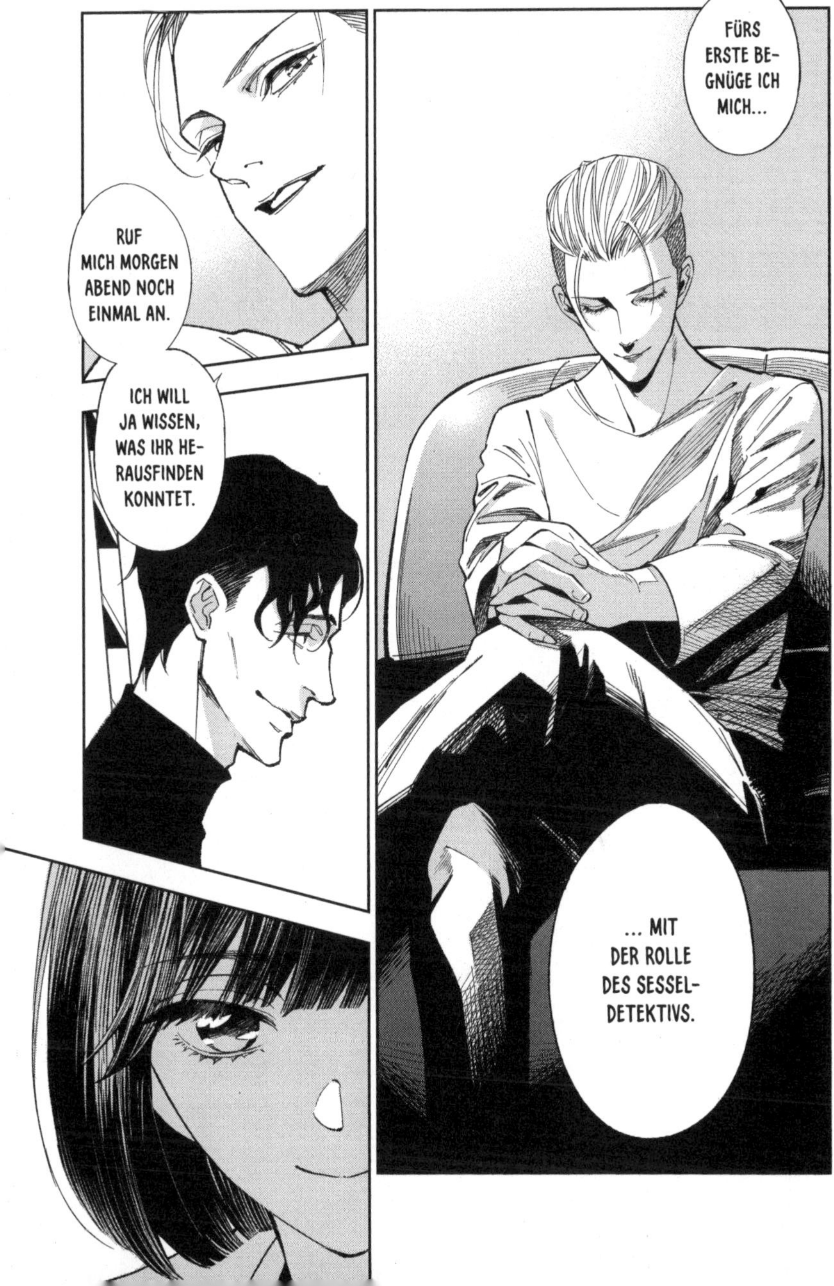
FÜRS ERSTE BEGNÜGE ICH MICH...
... MIT DER ROLLE DES SESSELDETEKTIVS.
RUF MICH MORGEN ABEND NOCH EINMAL AN.
ICH WILL JA WISSEN, WAS IHR HERAUSFINDEN KONNTET.

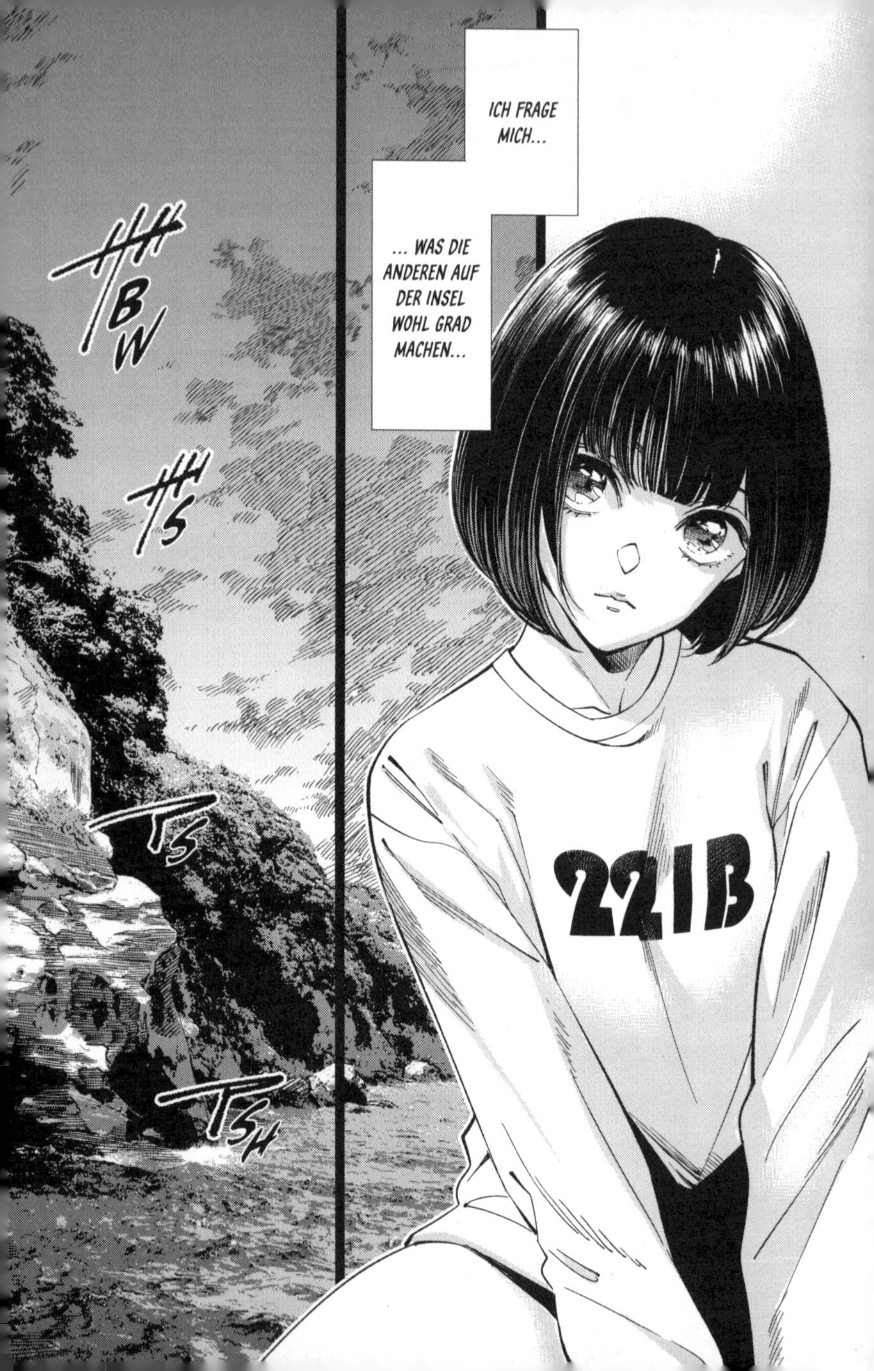
ICH FRAGE MICH...
... WAS DIE ANDEREN AUF DER INSEL WOHL GRAD MACHEN...
BW
S
TS
TSH
221B

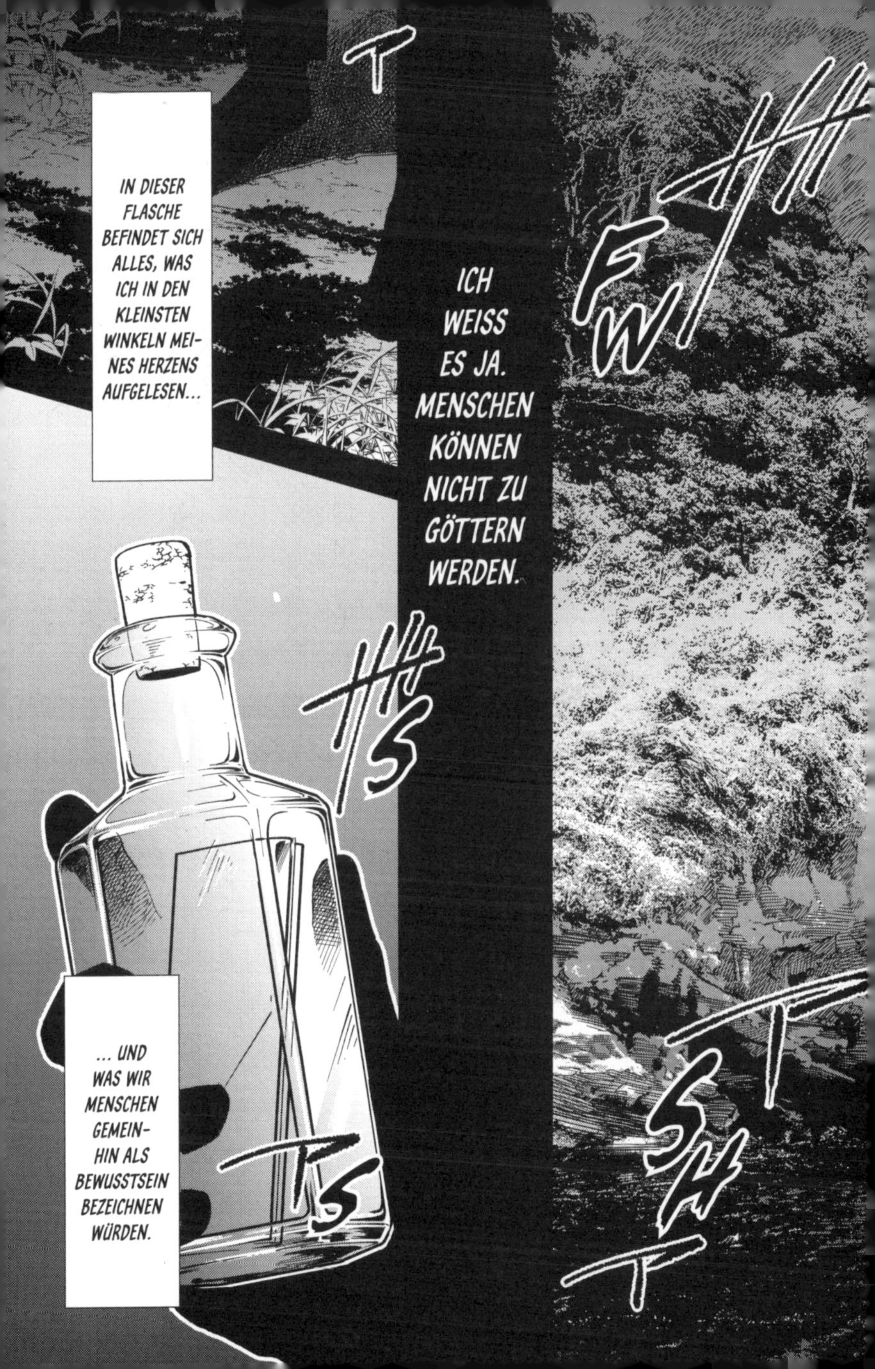
ICH WEISS ES JA. MENSCHEN KÖNNEN NICHT ZU GÖTTERN WERDEN.
IN DIESER FLASCHE BEFINDET SICH ALLES, WAS ICH IN DEN KLEINSTEN WINKELN MEINES HERZENS AUFGELESEN…
… UND WAS WIR MENSCHEN GEMEINHIN ALS BEWUSSTSEIN BEZEICHNEN WÜRDEN.

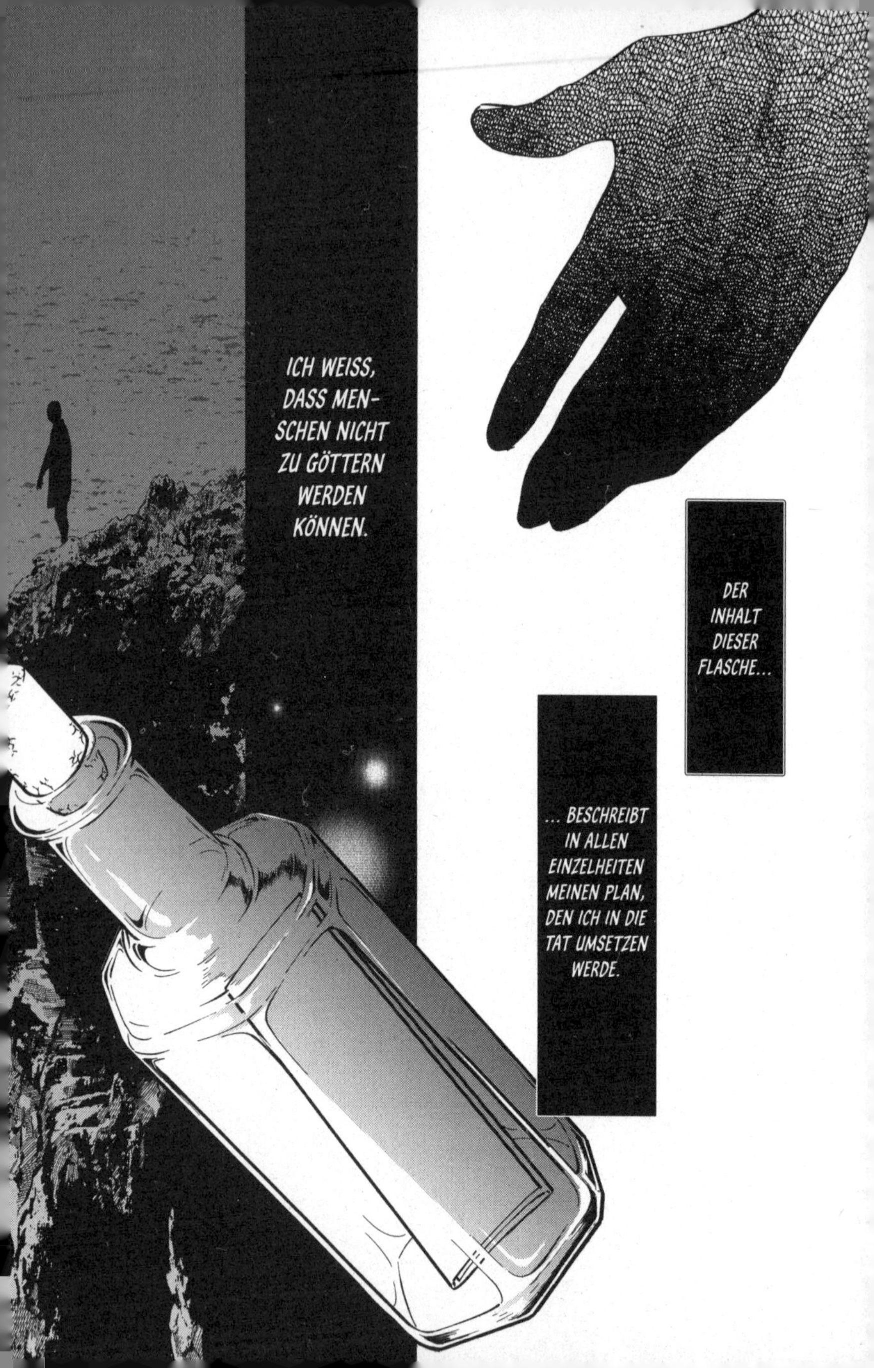
ICH WEISS, DASS MEN-SCHEN NICHT ZU GÖTTERN WERDEN KÖNNEN.
DER INHALT DIESER FLASCHE...
... BESCHREIBT IN ALLEN EINZELHEITEN MEINEN PLAN, DEN ICH IN DIE TAT UMSETZEN WERDE.

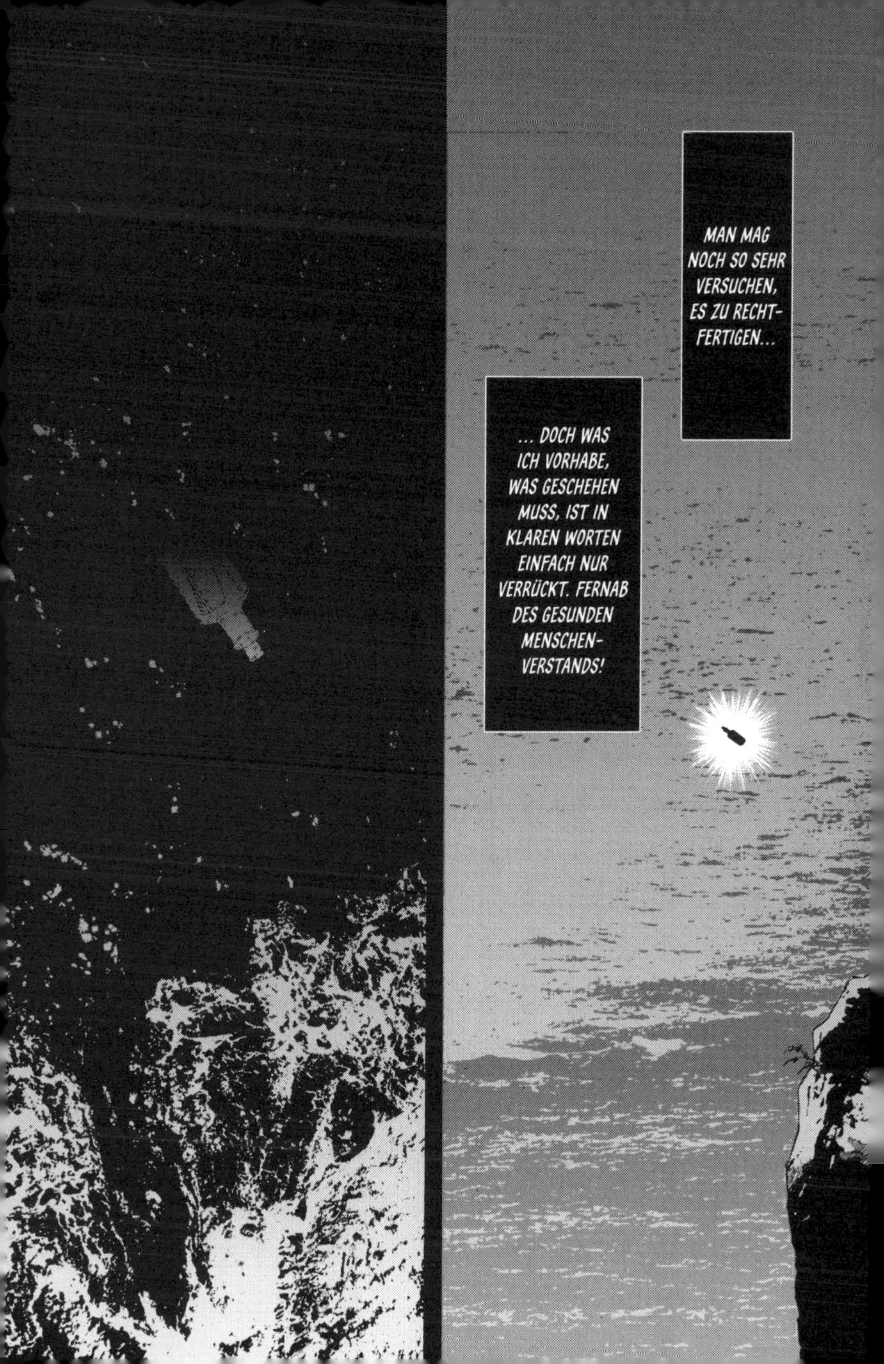
MAN MAG NOCH SO SEHR VERSUCHEN, ES ZU RECHT-FERTIGEN...
... DOCH WAS ICH VORHABE, WAS GESCHEHEN MUSS, IST IN KLAREN WORTEN EINFACH NUR VERRÜCKT. FERNAB DES GESUNDEN MENSCHEN-VERSTANDS!

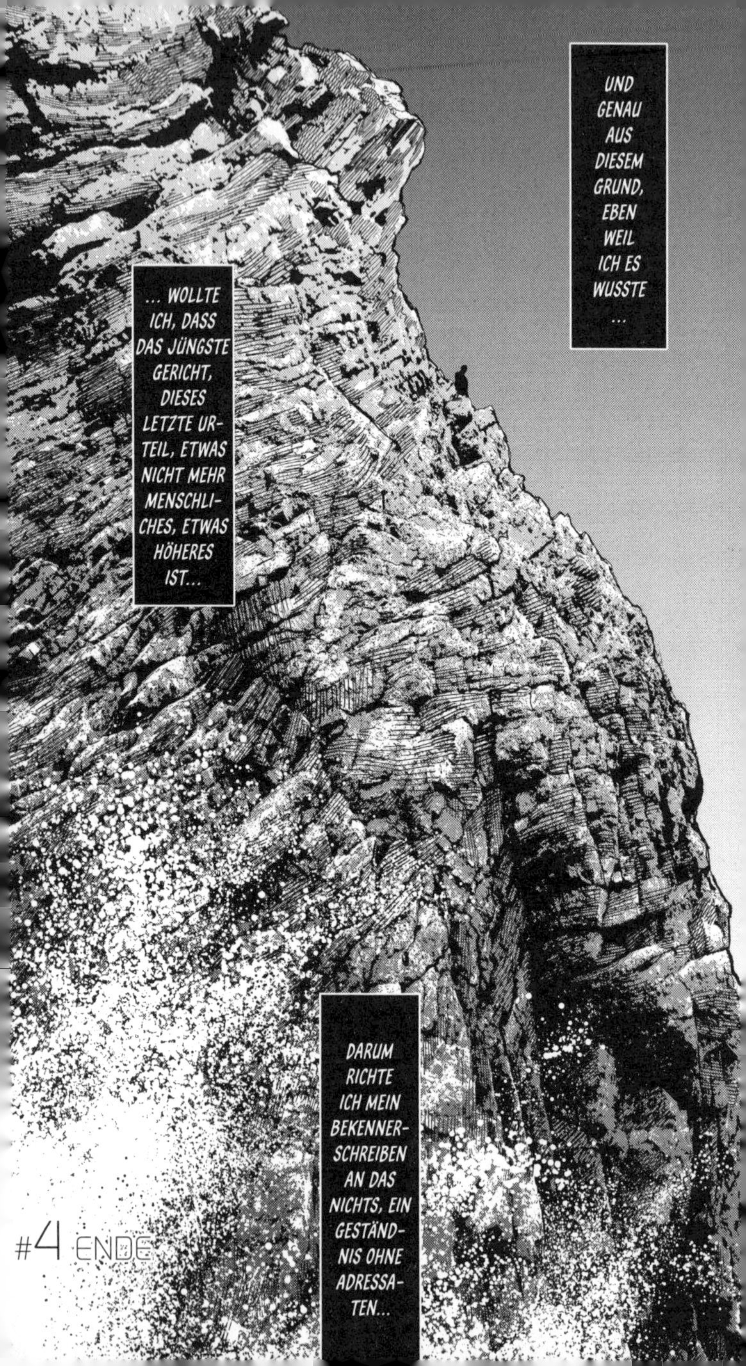
UND GENAU AUS DIESEM GRUND, EBEN WEIL ICH ES WUSSTE ...
... WOLLTE ICH, DASS DAS JÜNGSTE GERICHT, DIESES LETZTE URTEIL, ETWAS NICHT MEHR MENSCHLICHES, ETWAS HÖHERES IST...
DARUM RICHTE ICH MEIN BEKENNERSCHREIBEN AN DAS NICHTS, EIN GESTÄNDNIS OHNE ADRESSATEN...
#4 ENDE

MORD IM DEKAGON

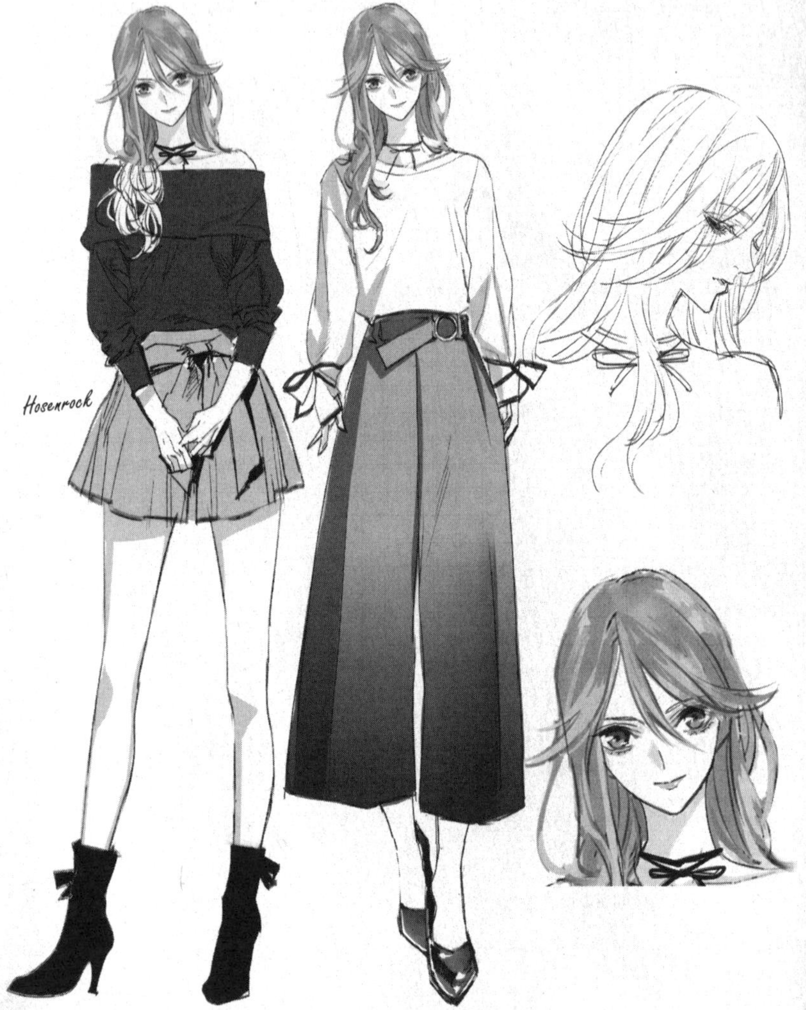

[Agatha]

Medizinstudentin im dritten Jahr an der K.-Universität.
21 Jahre alt, 167 cm (da sie Stöckelschuhe trägt, etwa auf Augenhöhe mit Ellery). Liebt Geister- und Gruselgeschichten.

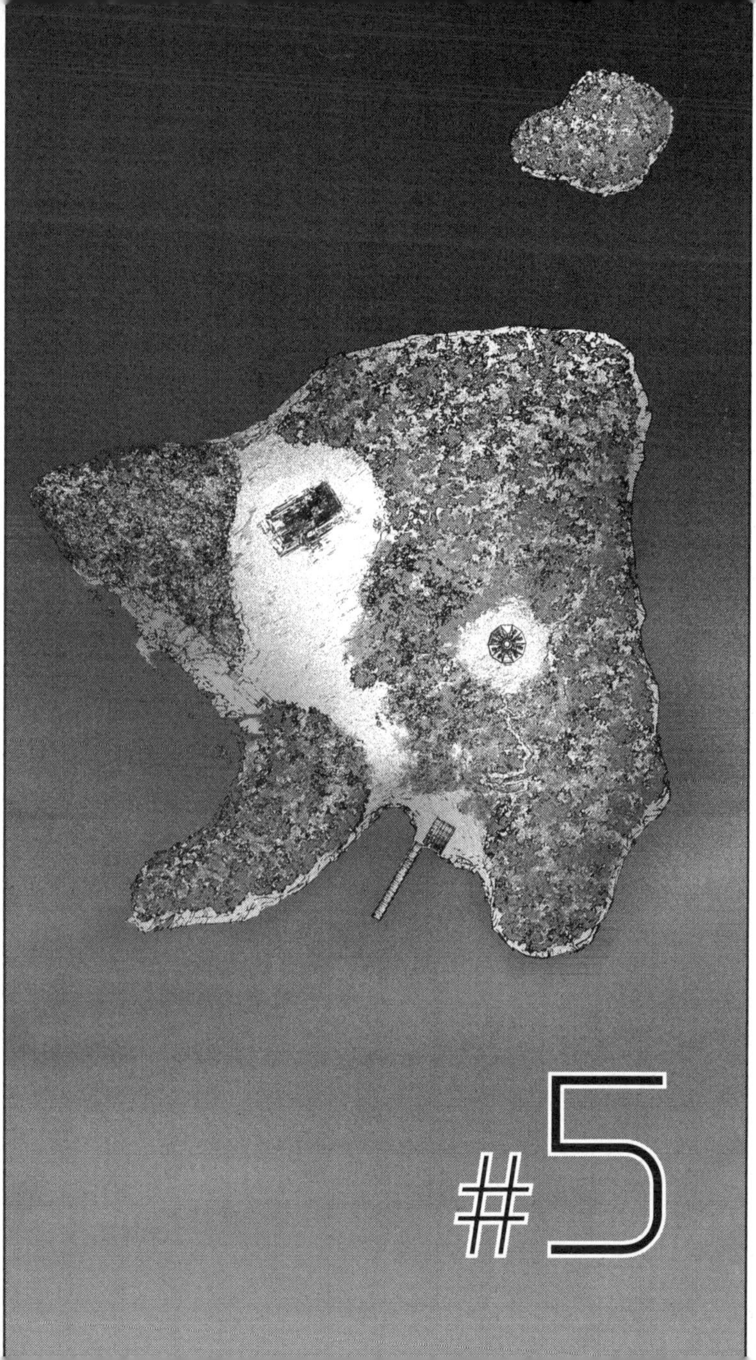
#5

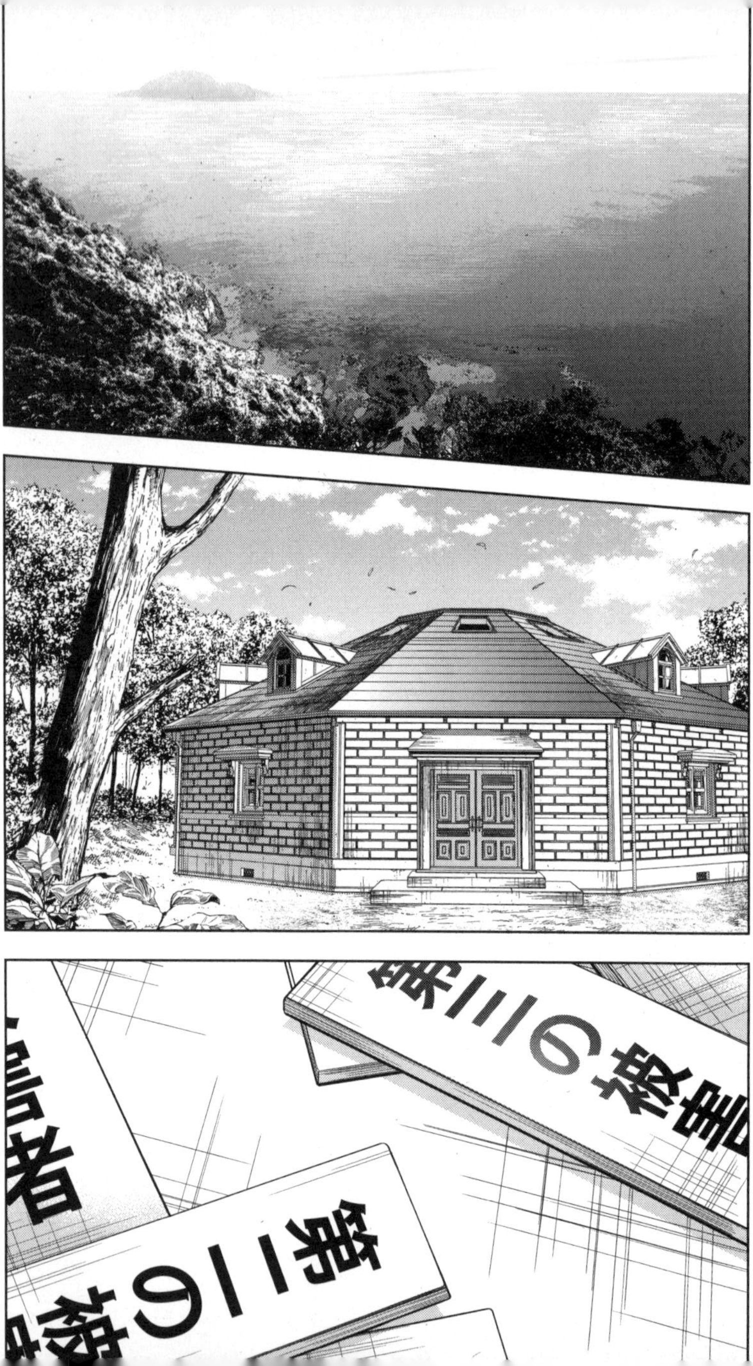

第三の被害
者
第二の被

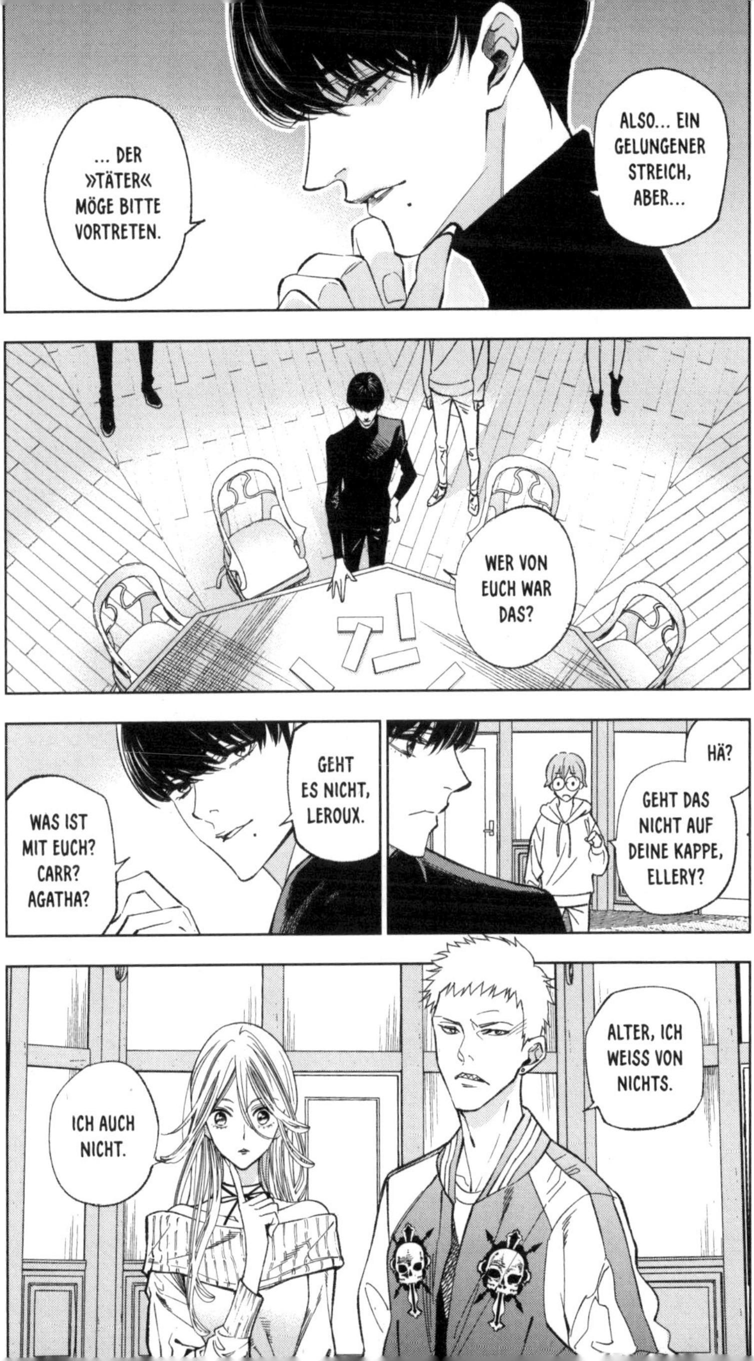
ALSO… EIN GELUNGENER STREICH, ABER…
… DER »TÄTER« MÖGE BITTE VORTRETEN.
WER VON EUCH WAR DAS?
HÄ?
GEHT DAS NICHT AUF DEINE KAPPE, ELLERY?
GEHT ES NICHT, LEROUX.
WAS IST MIT EUCH? CARR? AGATHA?
ALTER, ICH WEISS VON NICHTS.
ICH AUCH NICHT.

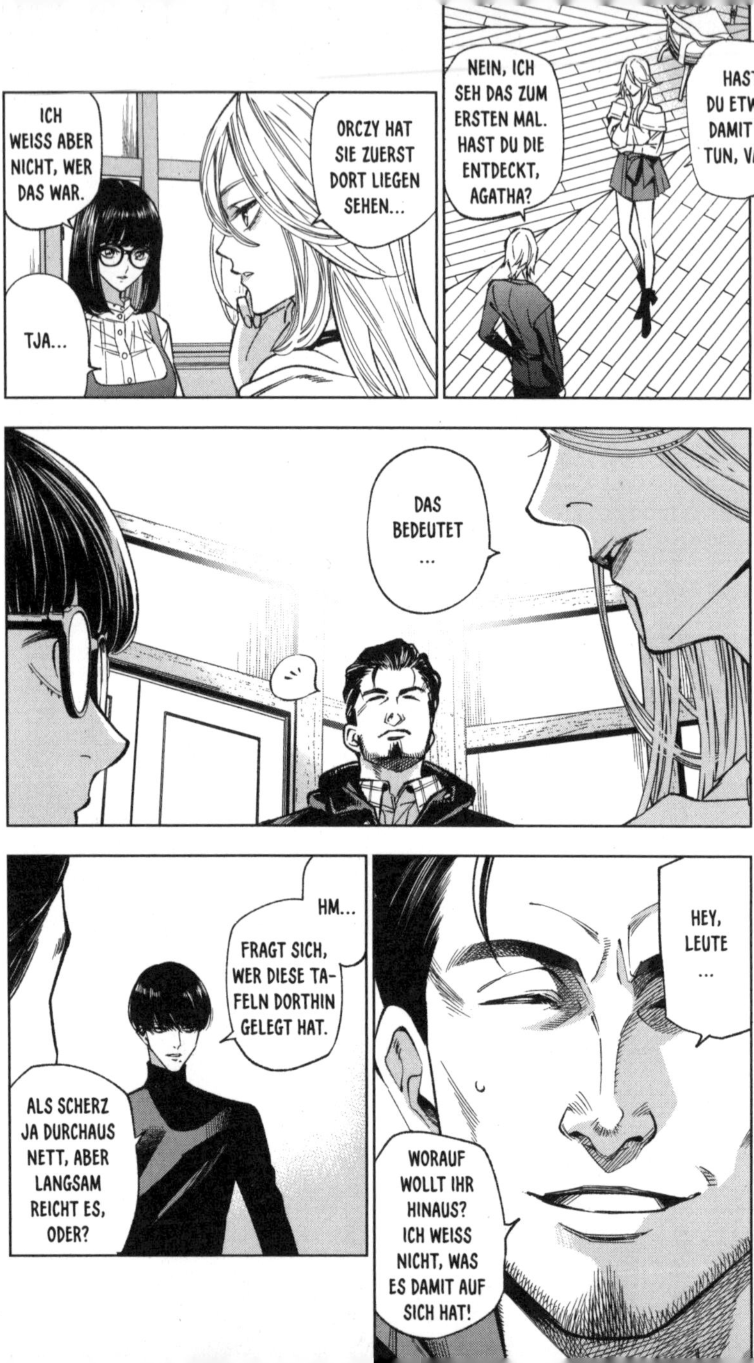
HAST DU ETWAS DAMIT ZU TUN, VAN?
NEIN, ICH SEH DAS ZUM ERSTEN MAL. HAST DU DIE ENTDECKT, AGATHA?
ORCZY HAT SIE ZUERST DORT LIEGEN SEHEN...
ICH WEISS ABER NICHT, WER DAS WAR.
TJA...
DAS BEDEUTET ...
HEY, LEUTE ...
WORAUF WOLLT IHR HINAUS? ICH WEISS NICHT, WAS ES DAMIT AUF SICH HAT!
HM...
FRAGT SICH, WER DIESE TA-FELN DORTHIN GELEGT HAT.
ALS SCHERZ JA DURCHAUS NETT, ABER LANGSAM REICHT ES, ODER?

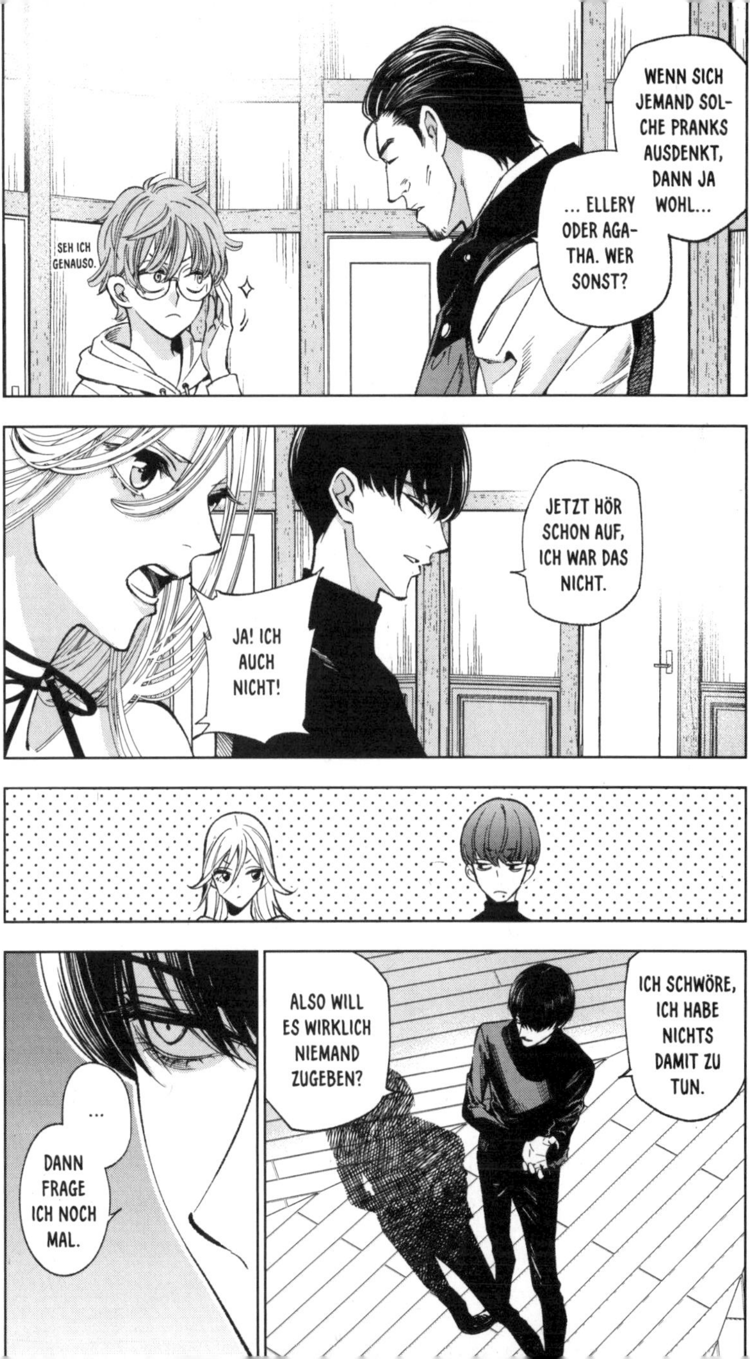
WENN SICH JEMAND SOLCHE PRANKS AUSDENKT, DANN JA WOHL...
... ELLERY ODER AGATHA. WER SONST?
SEH ICH GENAUSO.
JETZT HÖR SCHON AUF, ICH WAR DAS NICHT.
JA! ICH AUCH NICHT!
ICH SCHWÖRE, ICH HABE NICHTS DAMIT ZU TUN.
ALSO WILL ES WIRKLICH NIEMAND ZUGEBEN?
...
DANN FRAGE ICH NOCH MAL.

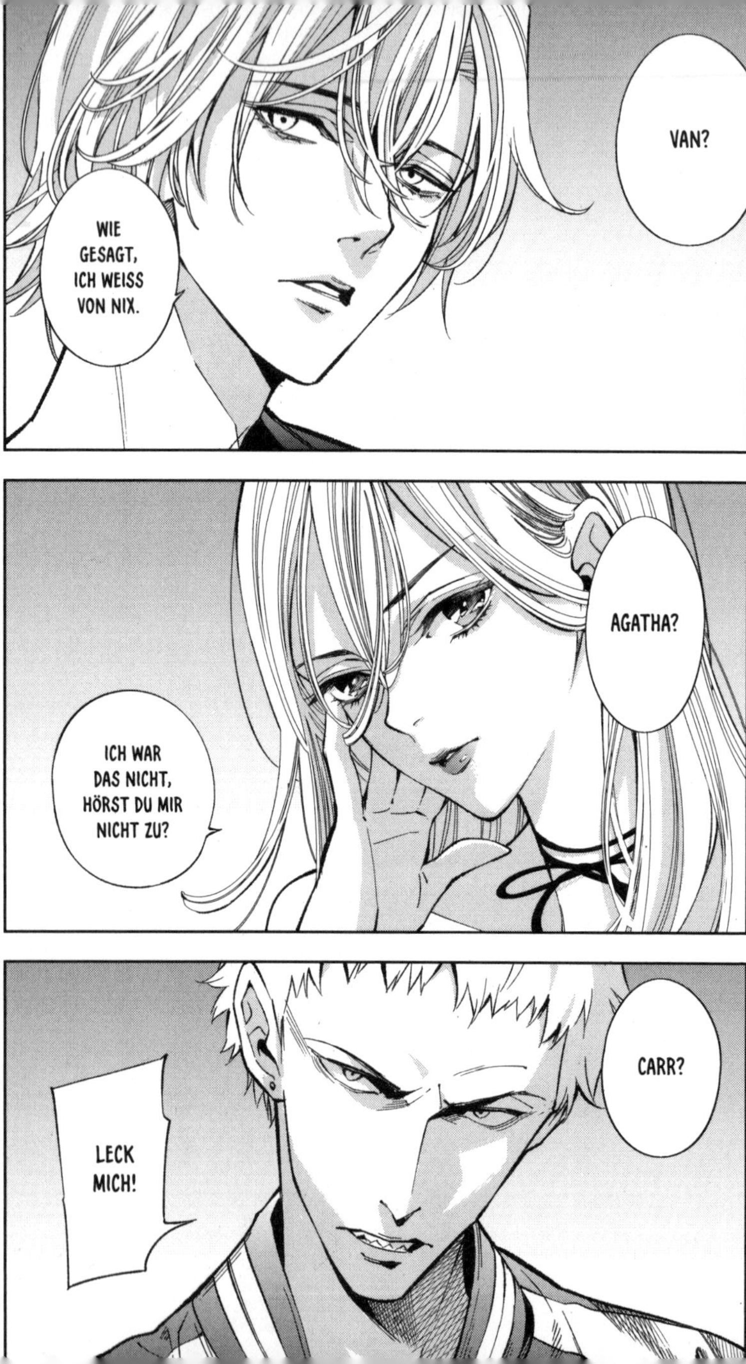
VAN?
WIE GESAGT, ICH WEISS VON NIX.
AGATHA?
ICH WAR DAS NICHT, HÖRST DU MIR NICHT ZU?
CARR?
LECK MICH!

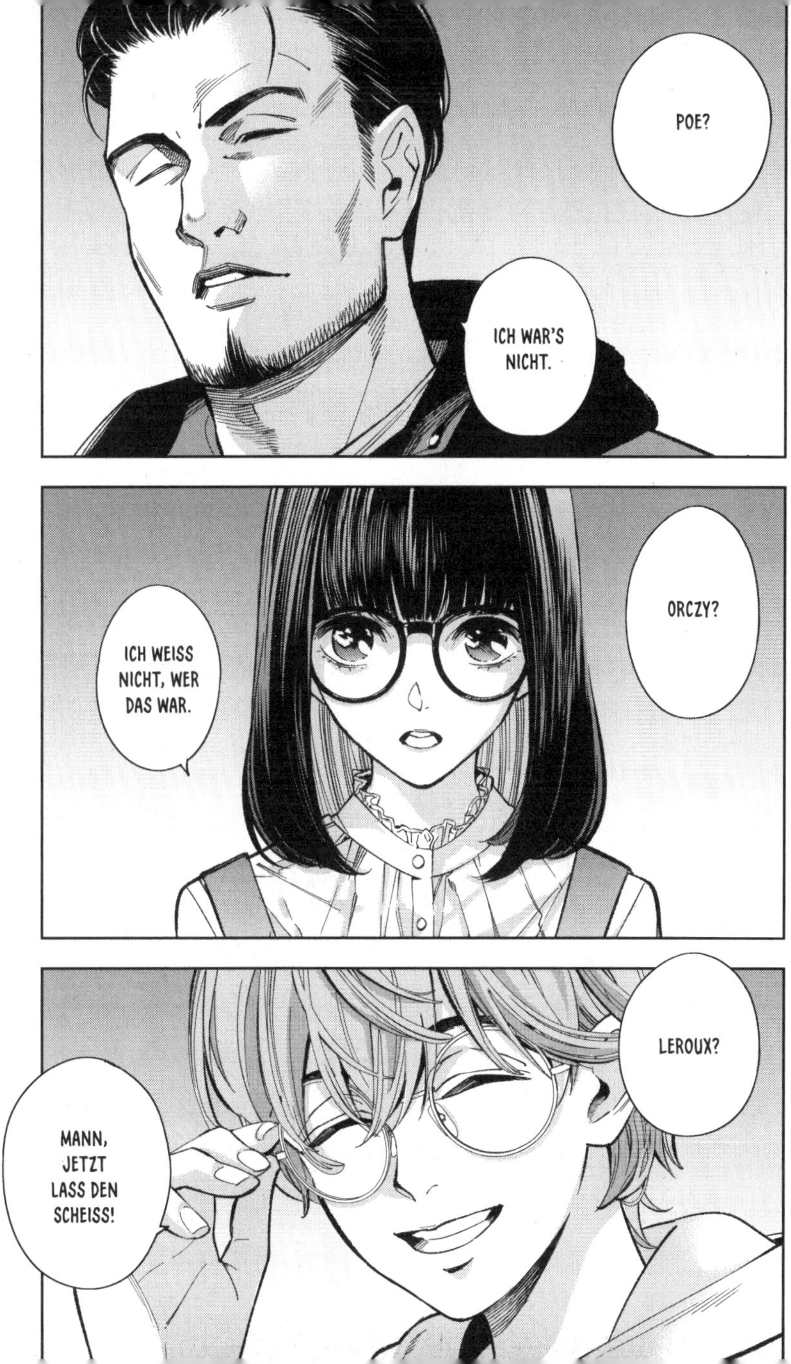
POE?
ICH WAR'S NICHT.
ORCZY?
ICH WEISS NICHT, WER DAS WAR.
LEROUX?
MANN, JETZT LASS DEN SCHEISS!

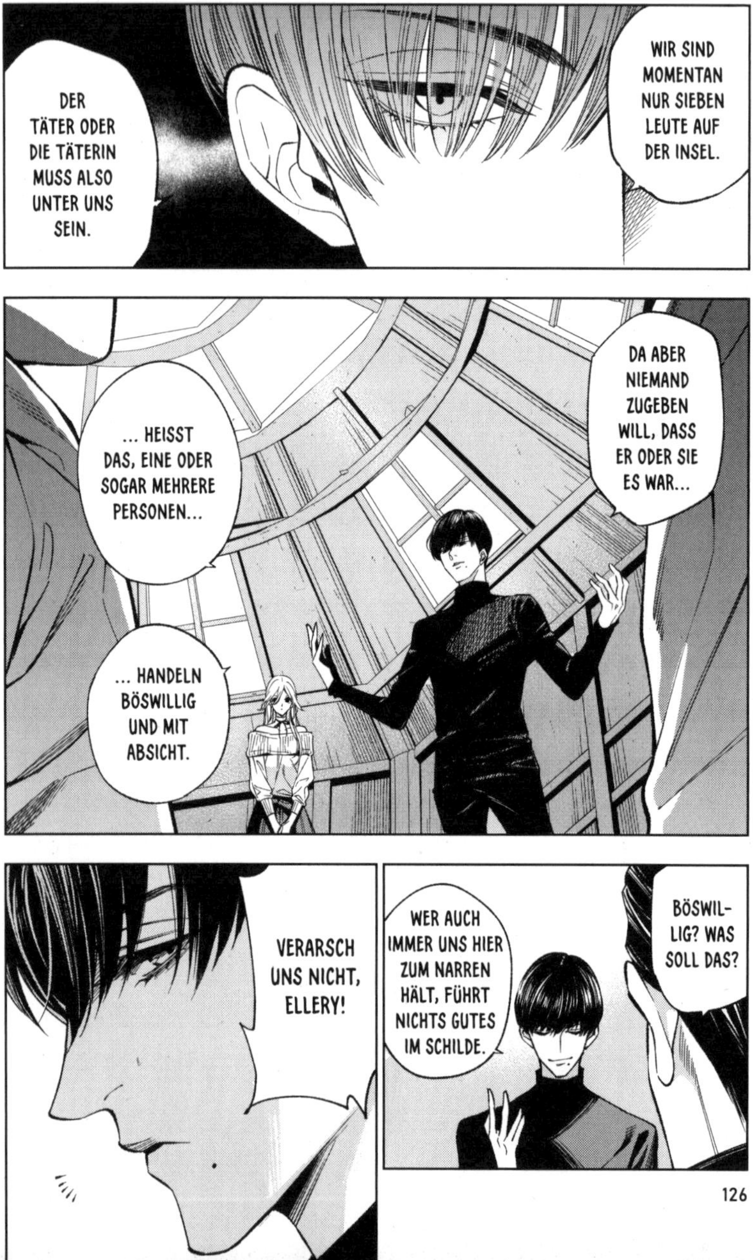
WIR SIND MOMENTAN NUR SIEBEN LEUTE AUF DER INSEL.
DER TÄTER ODER DIE TÄTERIN MUSS ALSO UNTER UNS SEIN.
DA ABER NIEMAND ZUGEBEN WILL, DASS ER ODER SIE ES WAR...
... HEISST DAS, EINE ODER SOGAR MEHRERE PERSONEN...
... HANDELN BÖSWILLIG UND MIT ABSICHT.
BÖSWIL-LIG? WAS SOLL DAS?
WER AUCH IMMER UNS HIER ZUM NARREN HÄLT, FÜHRT NICHTS GUTES IM SCHILDE.
VERARSCH UNS NICHT, ELLERY!

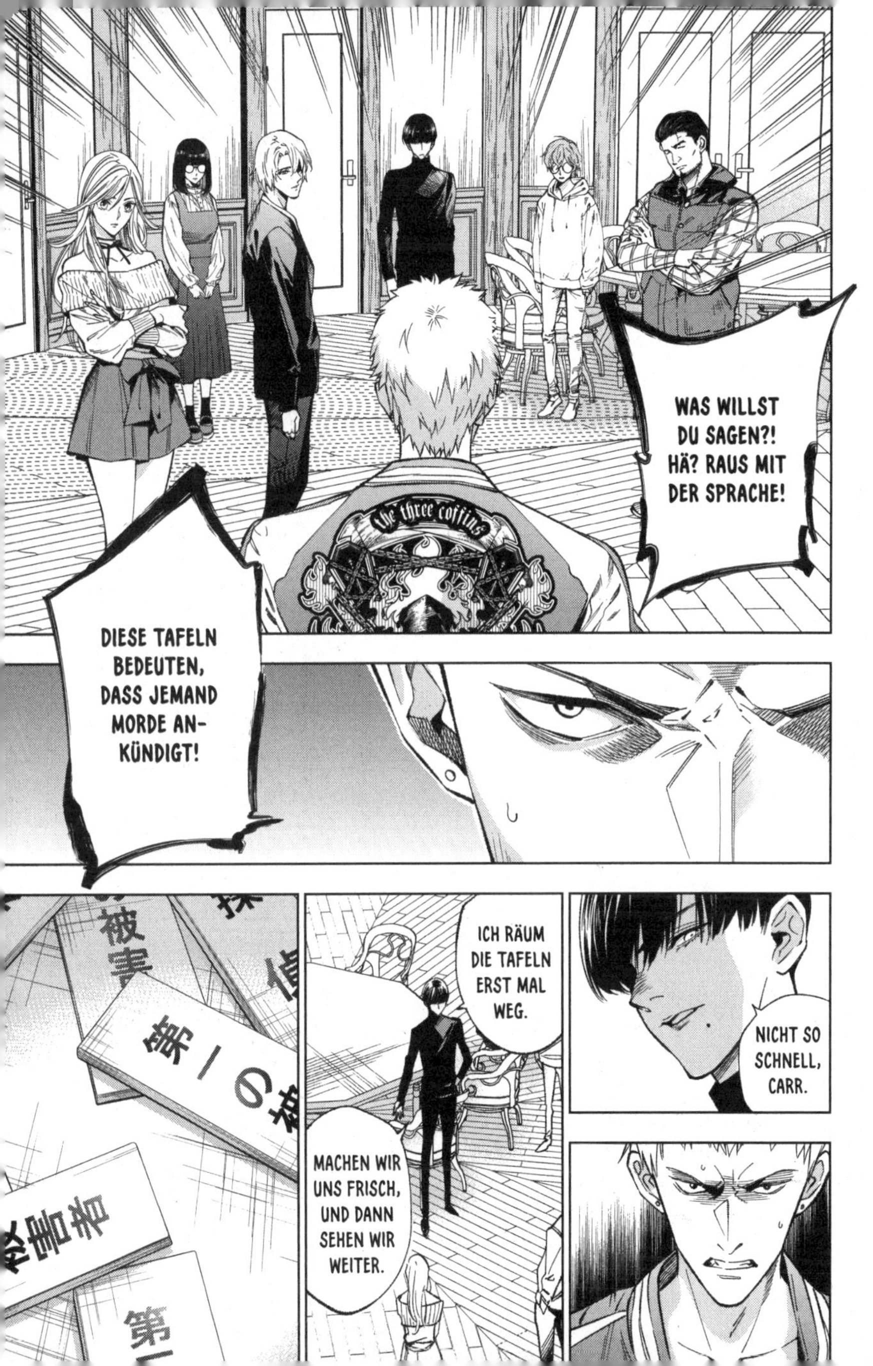
WAS WILLST DU SAGEN?! HÄ? RAUS MIT DER SPRACHE!
DIESE TAFELN BEDEUTEN, DASS JEMAND MORDE ANKÜNDIGT!
ICH RÄUM DIE TAFELN ERST MAL WEG.
MACHEN WIR UNS FRISCH, UND DANN SEHEN WIR WEITER.
NICHT SO SCHNELL, CARR.

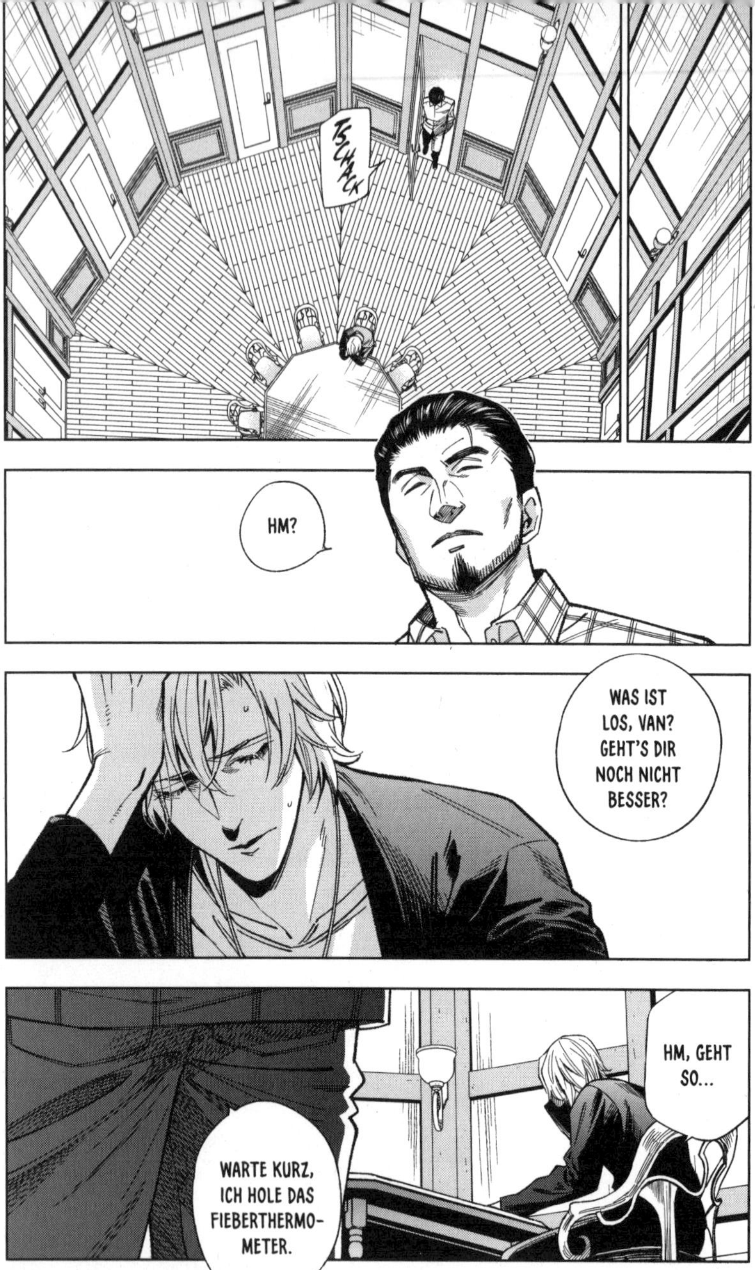
TSCHACK
HM?
WAS IST LOS, VAN? GEHT'S DIR NOCH NICHT BESSER?
HM, GEHT SO...
WARTE KURZ, ICH HOLE DAS FIEBERTHERMO-METER.

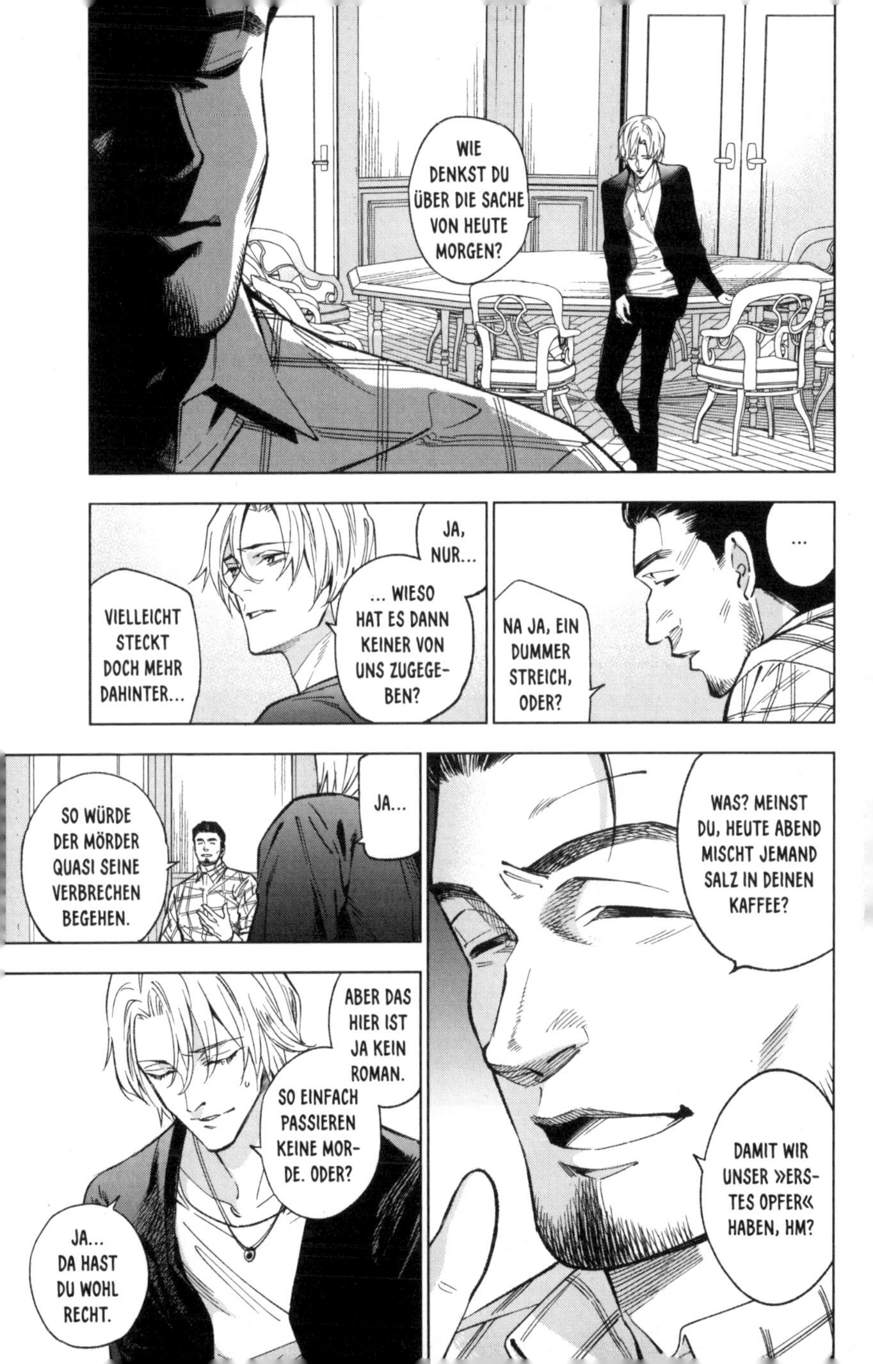
WIE DENKST DU ÜBER DIE SACHE VON HEUTE MORGEN?
...
NA JA, EIN DUMMER STREICH, ODER?
JA, NUR...
... WIESO HAT ES DANN KEINER VON UNS ZUGEGEBEN?
VIELLEICHT STECKT DOCH MEHR DAHINTER...
WAS? MEINST DU, HEUTE ABEND MISCHT JEMAND SALZ IN DEINEN KAFFEE?
DAMIT WIR UNSER »ERSTES OPFER« HABEN, HM?
JA...
SO WÜRDE DER MÖRDER QUASI SEINE VERBRECHEN BEGEHEN.
ABER DAS HIER IST JA KEIN ROMAN.
SO EINFACH PASSIEREN KEINE MORDE. ODER?
JA... DA HAST DU WOHL RECHT.

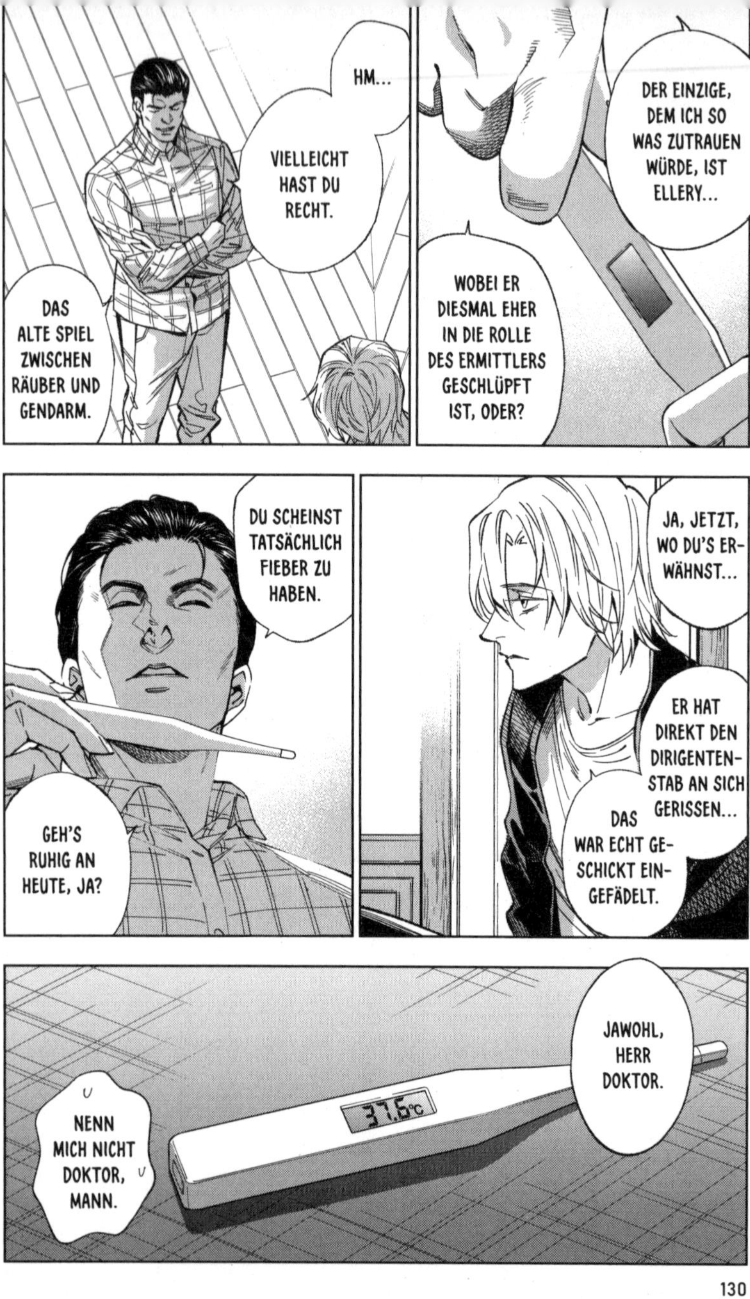
DER EINZIGE, DEM ICH SO WAS ZUTRAUEN WÜRDE, IST ELLERY…
WOBEI ER DIESMAL EHER IN DIE ROLLE DES ERMITTLERS GESCHLÜPFT IST, ODER?
HM…
VIELLEICHT HAST DU RECHT.
DAS ALTE SPIEL ZWISCHEN RÄUBER UND GENDARM.
JA, JETZT, WO DU'S ERWÄHNST…
ER HAT DIREKT DEN DIRIGENTENSTAB AN SICH GERISSEN…
DAS WAR ECHT GESCHICKT EINGEFÄDELT.
DU SCHEINST TATSÄCHLICH FIEBER ZU HABEN.
GEH'S RUHIG AN HEUTE, JA?
JAWOHL, HERR DOKTOR.
37,6 °C
NENN MICH NICHT DOKTOR, MANN.

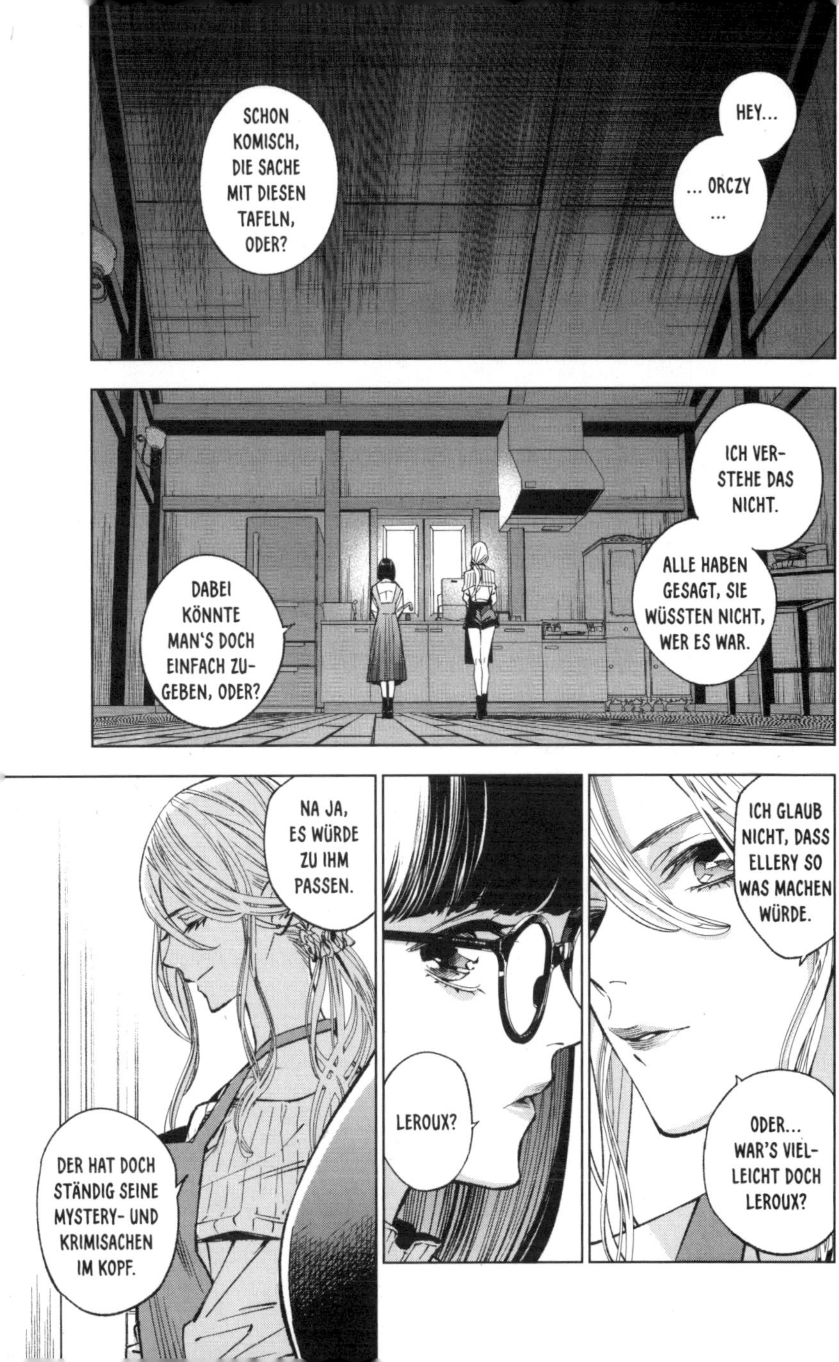
HEY...
... ORCZY ...
SCHON KOMISCH, DIE SACHE MIT DIESEN TAFELN, ODER?
ICH VERSTEHE DAS NICHT.
ALLE HABEN GESAGT, SIE WÜSSTEN NICHT, WER ES WAR.
DABEI KÖNNTE MAN‘S DOCH EINFACH ZUGEBEN, ODER?
ICH GLAUB NICHT, DASS ELLERY SO WAS MACHEN WÜRDE.
ODER... WAR'S VIELLEICHT DOCH LEROUX?
LEROUX?
NA JA, ES WÜRDE ZU IHM PASSEN.
DER HAT DOCH STÄNDIG SEINE MYSTERY- UND KRIMISACHEN IM KOPF.

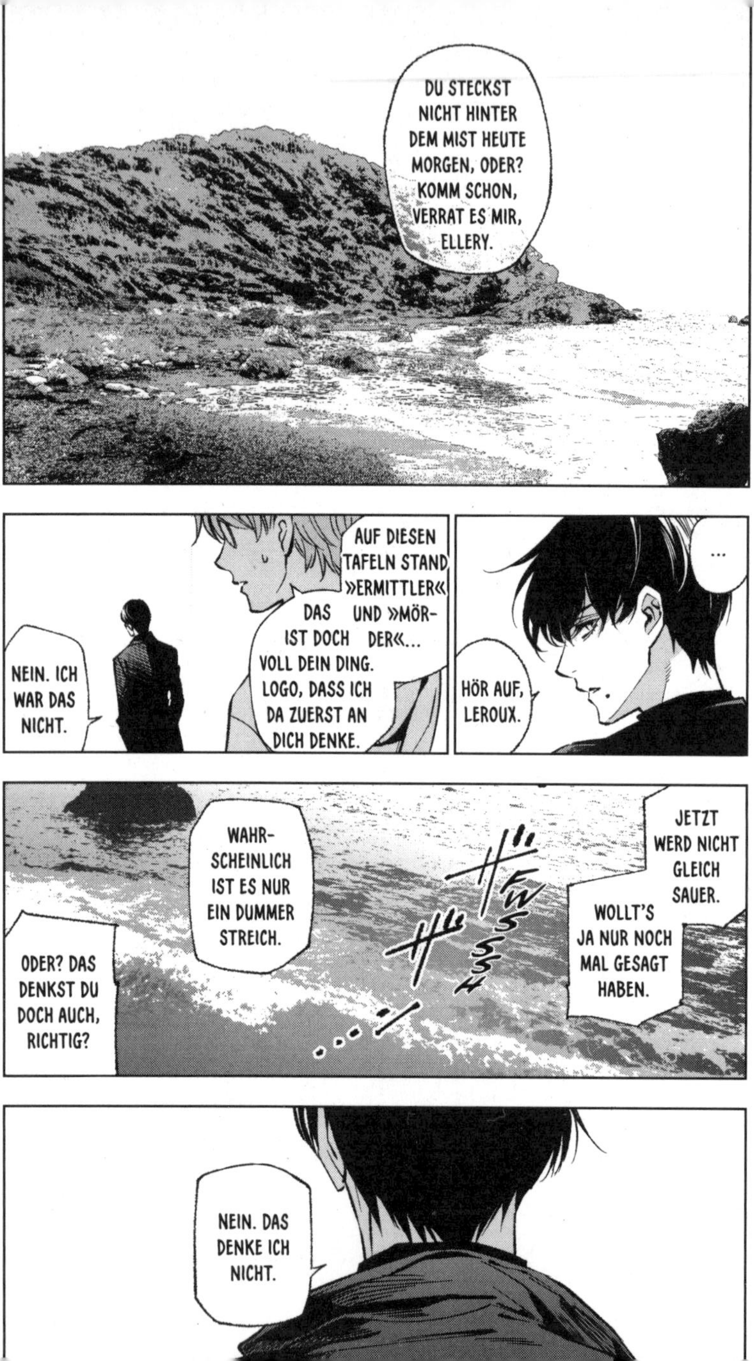
DU STECKST NICHT HINTER DEM MIST HEUTE MORGEN, ODER? KOMM SCHON, VERRAT ES MIR, ELLERY.
...
HÖR AUF, LEROUX.
AUF DIESEN TAFELN STAND »ERMITTLER« UND »MÖRDER«...
DAS IST DOCH VOLL DEIN DING. LOGO, DASS ICH DA ZUERST AN DICH DENKE.
NEIN. ICH WAR DAS NICHT.
JETZT WERD NICHT GLEICH SAUER.
WOLLT'S JA NUR NOCH MAL GESAGT HABEN.
FWSSSH
...!
WAHRSCHEINLICH IST ES NUR EIN DUMMER STREICH.
ODER? DAS DENKST DU DOCH AUCH, RICHTIG?
NEIN. DAS DENKE ICH NICHT.

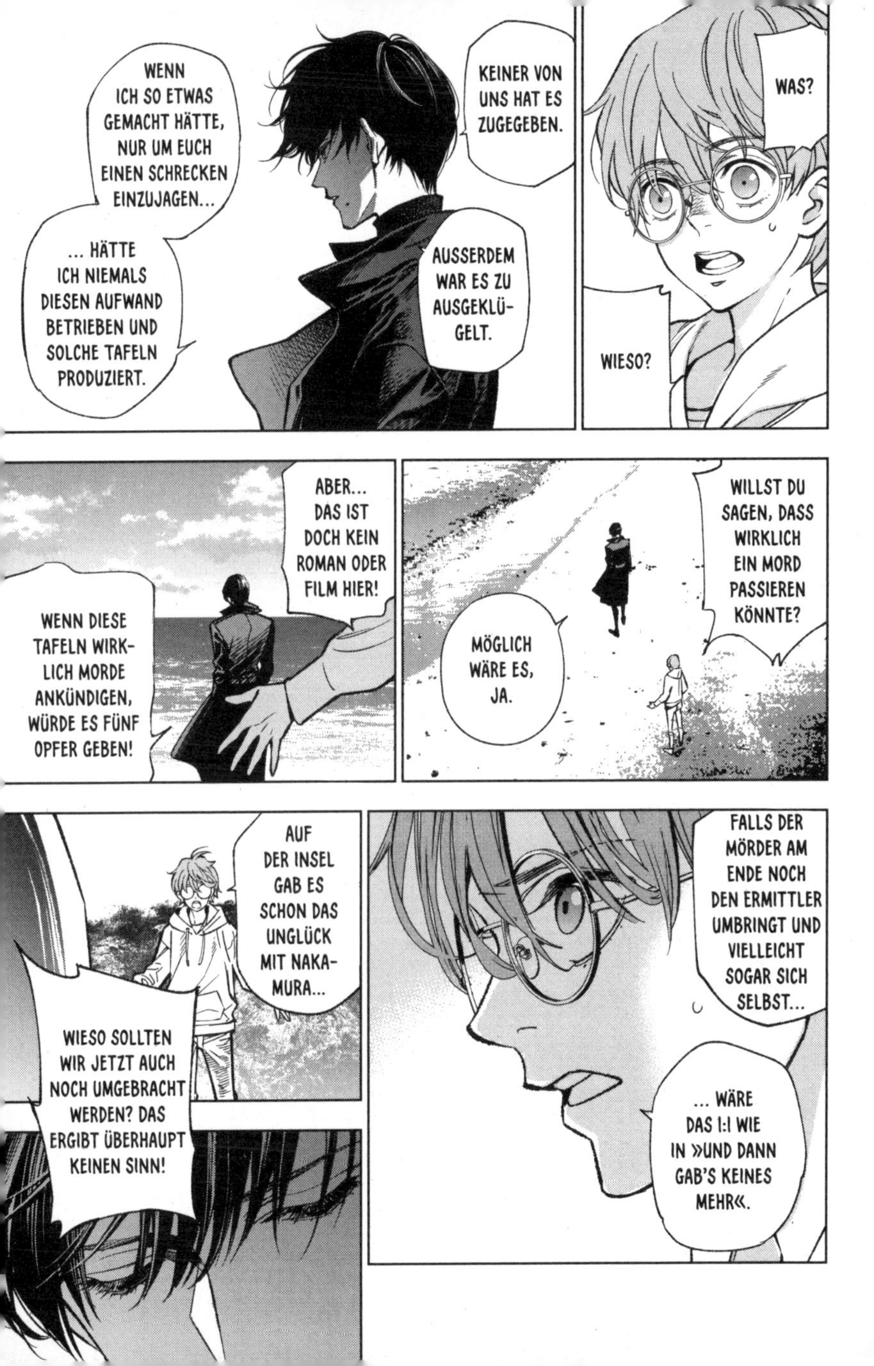
WAS?
WIESO?
KEINER VON UNS HAT ES ZUGEGEBEN.
AUSSERDEM WAR ES ZU AUSGEKLÜ-GELT.
WENN ICH SO ETWAS GEMACHT HÄTTE, NUR UM EUCH EINEN SCHRECKEN EINZUJAGEN…
… HÄTTE ICH NIEMALS DIESEN AUFWAND BETRIEBEN UND SOLCHE TAFELN PRODUZIERT.
WILLST DU SAGEN, DASS WIRKLICH EIN MORD PASSIEREN KÖNNTE?
MÖGLICH WÄRE ES, JA.
ABER… DAS IST DOCH KEIN ROMAN ODER FILM HIER!
WENN DIESE TAFELN WIRK-LICH MORDE ANKÜNDIGEN, WÜRDE ES FÜNF OPFER GEBEN!
FALLS DER MÖRDER AM ENDE NOCH DEN ERMITTLER UMBRINGT UND VIELLEICHT SOGAR SICH SELBST…
… WÄRE DAS 1:1 WIE IN »UND DANN GAB'S KEINES MEHR«.
AUF DER INSEL GAB ES SCHON DAS UNGLÜCK MIT NAKA-MURA…
WIESO SOLLTEN WIR JETZT AUCH NOCH UMGEBRACHT WERDEN? DAS ERGIBT ÜBERHAUPT KEINEN SINN!

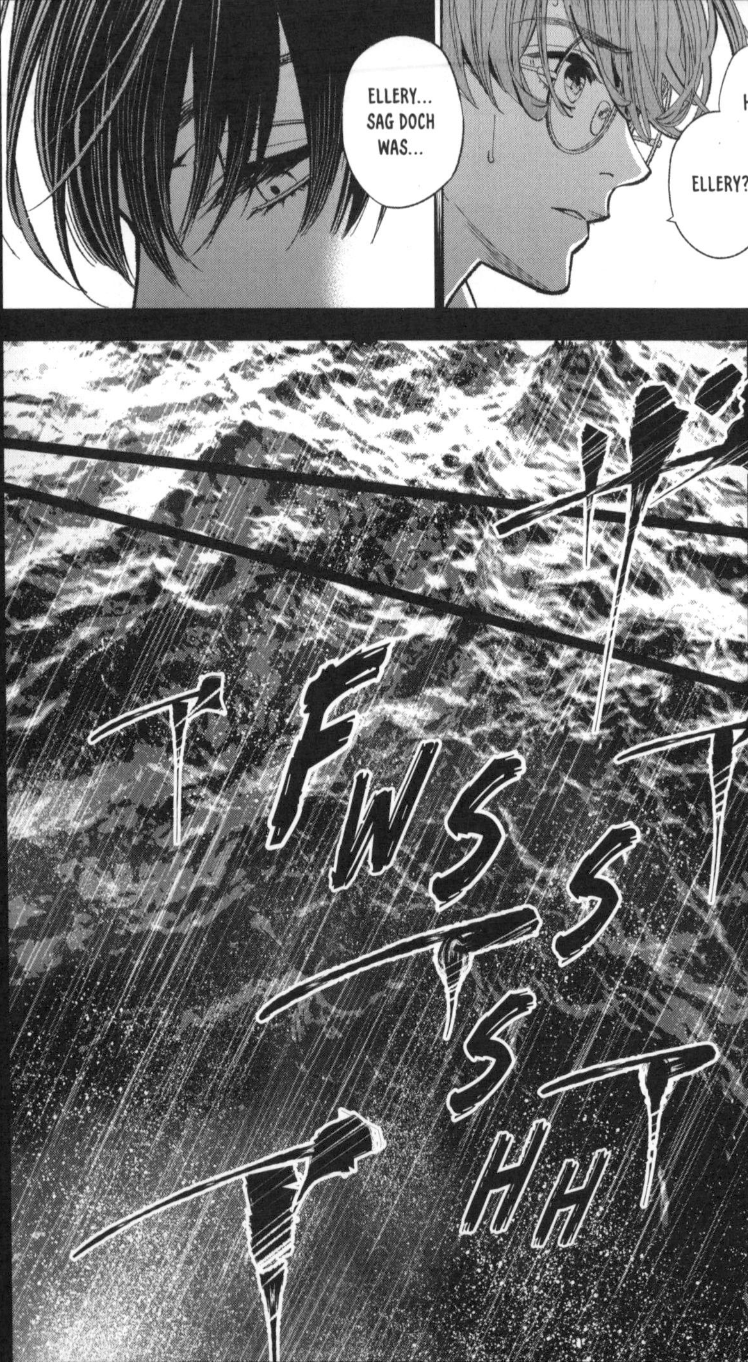
HEY...
ELLERY?
ELLERY... SAG DOCH WAS...
FWSSSHH

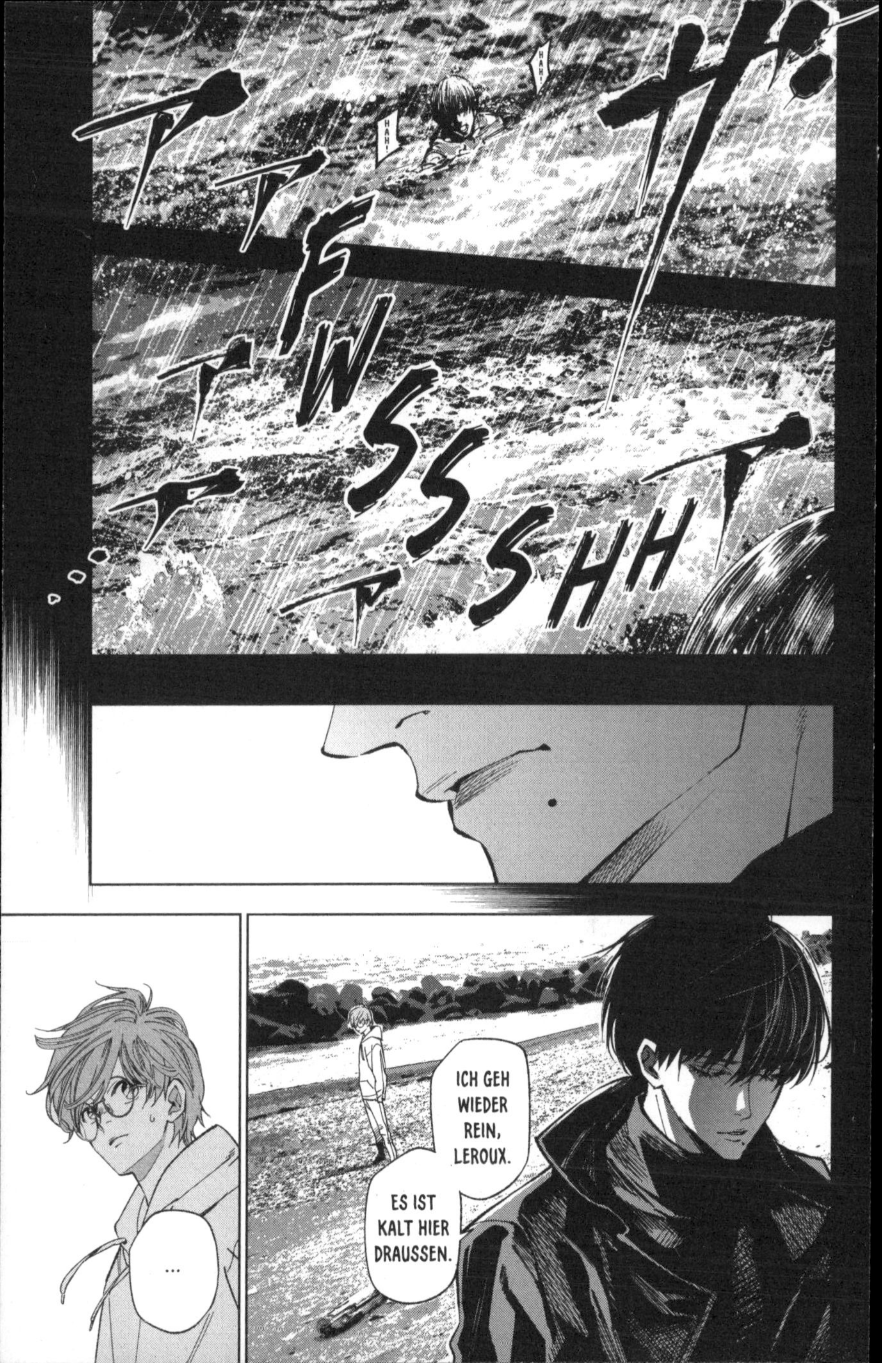
HAH!
HAH!
FWSSSHH
ICH GEH WIEDER REIN, LEROUX.
ES IST KALT HIER DRAUSSEN.
...

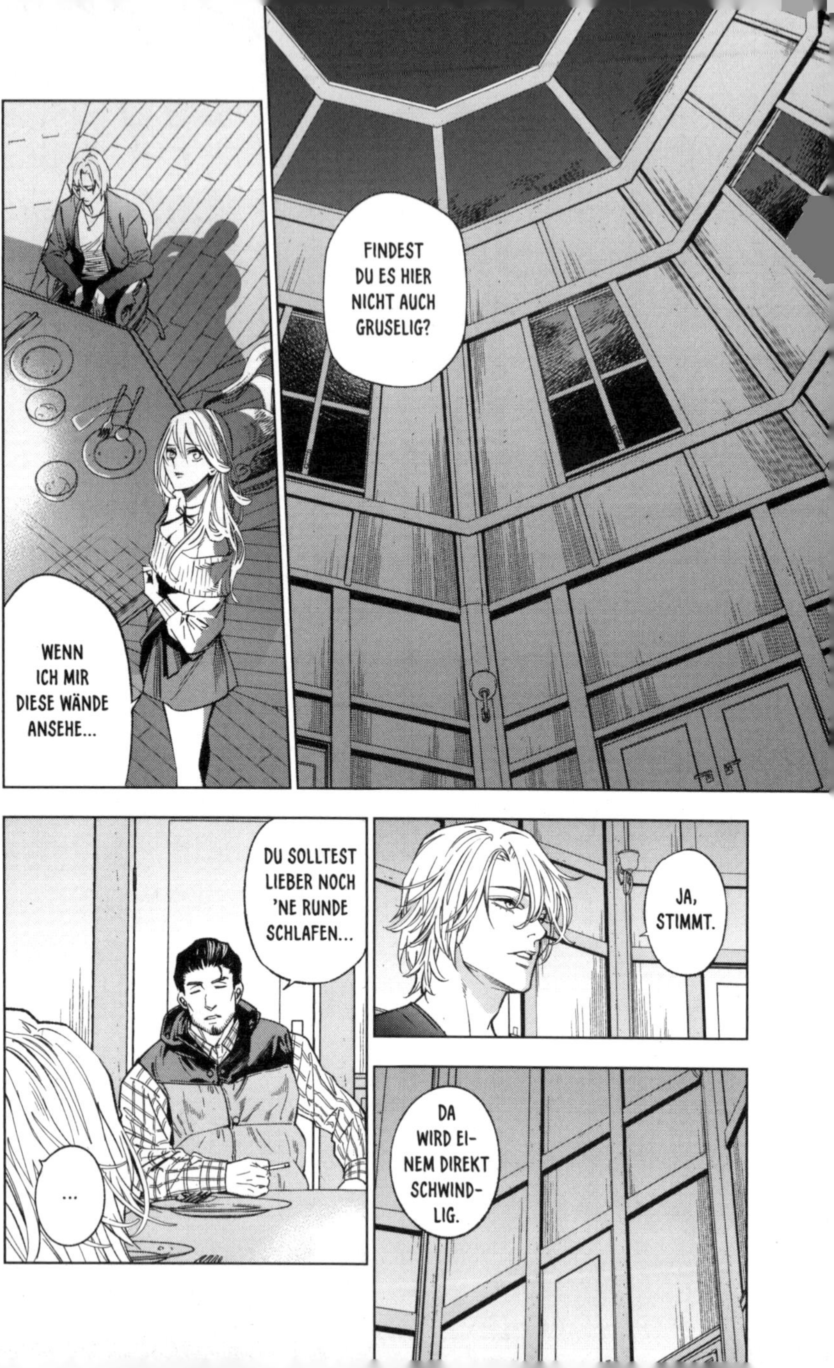
FINDEST DU ES HIER NICHT AUCH GRUSELIG?
WENN ICH MIR DIESE WÄNDE ANSEHE...
JA, STIMMT.
DA WIRD EINEM DIREKT SCHWINDLIG.
DU SOLLTEST LIEBER NOCH 'NE RUNDE SCHLAFEN...
...

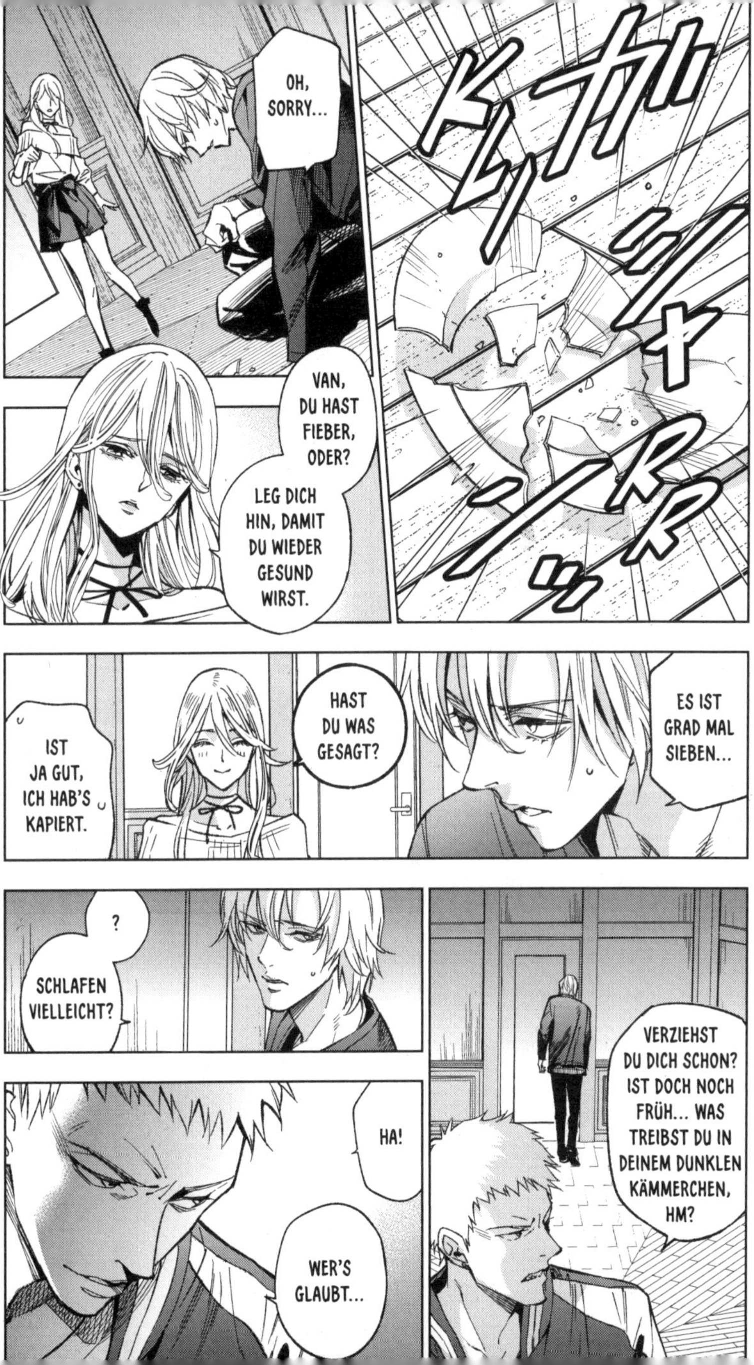
OH, SORRY…
VAN, DU HAST FIEBER, ODER?
LEG DICH HIN, DAMIT DU WIEDER GESUND WIRST.
ES IST GRAD MAL SIEBEN…
HAST DU WAS GESAGT?
IST JA GUT, ICH HAB'S KAPIERT.
VERZIEHST DU DICH SCHON? IST DOCH NOCH FRÜH… WAS TREIBST DU IN DEINEM DUNKLEN KÄMMERCHEN, HM?
?
SCHLAFEN VIELLEICHT?
HA!
WER'S GLAUBT…

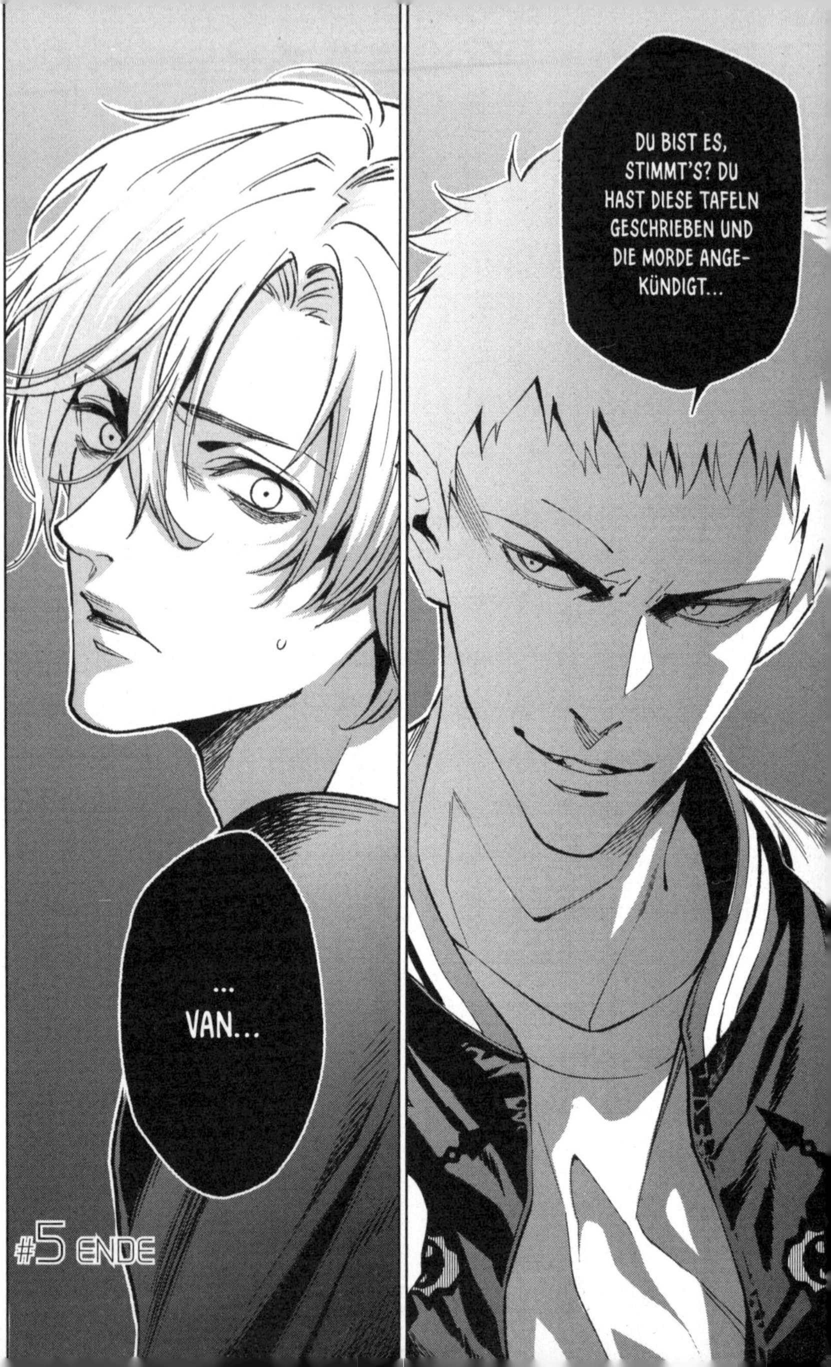

DU BIST ES, STIMMT'S? DU HAST DIESE TAFELN GESCHRIEBEN UND DIE MORDE ANGE-KÜNDIGT...
... VAN...
#5 ENDE

MORD IM
DEKAGON

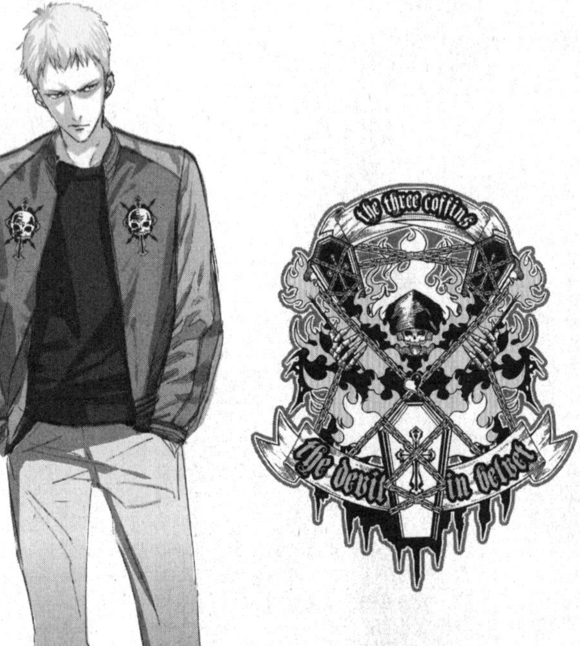

[Carr]

Jurastudent im dritten Jahr an der K.-Universität. 22 Jahre alt, 175 cm. Aggressiv und emotional. Hat Piercings, aber nicht den Mut sich tätowieren zu lassen. Eifersüchtig auf Ellery, der sich gut mit Agatha versteht.

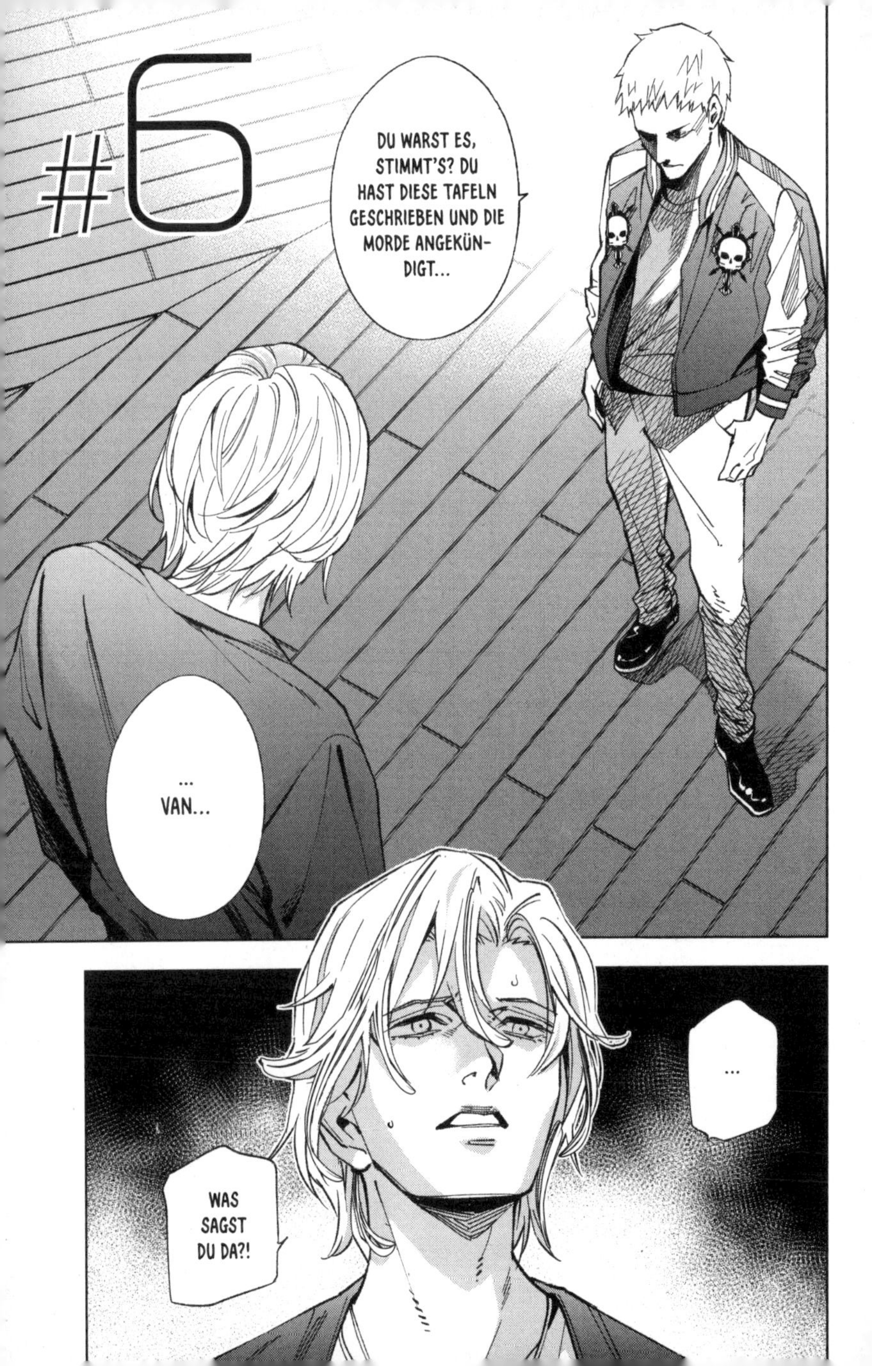
#6
DU WARST ES, STIMMT'S? DU HAST DIESE TAFELN GESCHRIEBEN UND DIE MORDE ANGEKÜNDIGT...
... VAN...
...
WAS SAGST DU DA?!

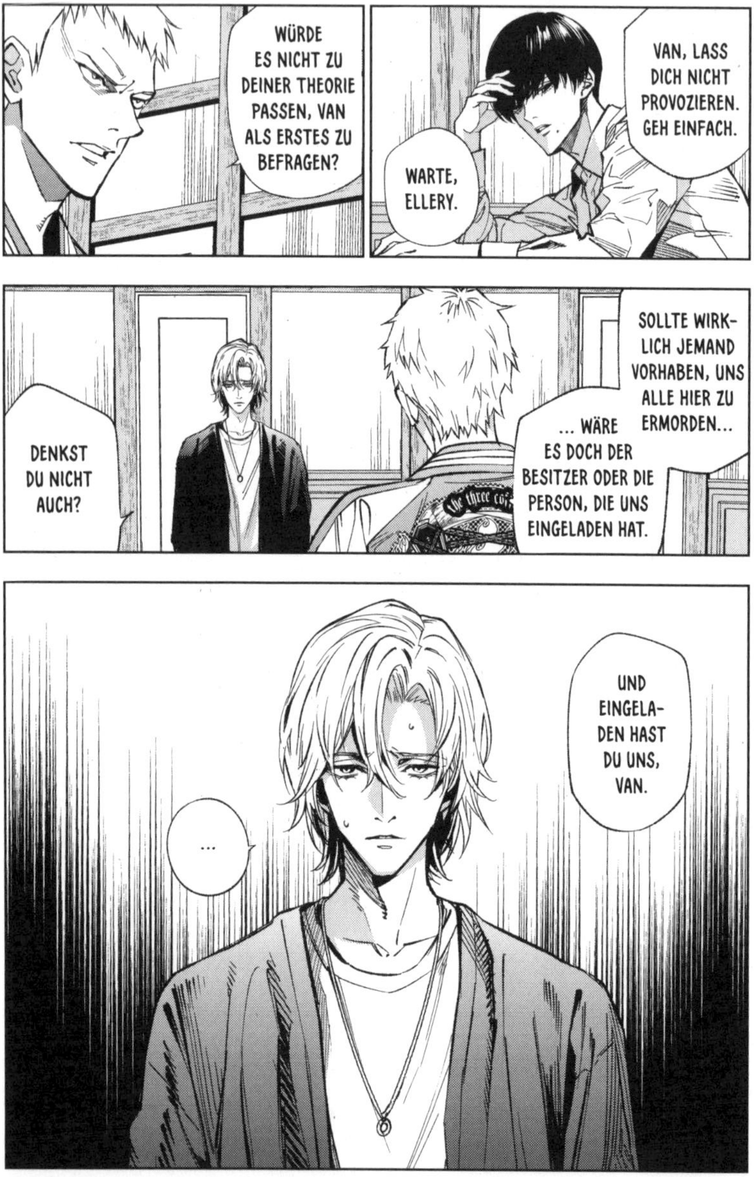
VAN, LASS DICH NICHT PROVOZIEREN. GEH EINFACH.
WARTE, ELLERY.
WÜRDE ES NICHT ZU DEINER THEORIE PASSEN, VAN ALS ERSTES ZU BEFRAGEN?
SOLLTE WIRKLICH JEMAND VORHABEN, UNS ALLE HIER ZU ERMORDEN...
... WÄRE ES DOCH DER BESITZER ODER DIE PERSON, DIE UNS EINGELADEN HAT.
DENKST DU NICHT AUCH?
UND EINGELADEN HAST DU UNS, VAN.
...

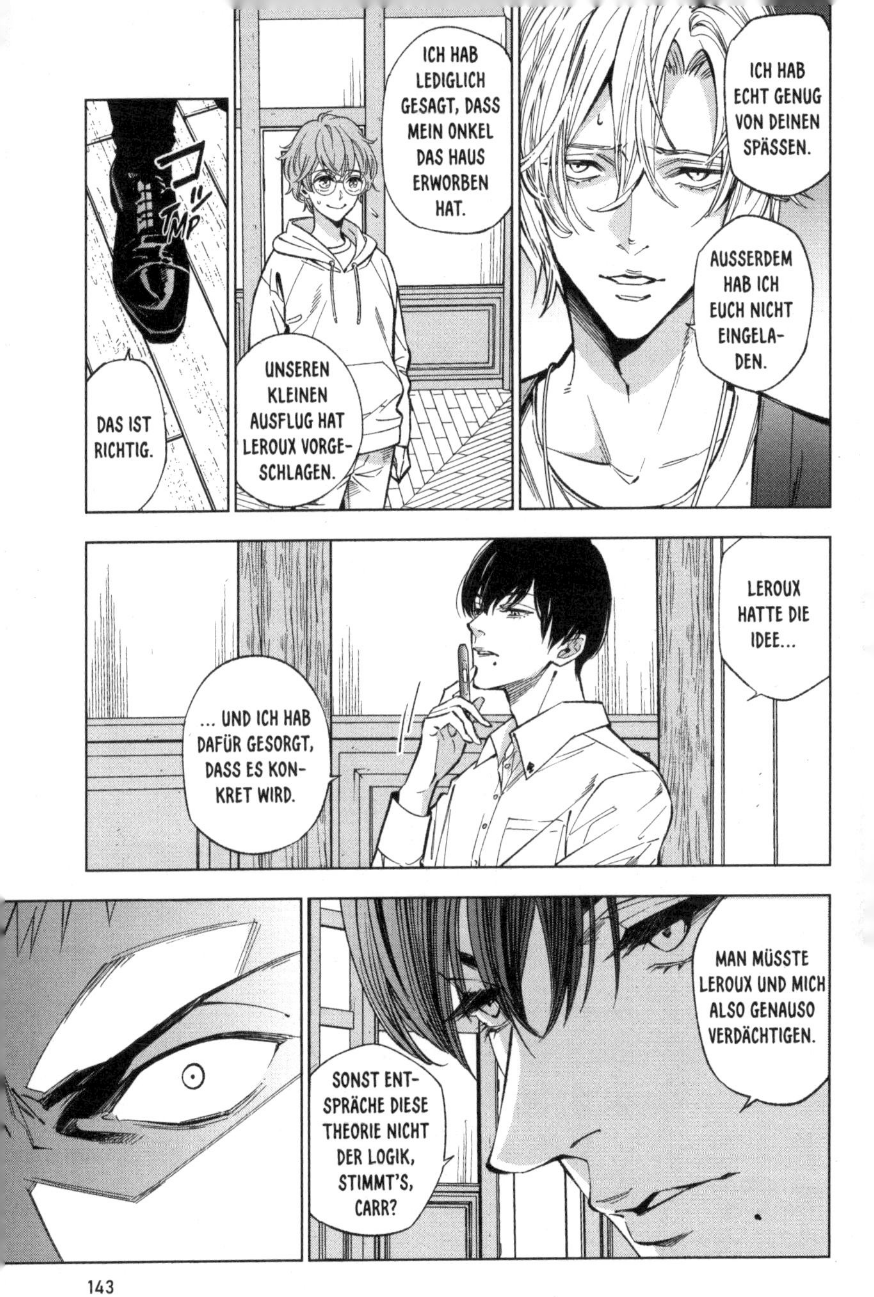
ICH HAB ECHT GENUG VON DEINEN SPÄSSEN.
AUSSERDEM HAB ICH EUCH NICHT EINGELA-DEN.
ICH HAB LEDIGLICH GESAGT, DASS MEIN ONKEL DAS HAUS ERWORBEN HAT.
UNSEREN KLEINEN AUSFLUG HAT LEROUX VORGE-SCHLAGEN.
TMP
DAS IST RICHTIG.
LEROUX HATTE DIE IDEE...
... UND ICH HAB DAFÜR GESORGT, DASS ES KON-KRET WIRD.
MAN MÜSSTE LEROUX UND MICH ALSO GENAUSO VERDÄCHTIGEN.
SONST ENT-SPRÄCHE DIESE THEORIE NICHT DER LOGIK, STIMMT'S, CARR?

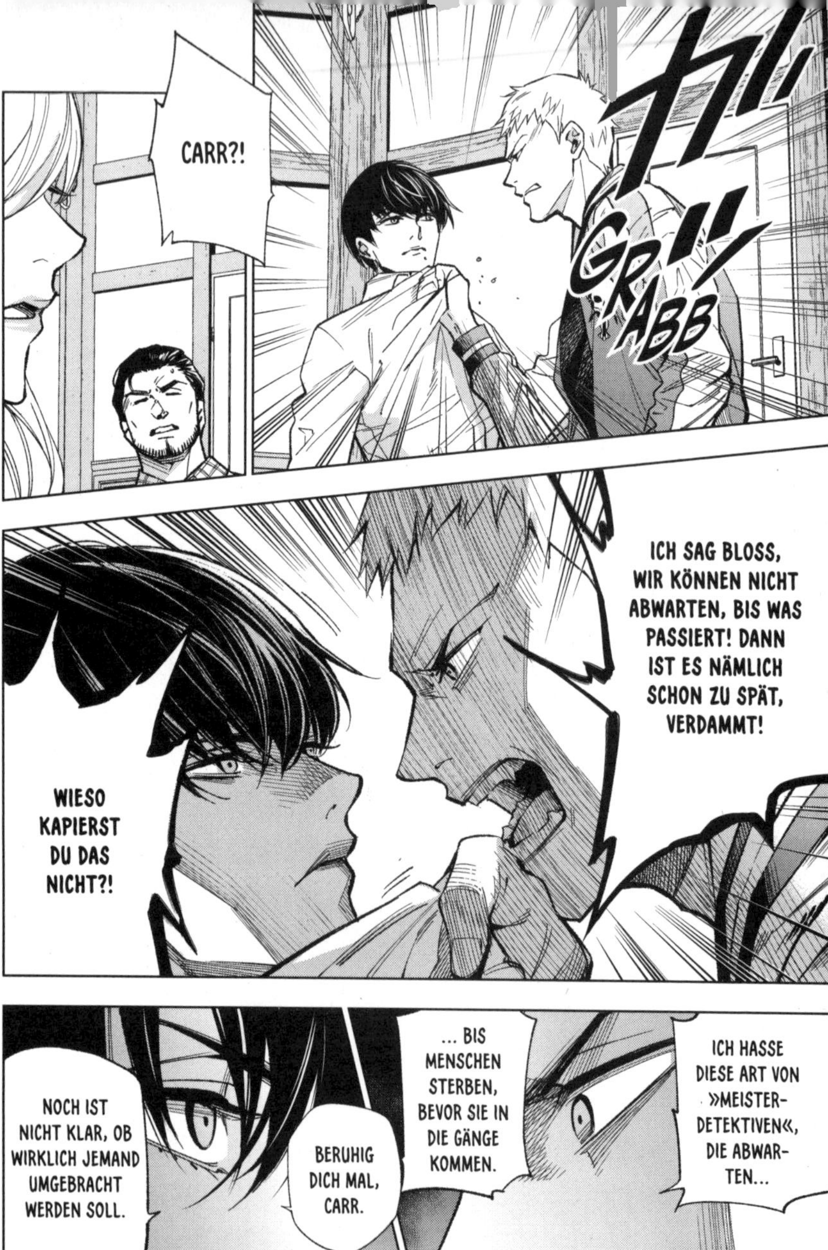
GRABB
CARR?!
ICH SAG BLOSS, WIR KÖNNEN NICHT ABWARTEN, BIS WAS PASSIERT! DANN IST ES NÄMLICH SCHON ZU SPÄT, VERDAMMT!
WIESO KAPIERST DU DAS NICHT?!
ICH HASSE DIESE ART VON »MEISTER-DETEKTIVEN«, DIE ABWAR-TEN...
... BIS MENSCHEN STERBEN, BEVOR SIE IN DIE GÄNGE KOMMEN.
BERUHIG DICH MAL, CARR.
NOCH IST NICHT KLAR, OB WIRKLICH JEMAND UMGEBRACHT WERDEN SOLL.

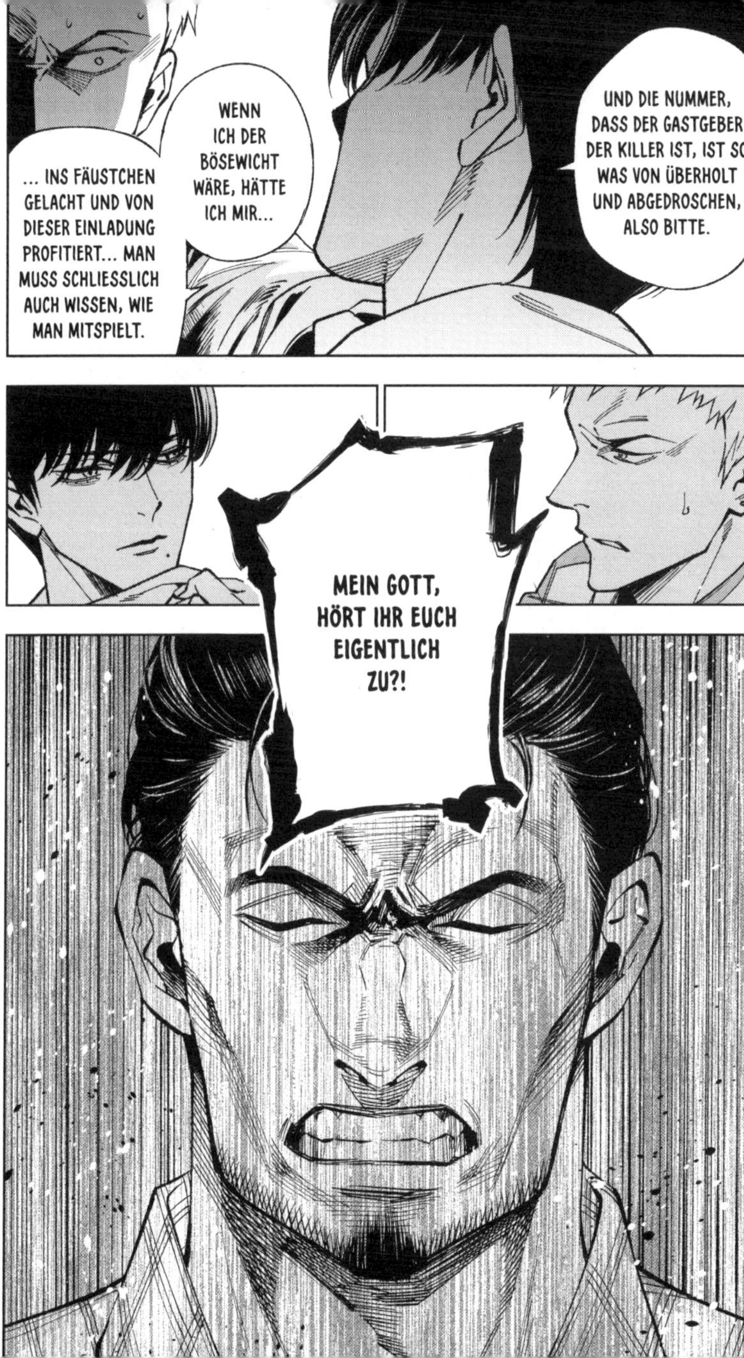
UND DIE NUMMER, DASS DER GASTGEBER DER KILLER IST, IST SO WAS VON ÜBERHOLT UND ABGEDROSCHEN, ALSO BITTE.
WENN ICH DER BÖSEWICHT WÄRE, HÄTTE ICH MIR...
... INS FÄUSTCHEN GELACHT UND VON DIESER EINLADUNG PROFITIERT... MAN MUSS SCHLIESSLICH AUCH WISSEN, WIE MAN MITSPIELT.
MEIN GOTT, HÖRT IHR EUCH EIGENTLICH ZU?!

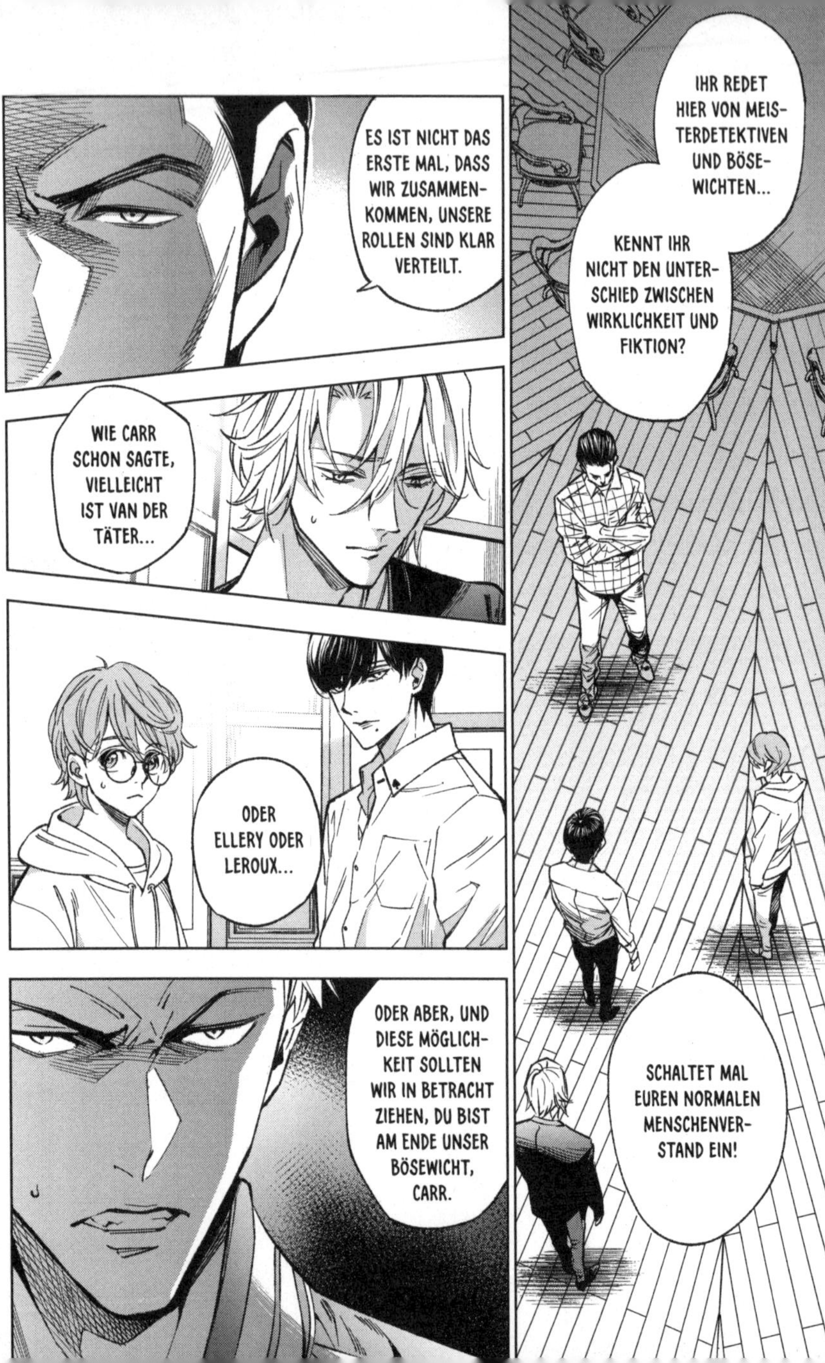
ES IST NICHT DAS ERSTE MAL, DASS WIR ZUSAMMENKOMMEN, UNSERE ROLLEN SIND KLAR VERTEILT.
WIE CARR SCHON SAGTE, VIELLEICHT IST VAN DER TÄTER...
ODER ELLERY ODER LEROUX...
ODER ABER, UND DIESE MÖGLICHKEIT SOLLTEN WIR IN BETRACHT ZIEHEN, DU BIST AM ENDE UNSER BÖSEWICHT, CARR.
IHR REDET HIER VON MEISTERDETEKTIVEN UND BÖSEWICHTEN...
KENNT IHR NICHT DEN UNTERSCHIED ZWISCHEN WIRKLICHKEIT UND FIKTION?
SCHALTET MAL EUREN NORMALEN MENSCHENVERSTAND EIN!

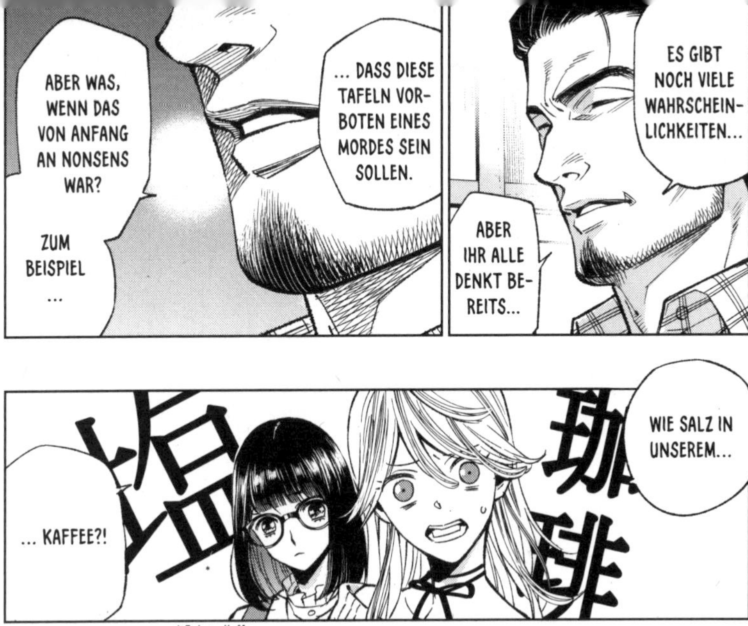

* Salz im Kaffee

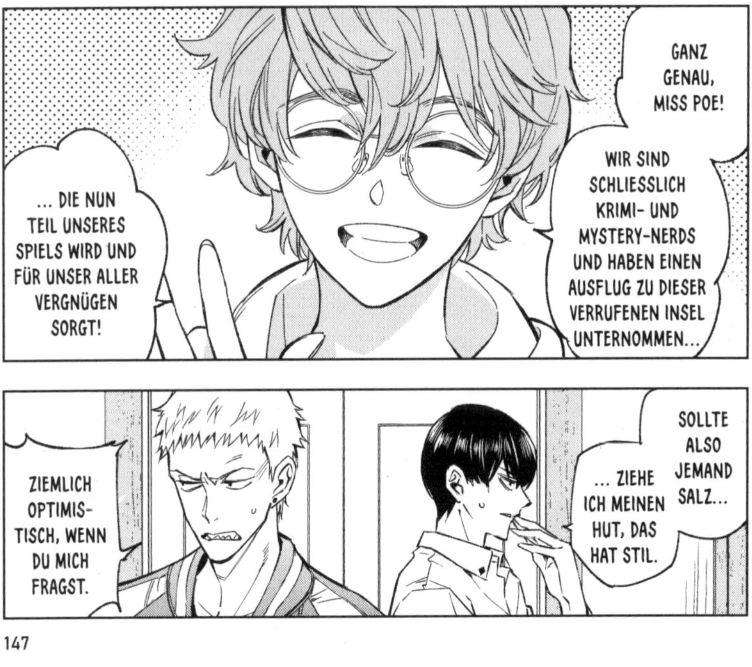

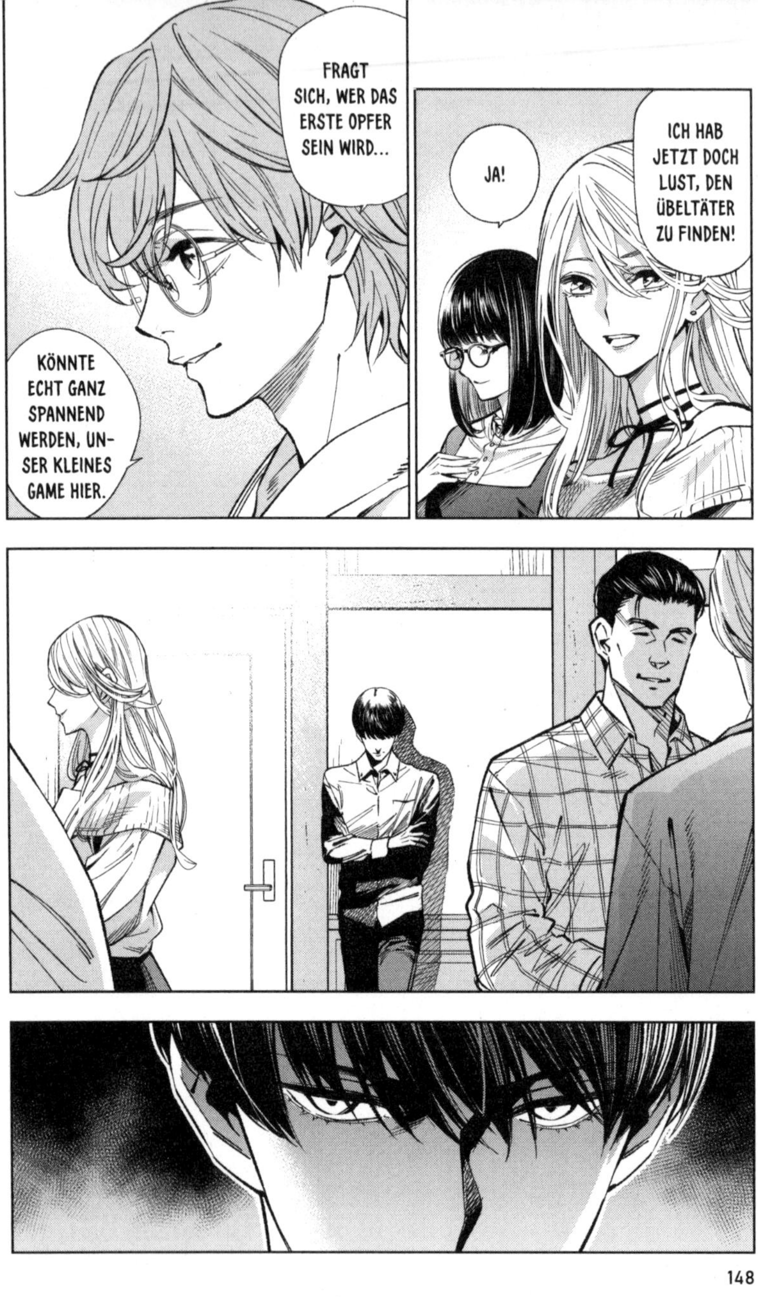
ICH HAB JETZT DOCH LUST, DEN ÜBELTÄTER ZU FINDEN!
JA!
FRAGT SICH, WER DAS ERSTE OPFER SEIN WIRD…
KÖNNTE ECHT GANZ SPANNEND WERDEN, UN-SER KLEINES GAME HIER.

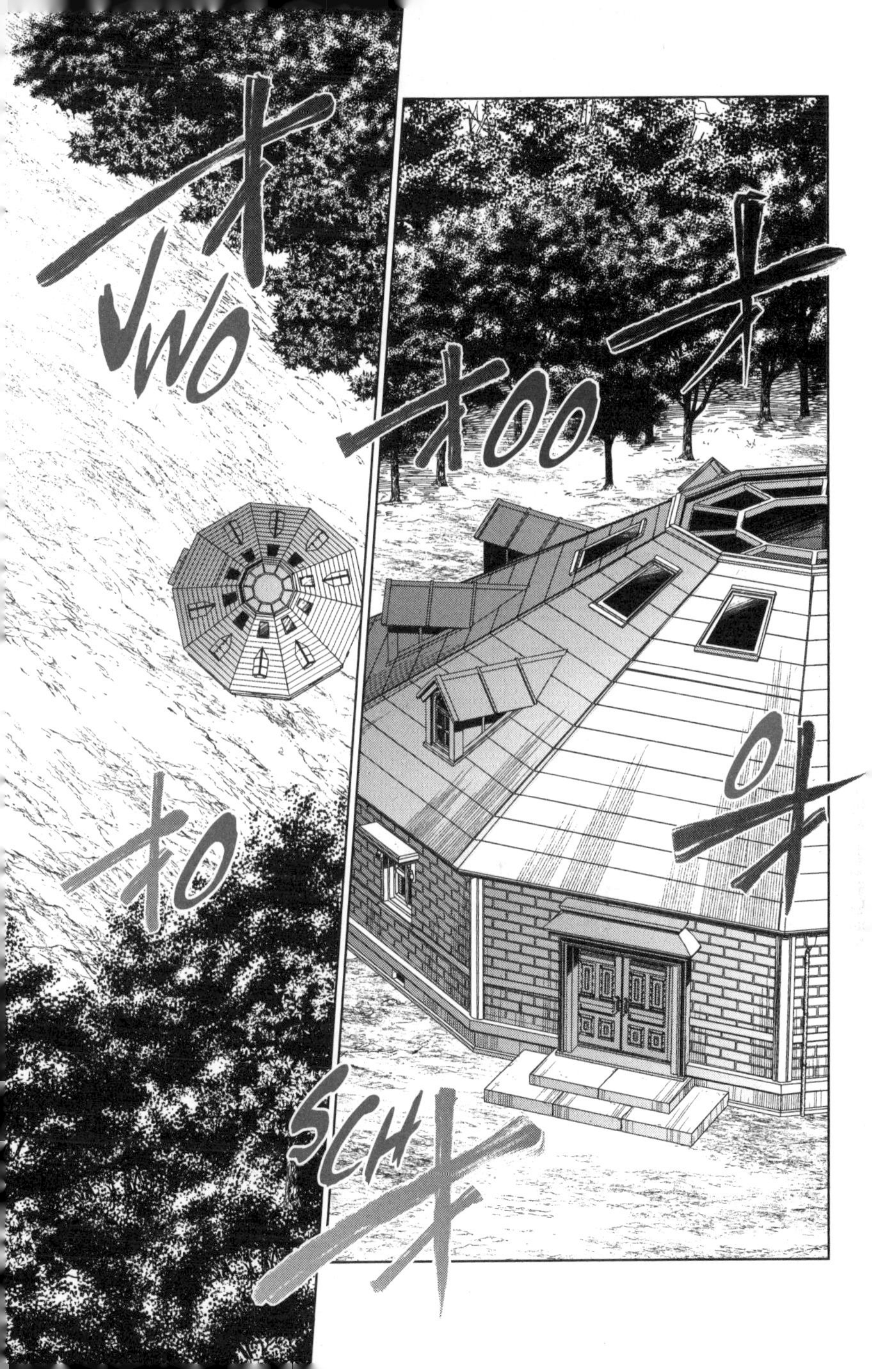
WO
OO
O
O
SCH

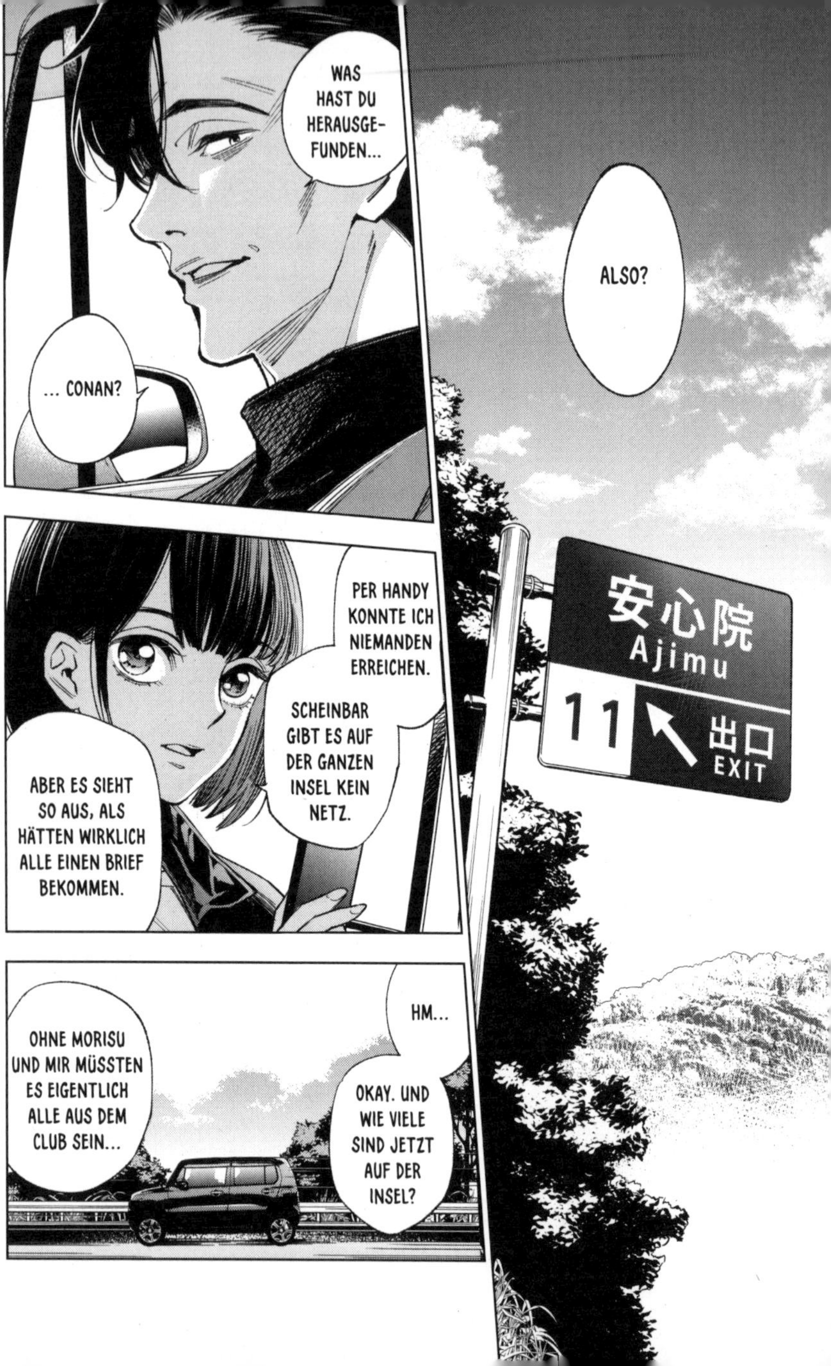

ALSO?
安心院
Ajimu
11
出口
EXIT
WAS HAST DU HERAUSGEFUNDEN...
... CONAN?
PER HANDY KONNTE ICH NIEMANDEN ERREICHEN.
SCHEINBAR GIBT ES AUF DER GANZEN INSEL KEIN NETZ.
ABER ES SIEHT SO AUS, ALS HÄTTEN WIRKLICH ALLE EINEN BRIEF BEKOMMEN.
HM...
OKAY. UND WIE VIELE SIND JETZT AUF DER INSEL?
OHNE MORISU UND MIR MÜSSTEN ES EIGENTLICH ALLE AUS DEM CLUB SEIN...

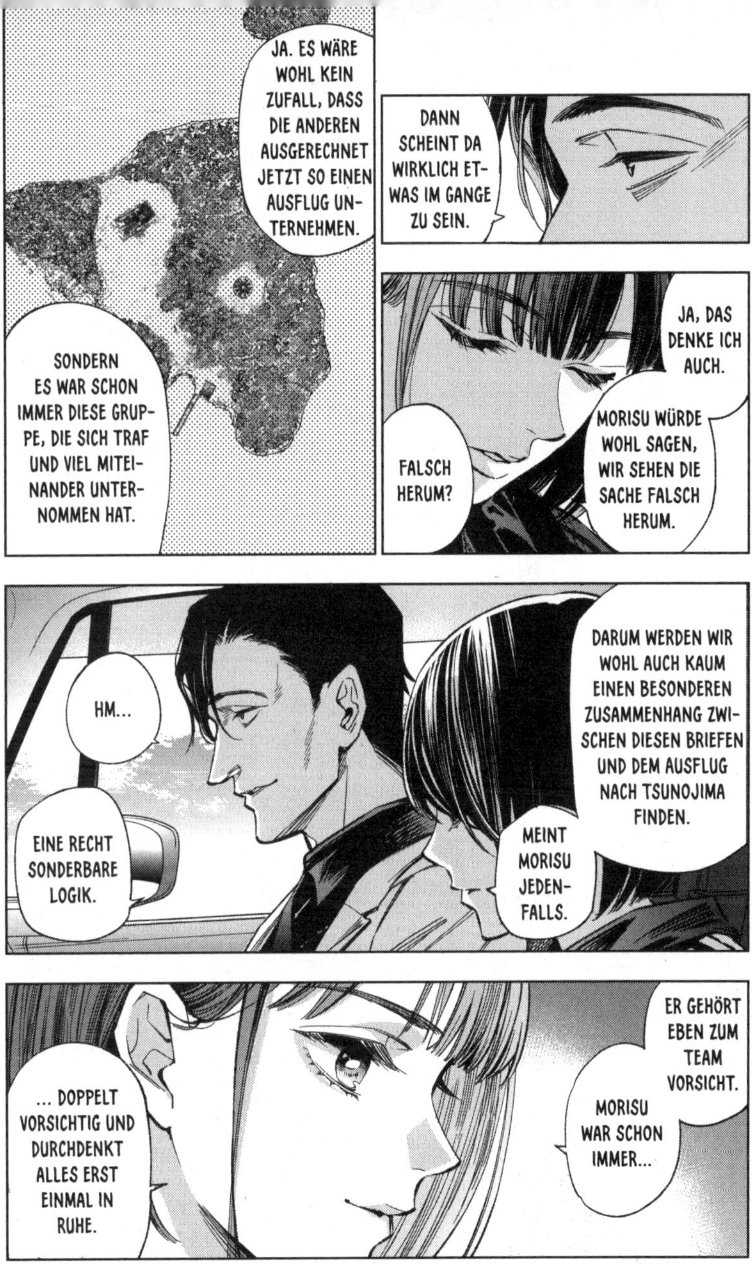
DANN SCHEINT DA WIRKLICH ETWAS IM GANGE ZU SEIN.
JA, DAS DENKE ICH AUCH.
MORISU WÜRDE WOHL SAGEN, WIR SEHEN DIE SACHE FALSCH HERUM.
FALSCH HERUM?
JA. ES WÄRE WOHL KEIN ZUFALL, DASS DIE ANDEREN AUSGERECHNET JETZT SO EINEN AUSFLUG UNTERNEHMEN.
SONDERN ES WAR SCHON IMMER DIESE GRUPPE, DIE SICH TRAF UND VIEL MITEINANDER UNTERNOMMEN HAT.
DARUM WERDEN WIR WOHL AUCH KAUM EINEN BESONDEREN ZUSAMMENHANG ZWISCHEN DIESEN BRIEFEN UND DEM AUSFLUG NACH TSUNOJIMA FINDEN.
MEINT MORISU JEDENFALLS.
HM...
EINE RECHT SONDERBARE LOGIK.
ER GEHÖRT EBEN ZUM TEAM VORSICHT.
MORISU WAR SCHON IMMER...
... DOPPELT VORSICHTIG UND DURCHDENKT ALLES ERST EINMAL IN RUHE.

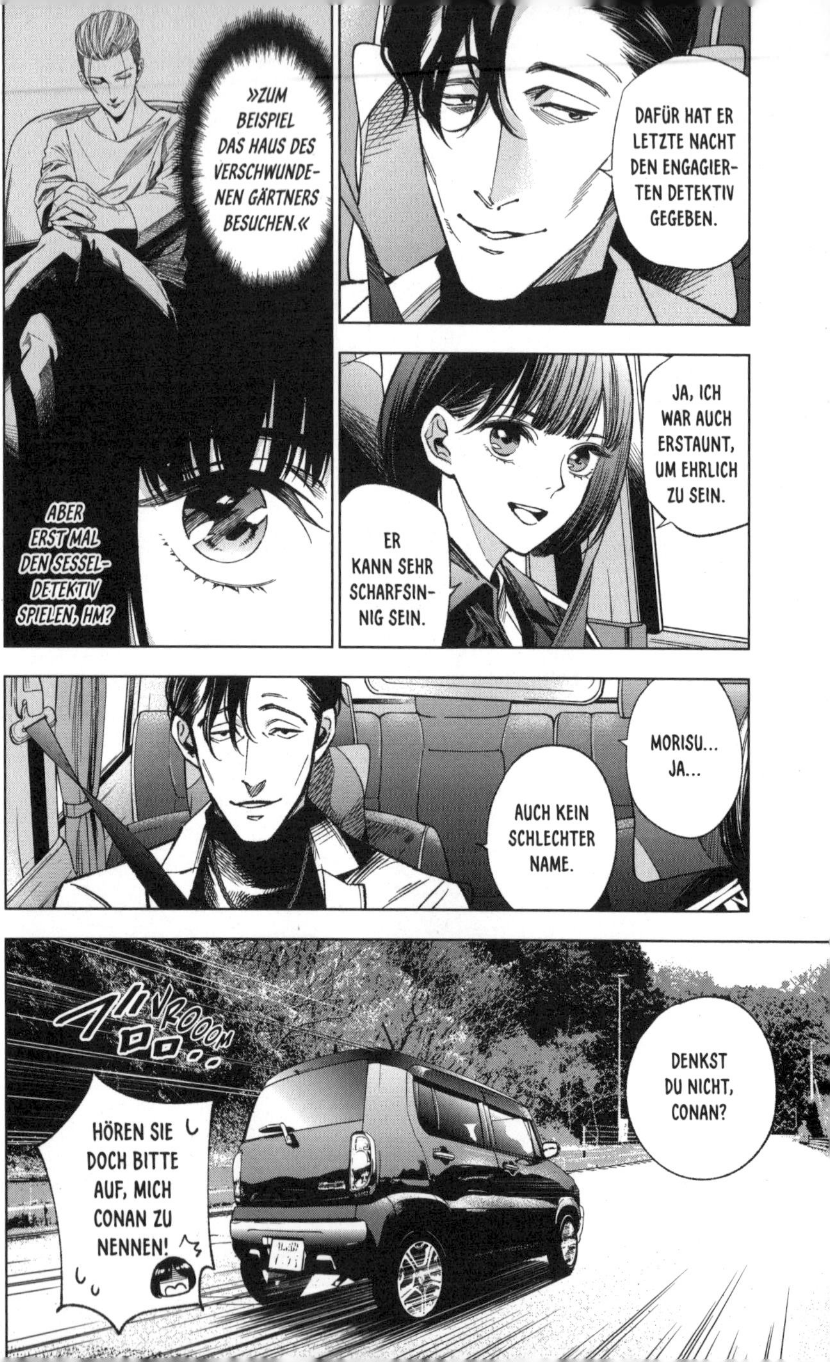
DAFÜR HAT ER LETZTE NACHT DEN ENGAGIERTEN DETEKTIV GEGEBEN.
JA, ICH WAR AUCH ERSTAUNT, UM EHRLICH ZU SEIN.
ER KANN SEHR SCHARFSINNIG SEIN.
»ZUM BEISPIEL DAS HAUS DES VERSCHWUNDENEN GÄRTNERS BESUCHEN.«
ABER ERST MAL DEN SESSEL-DETEKTIV SPIELEN, HM?
MORISU… JA…
AUCH KEIN SCHLECHTER NAME.
DENKST DU NICHT, CONAN?
VROOOM
HÖREN SIE DOCH BITTE AUF, MICH CONAN ZU NENNEN!

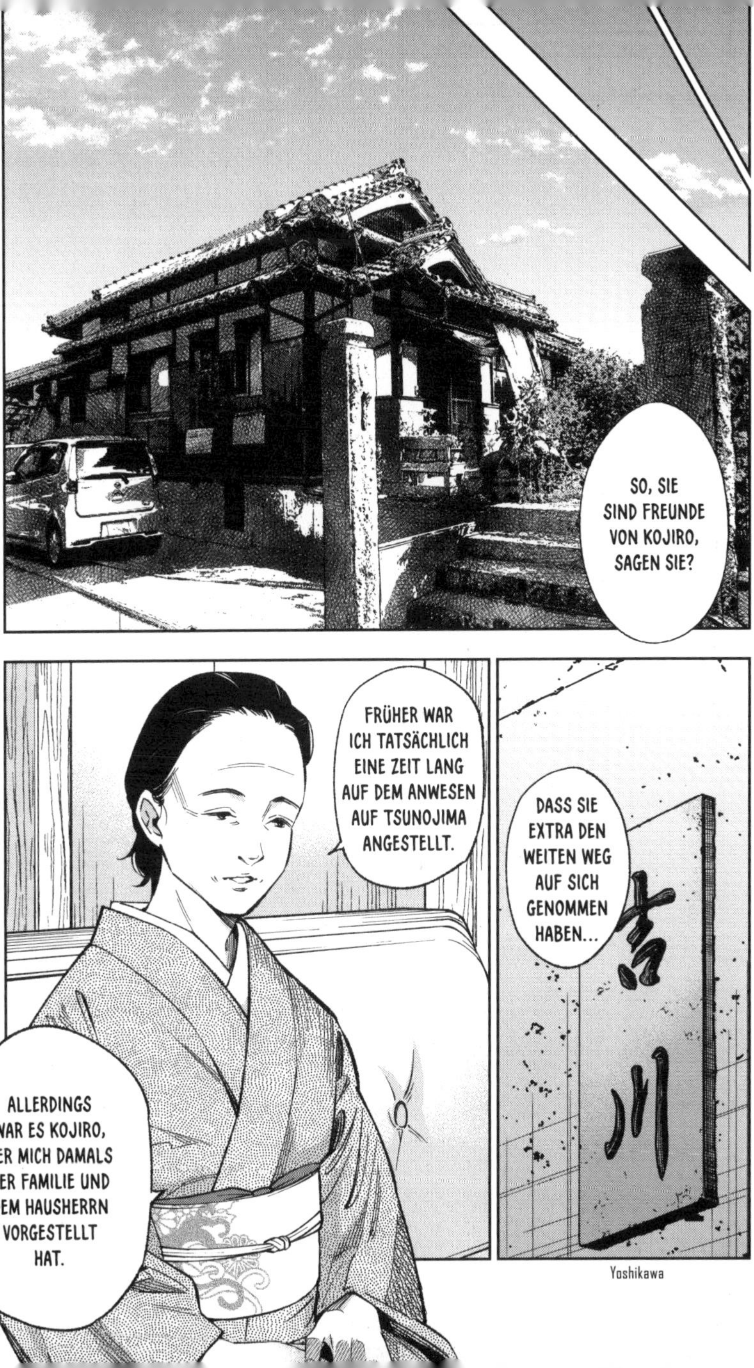
SO, SIE SIND FREUNDE VON KOJIRO, SAGEN SIE?
DASS SIE EXTRA DEN WEITEN WEG AUF SICH GENOMMEN HABEN…
吉川
Yoshikawa
FRÜHER WAR ICH TATSÄCHLICH EINE ZEIT LANG AUF DEM ANWESEN AUF TSUNOJIMA ANGESTELLT.
ALLERDINGS WAR ES KOJIRO, DER MICH DAMALS DER FAMILIE UND DEM HAUSHERRN VORGESTELLT HAT.

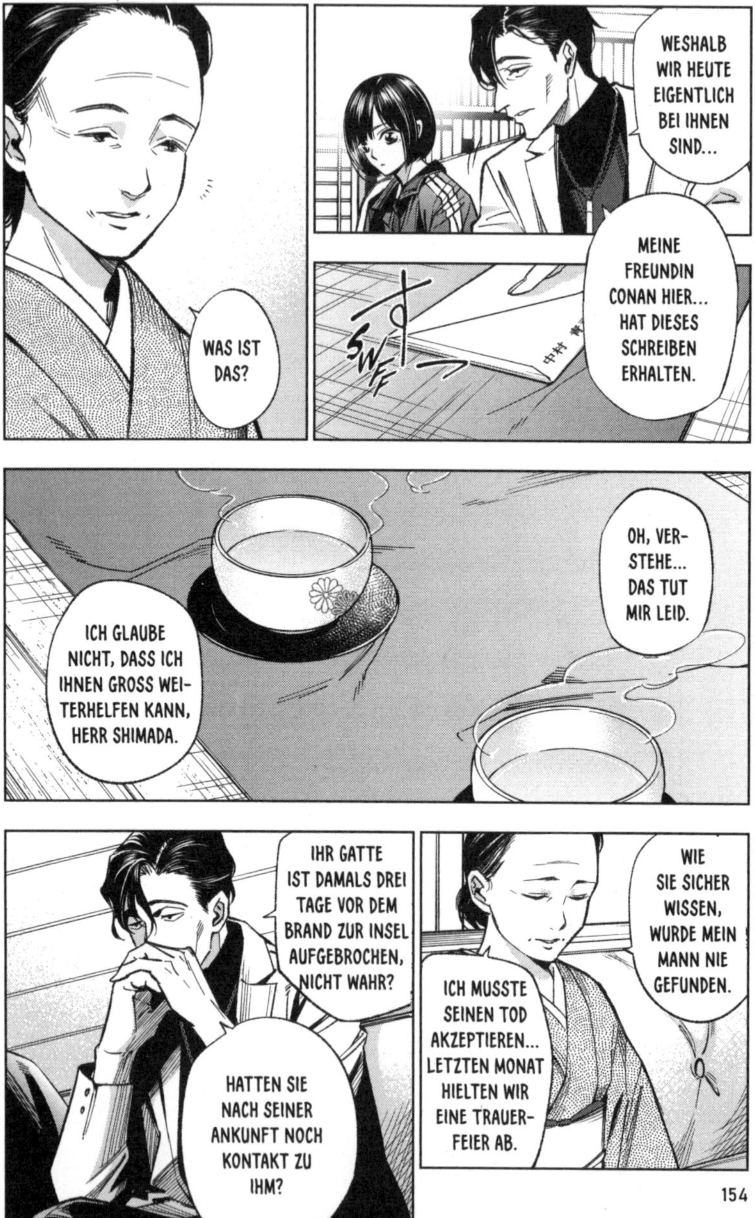
WESHALB WIR HEUTE EIGENTLICH BEI IHNEN SIND...
MEINE FREUNDIN CONAN HIER... HAT DIESES SCHREIBEN ERHALTEN.
SWFF
WAS IST DAS?
OH, VERSTEHE... DAS TUT MIR LEID.
ICH GLAUBE NICHT, DASS ICH IHNEN GROSS WEITERHELFEN KANN, HERR SHIMADA.
WIE SIE SICHER WISSEN, WURDE MEIN MANN NIE GEFUNDEN.
ICH MUSSTE SEINEN TOD AKZEPTIEREN... LETZTEN MONAT HIELTEN WIR EINE TRAUERFEIER AB.
IHR GATTE IST DAMALS DREI TAGE VOR DEM BRAND ZUR INSEL AUFGEBROCHEN, NICHT WAHR?
HATTEN SIE NACH SEINER ANKUNFT NOCH KONTAKT ZU IHM?

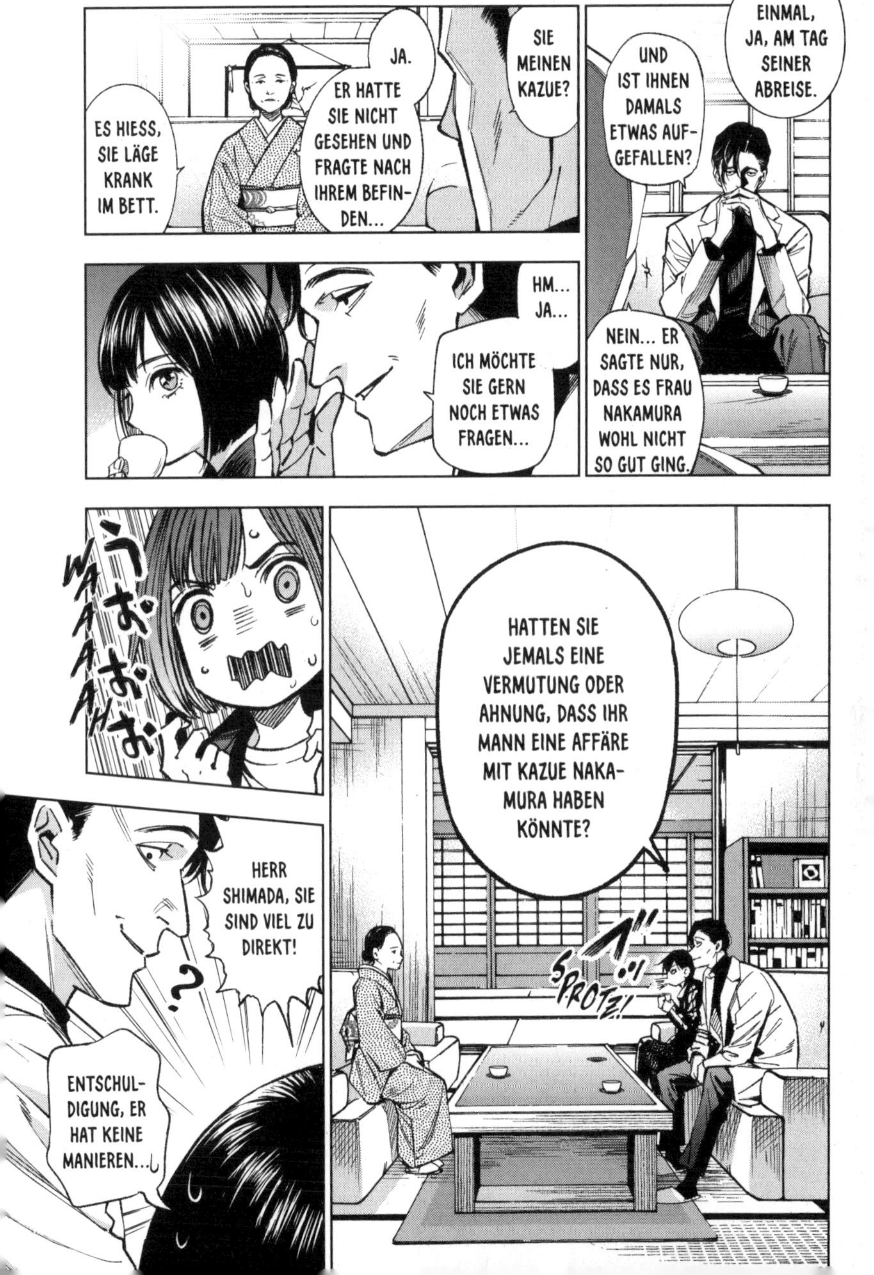
NUR EINMAL, JA, AM TAG SEINER ABREISE.
SIE MEINEN KAZUE?
JA. ER HATTE SIE NICHT GESEHEN UND FRAGTE NACH IHREM BEFINDEN...
ES HIESS, SIE LÄGE KRANK IM BETT.
UND IST IHNEN DAMALS ETWAS AUFGEFALLEN?
NEIN... ER SAGTE NUR, DASS ES FRAU NAKAMURA WOHL NICHT SO GUT GING.
HM... JA...
ICH MÖCHTE SIE GERN NOCH ETWAS FRAGEN...
HATTEN SIE JEMALS EINE VERMUTUNG ODER AHNUNG, DASS IHR MANN EINE AFFÄRE MIT KAZUE NAKAMURA HABEN KÖNNTE?
SPROTZ!
WAAAAAH
うおおお
HERR SHIMADA, SIE SIND VIEL ZU DIREKT!
ENTSCHULDIGUNG, ER HAT KEINE MANIEREN...

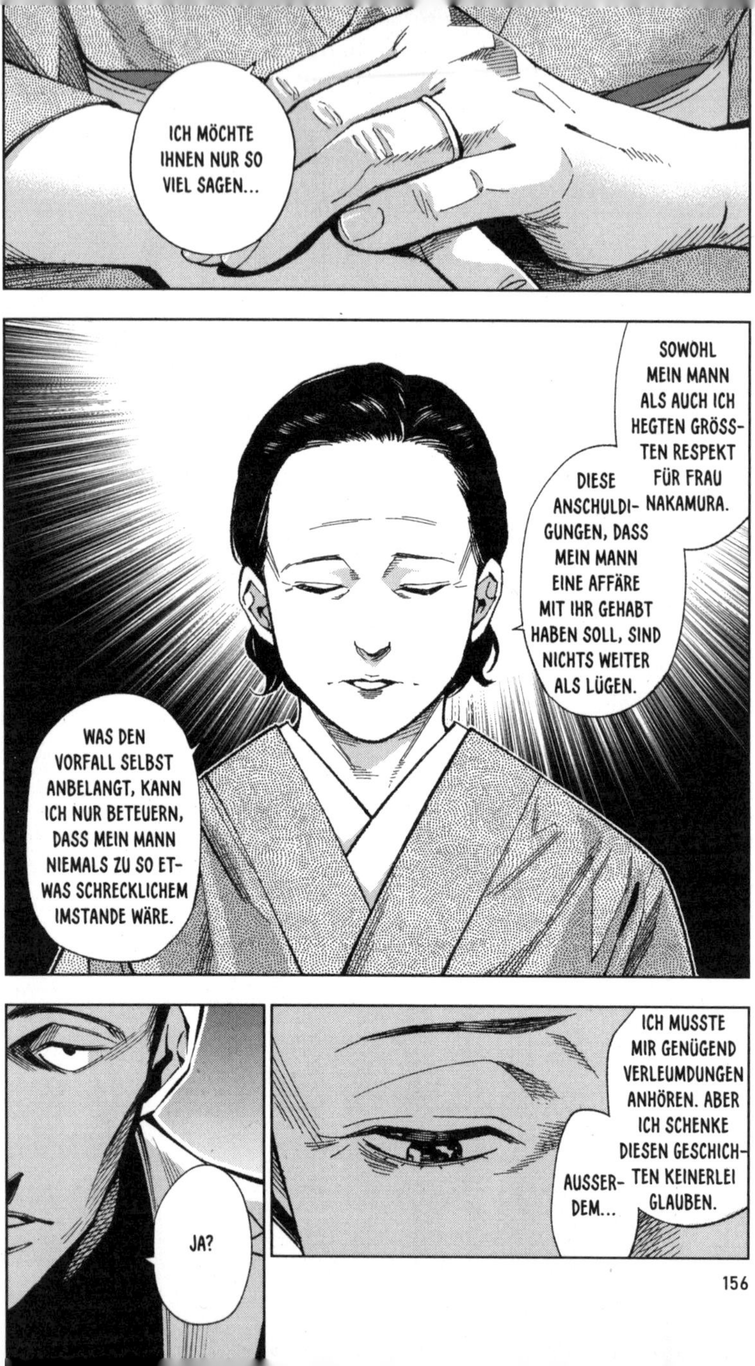
ICH MÖCHTE IHNEN NUR SO VIEL SAGEN...
SOWOHL MEIN MANN ALS AUCH ICH HEGTEN GRÖSS-TEN RESPEKT FÜR FRAU NAKAMURA.
DIESE ANSCHULDI-GUNGEN, DASS MEIN MANN EINE AFFÄRE MIT IHR GEHABT HABEN SOLL, SIND NICHTS WEITER ALS LÜGEN.
WAS DEN VORFALL SELBST ANBELANGT, KANN ICH NUR BETEUERN, DASS MEIN MANN NIEMALS ZU SO ET-WAS SCHRECKLICHEM IMSTANDE WÄRE.
ICH MUSSTE MIR GENÜGEND VERLEUMDUNGEN ANHÖREN. ABER ICH SCHENKE DIESEN GESCHICH-TEN KEINERLEI GLAUBEN.
AUSSER-DEM...
JA?

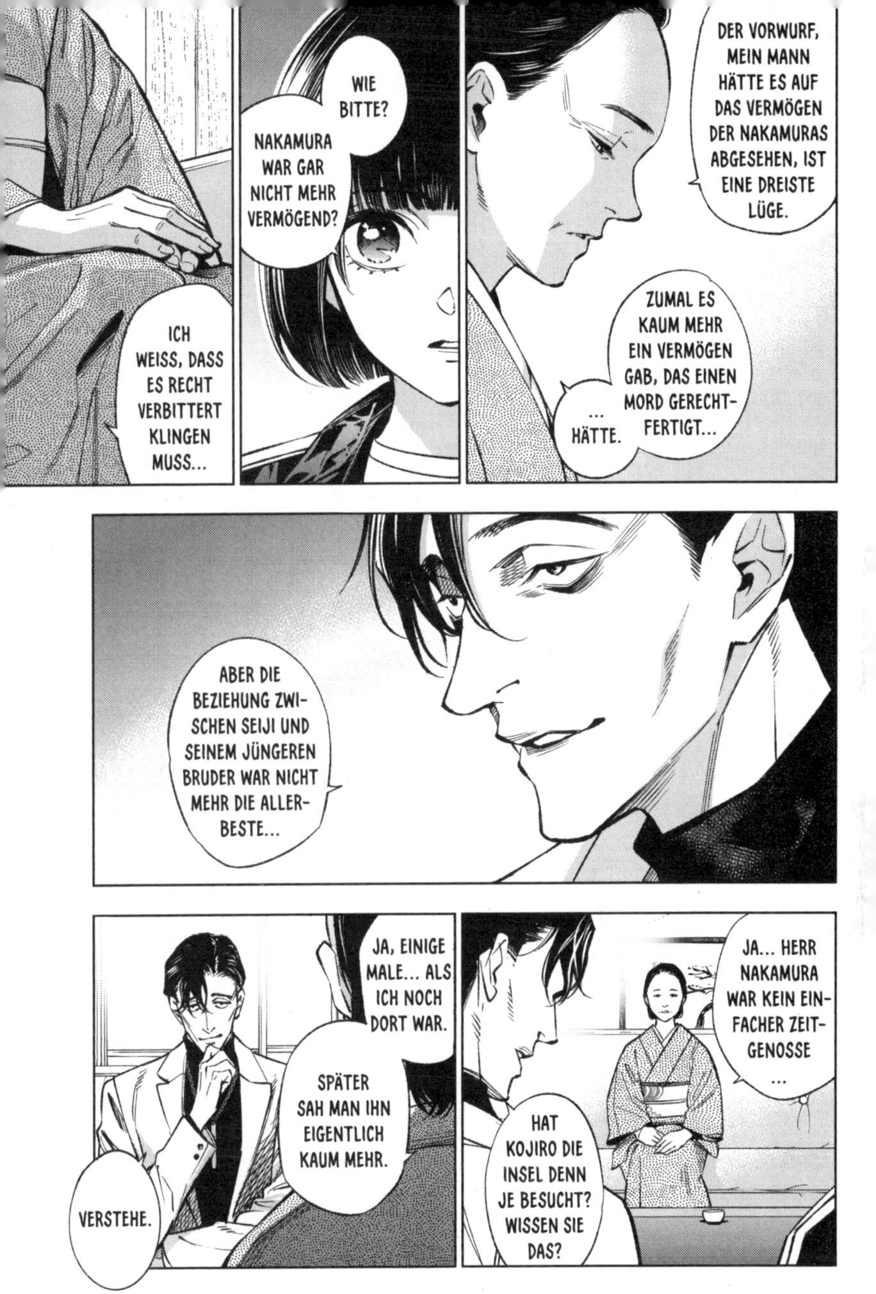
DER VORWURF, MEIN MANN HÄTTE ES AUF DAS VERMÖGEN DER NAKAMURAS ABGESEHEN, IST EINE DREISTE LÜGE.
ZUMAL ES KAUM MEHR EIN VERMÖGEN GAB, DAS EINEN MORD GERECHTFERTIGT...
... HÄTTE.
WIE BITTE?
NAKAMURA WAR GAR NICHT MEHR VERMÖGEND?
ICH WEISS, DASS ES RECHT VERBITTERT KLINGEN MUSS...
ABER DIE BEZIEHUNG ZWISCHEN SEIJI UND SEINEM JÜNGEREN BRUDER WAR NICHT MEHR DIE ALLERBESTE...
JA... HERR NAKAMURA WAR KEIN EINFACHER ZEITGENOSSE ...
HAT KOJIRO DIE INSEL DENN JE BESUCHT? WISSEN SIE DAS?
JA, EINIGE MALE... ALS ICH NOCH DORT WAR.
SPÄTER SAH MAN IHN EIGENTLICH KAUM MEHR.
VERSTEHE.

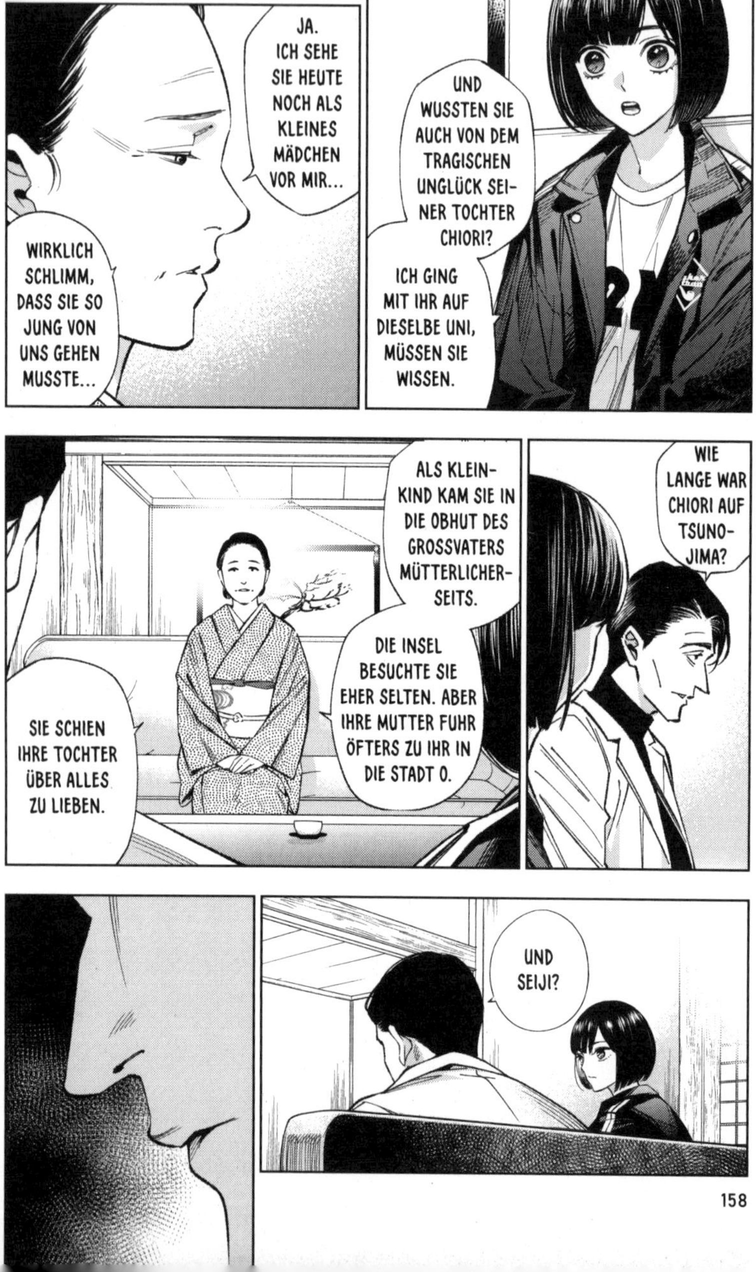
UND WUSSTEN SIE AUCH VON DEM TRAGISCHEN UNGLÜCK SEI-NER TOCHTER CHIORI?
ICH GING MIT IHR AUF DIESELBE UNI, MÜSSEN SIE WISSEN.
JA. ICH SEHE SIE HEUTE NOCH ALS KLEINES MÄDCHEN VOR MIR...
WIRKLICH SCHLIMM, DASS SIE SO JUNG VON UNS GEHEN MUSSTE...
WIE LANGE WAR CHIORI AUF TSUNO-JIMA?
ALS KLEIN-KIND KAM SIE IN DIE OBHUT DES GROSSVATERS MÜTTERLICHER-SEITS.
DIE INSEL BESUCHTE SIE EHER SELTEN. ABER IHRE MUTTER FUHR ÖFTERS ZU IHR IN DIE STADT O.
SIE SCHIEN IHRE TOCHTER ÜBER ALLES ZU LIEBEN.
UND SEIJI?

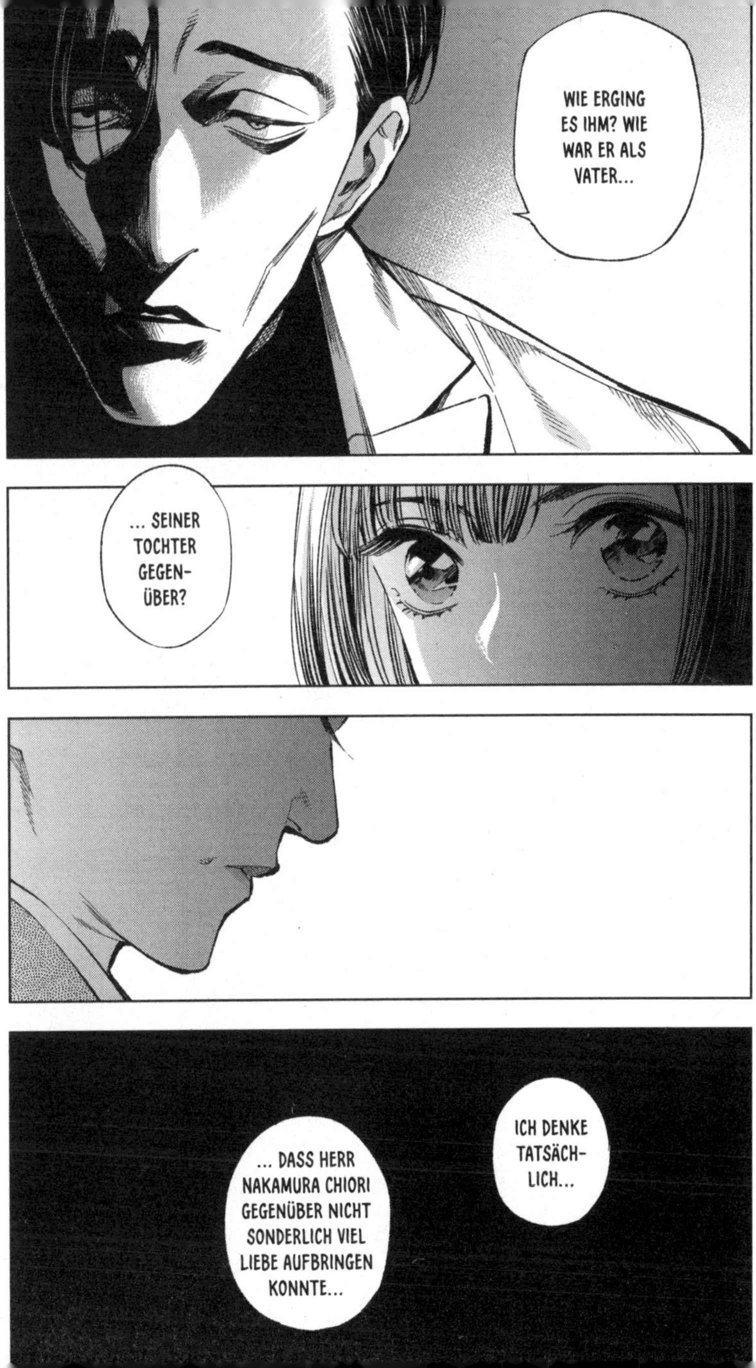
WIE ERGING ES IHM? WIE WAR ER ALS VATER...
... SEINER TOCHTER GEGEN-ÜBER?
ICH DENKE TATSÄCH-LICH...
... DASS HERR NAKAMURA CHIORI GEGENÜBER NICHT SONDERLICH VIEL LIEBE AUFBRINGEN KONNTE...

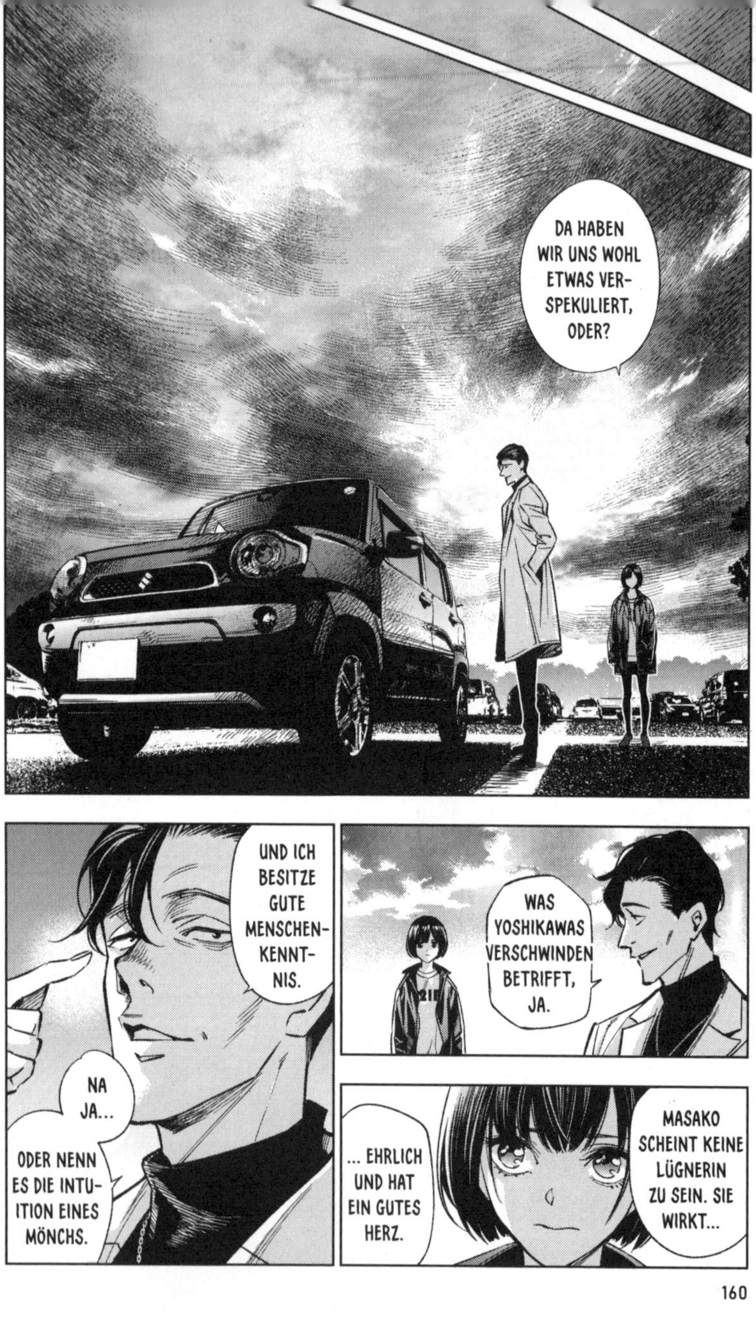
DA HABEN WIR UNS WOHL ETWAS VER-SPEKULIERT, ODER?
WAS YOSHIKAWAS VERSCHWINDEN BETRIFFT, JA.
MASAKO SCHEINT KEINE LÜGNERIN ZU SEIN. SIE WIRKT...
... EHRLICH UND HAT EIN GUTES HERZ.
UND ICH BESITZE GUTE MENSCHEN-KENNT-NIS.
NA JA...
ODER NENN ES DIE INTU-ITION EINES MÖNCHS.

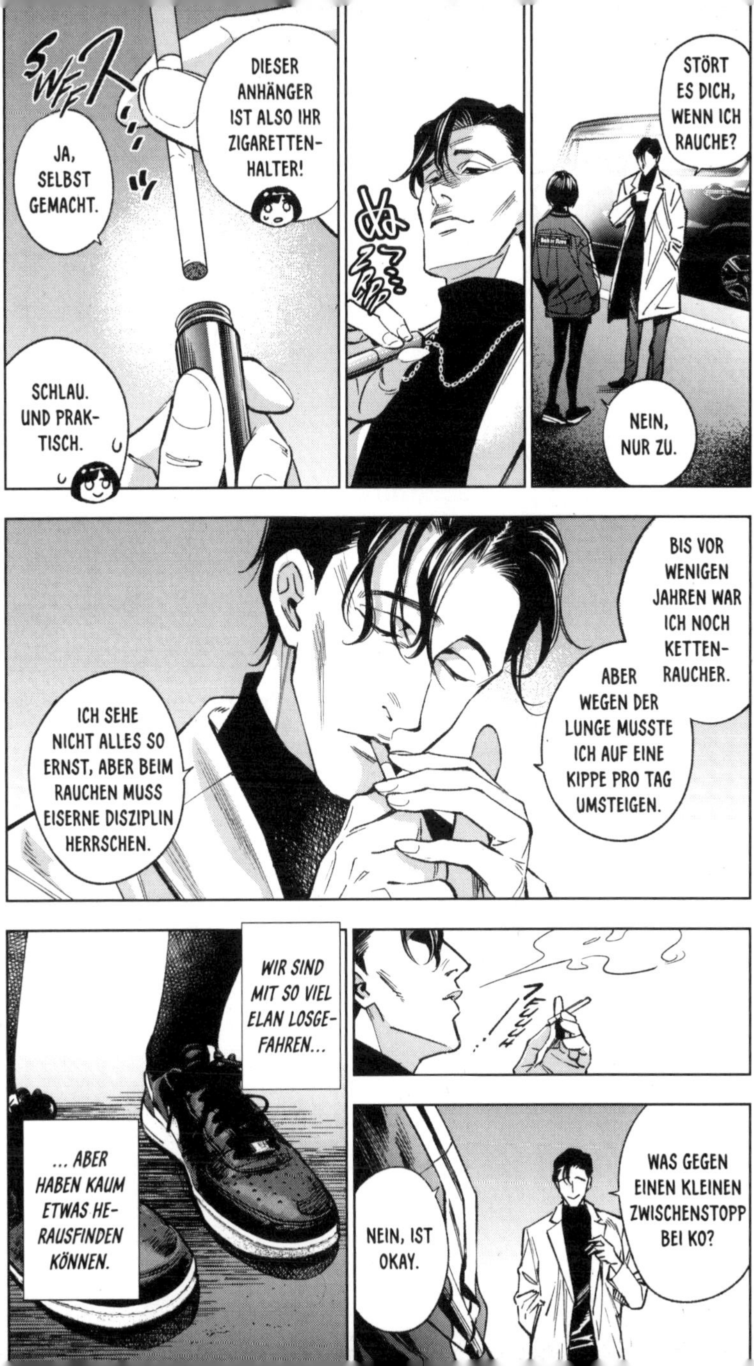
STÖRT ES DICH, WENN ICH RAUCHE?
NEIN, NUR ZU.
DIESER ANHÄNGER IST ALSO IHR ZIGARETTEN-HALTER!
SWFF
JA, SELBST GEMACHT.
SCHLAU. UND PRAK-TISCH.
BIS VOR WENIGEN JAHREN WAR ICH NOCH KETTEN-RAUCHER.
ABER WEGEN DER LUNGE MUSSTE ICH AUF EINE KIPPE PRO TAG UMSTEIGEN.
ICH SEHE NICHT ALLES SO ERNST, ABER BEIM RAUCHEN MUSS EISERNE DISZIPLIN HERRSCHEN.
WAS GEGEN EINEN KLEINEN ZWISCHENSTOPP BEI KO?
NEIN, IST OKAY.
WIR SIND MIT SO VIEL ELAN LOSGE-FAHREN...
... ABER HABEN KAUM ETWAS HE-RAUSFINDEN KÖNNEN.

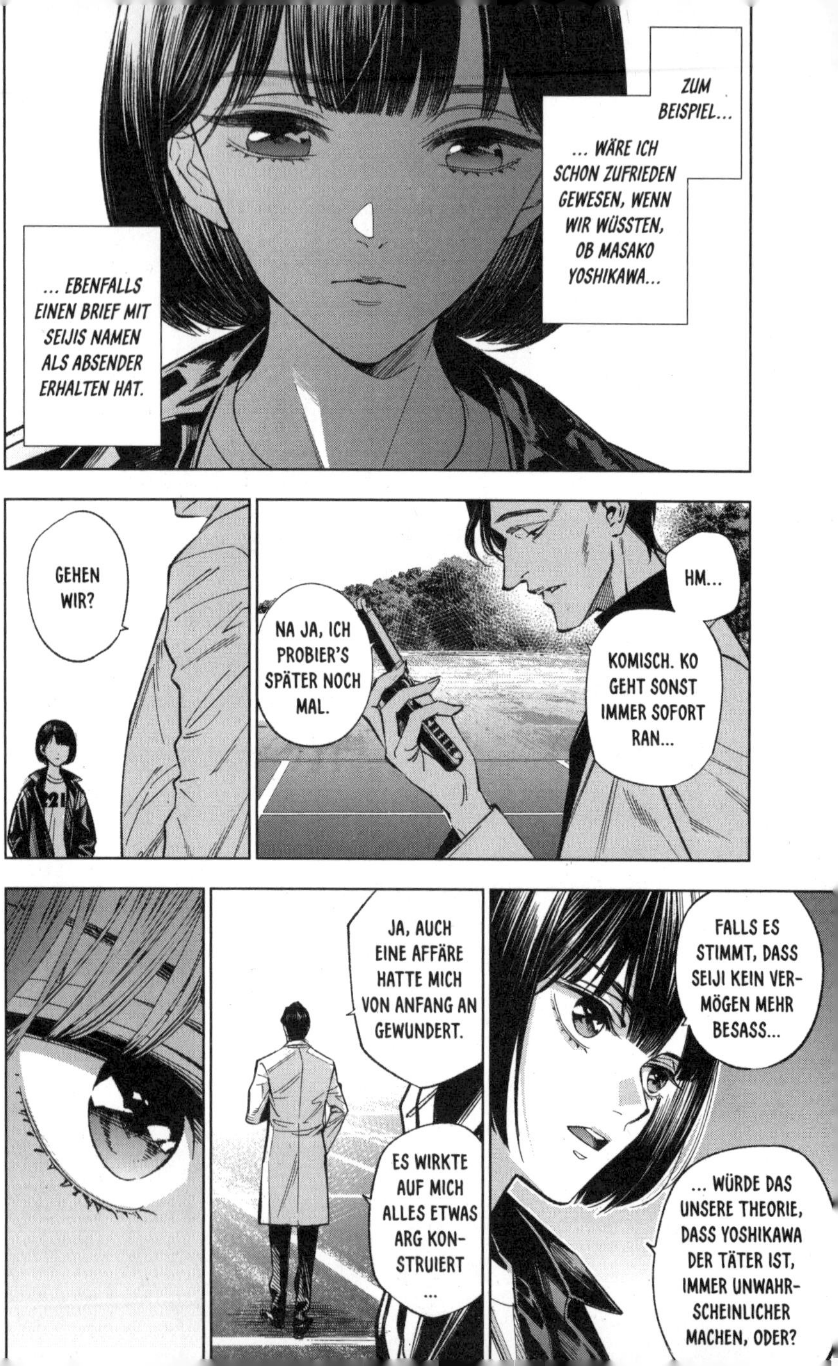
ZUM BEISPIEL...
... WÄRE ICH SCHON ZUFRIEDEN GEWESEN, WENN WIR WÜSSTEN, OB MASAKO YOSHIKAWA...
... EBENFALLS EINEN BRIEF MIT SEIJIS NAMEN ALS ABSENDER ERHALTEN HAT.
HM...
KOMISCH. KO GEHT SONST IMMER SOFORT RAN...
NA JA, ICH PROBIER'S SPÄTER NOCH MAL.
GEHEN WIR?
FALLS ES STIMMT, DASS SEIJI KEIN VERMÖGEN MEHR BESASS...
... WÜRDE DAS UNSERE THEORIE, DASS YOSHIKAWA DER TÄTER IST, IMMER UNWAHRSCHEINLICHER MACHEN, ODER?
JA, AUCH EINE AFFÄRE HATTE MICH VON ANFANG AN GEWUNDERT.
ES WIRKTE AUF MICH ALLES ETWAS ARG KONSTRUIERT ...

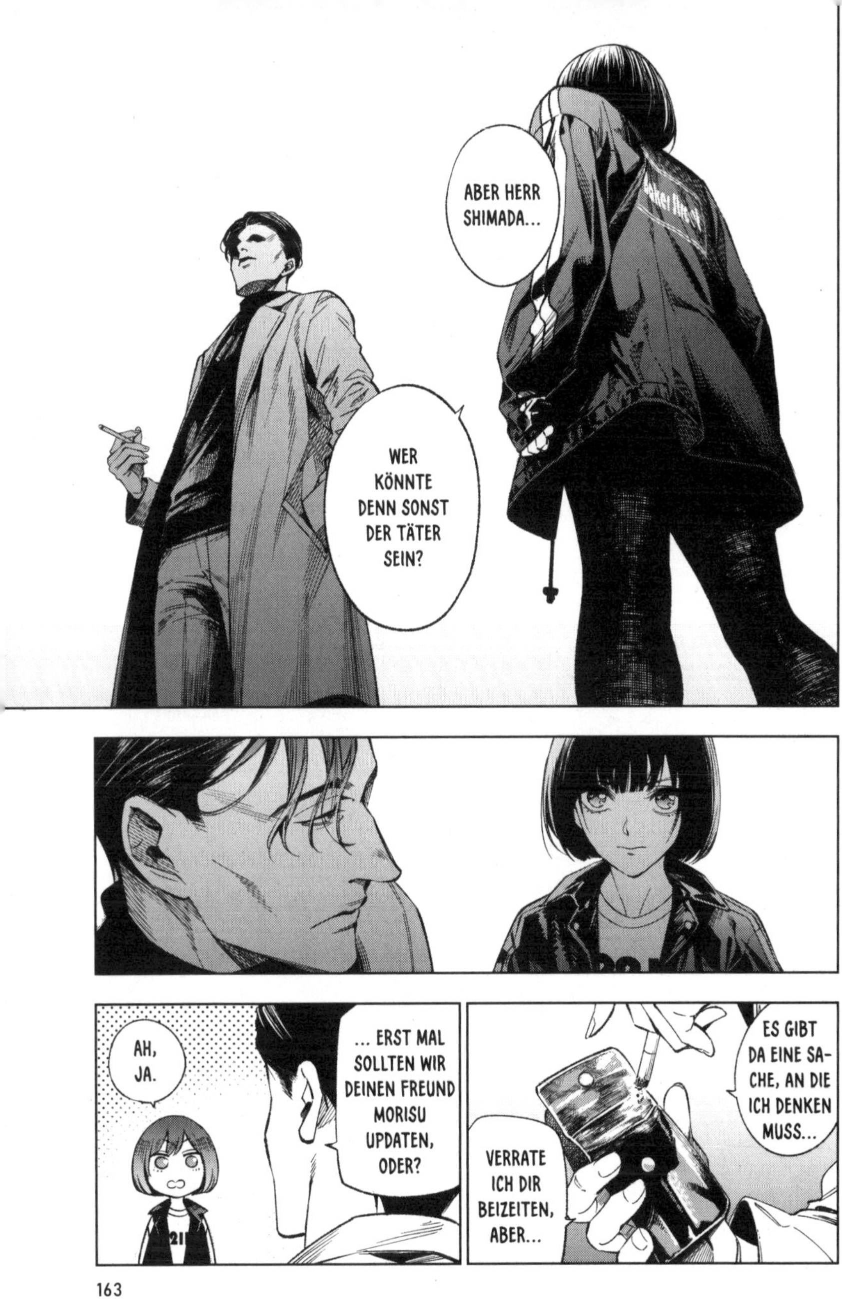
ABER HERR SHIMADA...
WER KÖNNTE DENN SONST DER TÄTER SEIN?
ES GIBT DA EINE SACHE, AN DIE ICH DENKEN MUSS...
VERRATE ICH DIR BEIZEITEN, ABER...
... ERST MAL SOLLTEN WIR DEINEN FREUND MORISU UPDATEN, ODER?
AH, JA.

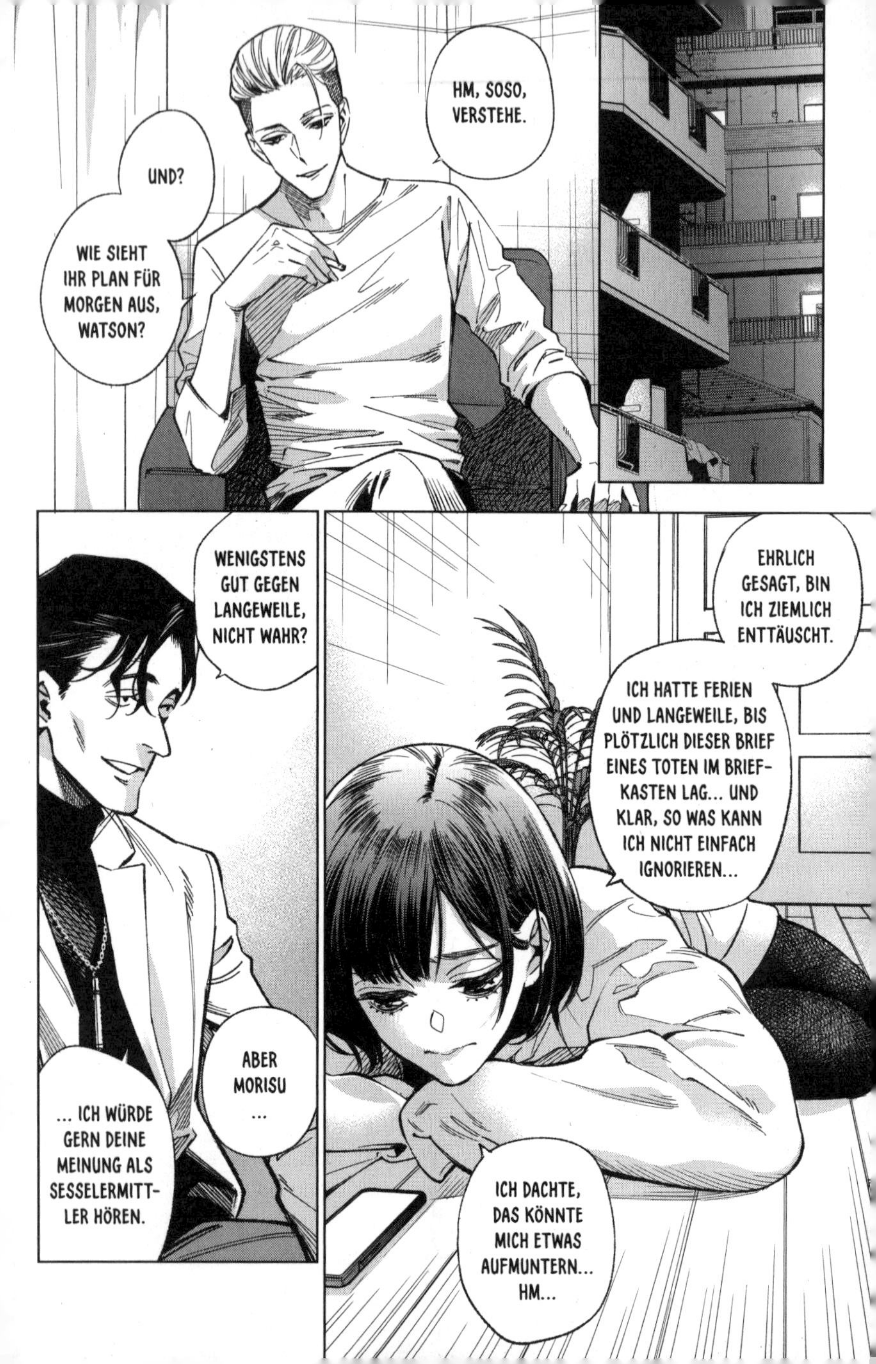
HM, SOSO, VERSTEHE.
UND?
WIE SIEHT IHR PLAN FÜR MORGEN AUS, WATSON?
EHRLICH GESAGT, BIN ICH ZIEMLICH ENTTÄUSCHT.
ICH HATTE FERIEN UND LANGEWEILE, BIS PLÖTZLICH DIESER BRIEF EINES TOTEN IM BRIEF-KASTEN LAG... UND KLAR, SO WAS KANN ICH NICHT EINFACH IGNORIEREN...
ICH DACHTE, DAS KÖNNTE MICH ETWAS AUFMUNTERN... HM...
WENIGSTENS GUT GEGEN LANGEWEILE, NICHT WAHR?
ABER MORISU ...
... ICH WÜRDE GERN DEINE MEINUNG ALS SESSELERMITT-LER HÖREN.

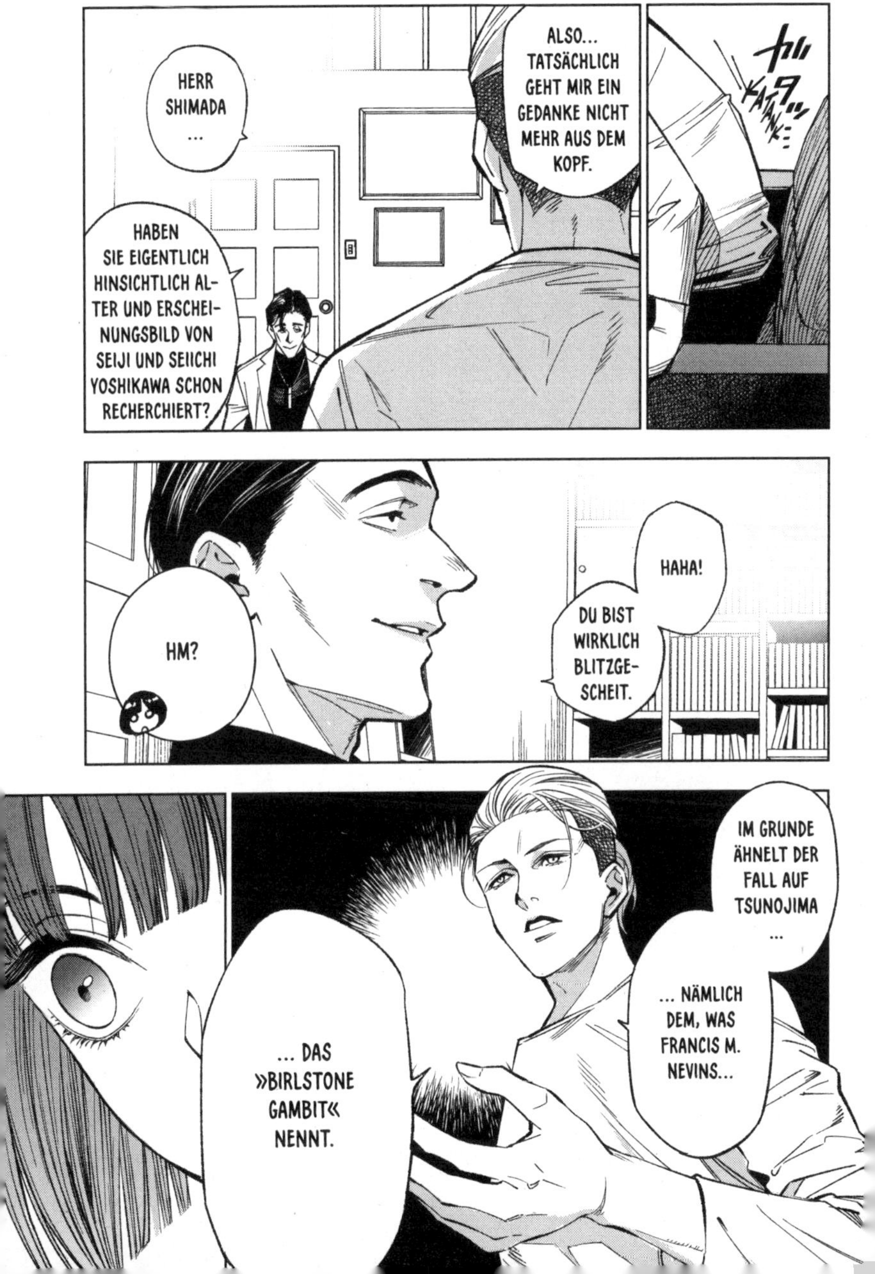
KATANK
ALSO... TATSÄCHLICH GEHT MIR EIN GEDANKE NICHT MEHR AUS DEM KOPF.
HERR SHIMADA ...
HABEN SIE EIGENTLICH HINSICHTLICH ALTER UND ERSCHEINUNGSBILD VON SEIJI UND SEIICHI YOSHIKAWA SCHON RECHERCHIERT?
HAHA!
DU BIST WIRKLICH BLITZGESCHEIT.
HM?
IM GRUNDE ÄHNELT DER FALL AUF TSUNOJIMA ...
... NÄMLICH DEM, WAS FRANCIS M. NEVINS...
... DAS »BIRLSTONE GAMBIT« NENNT.

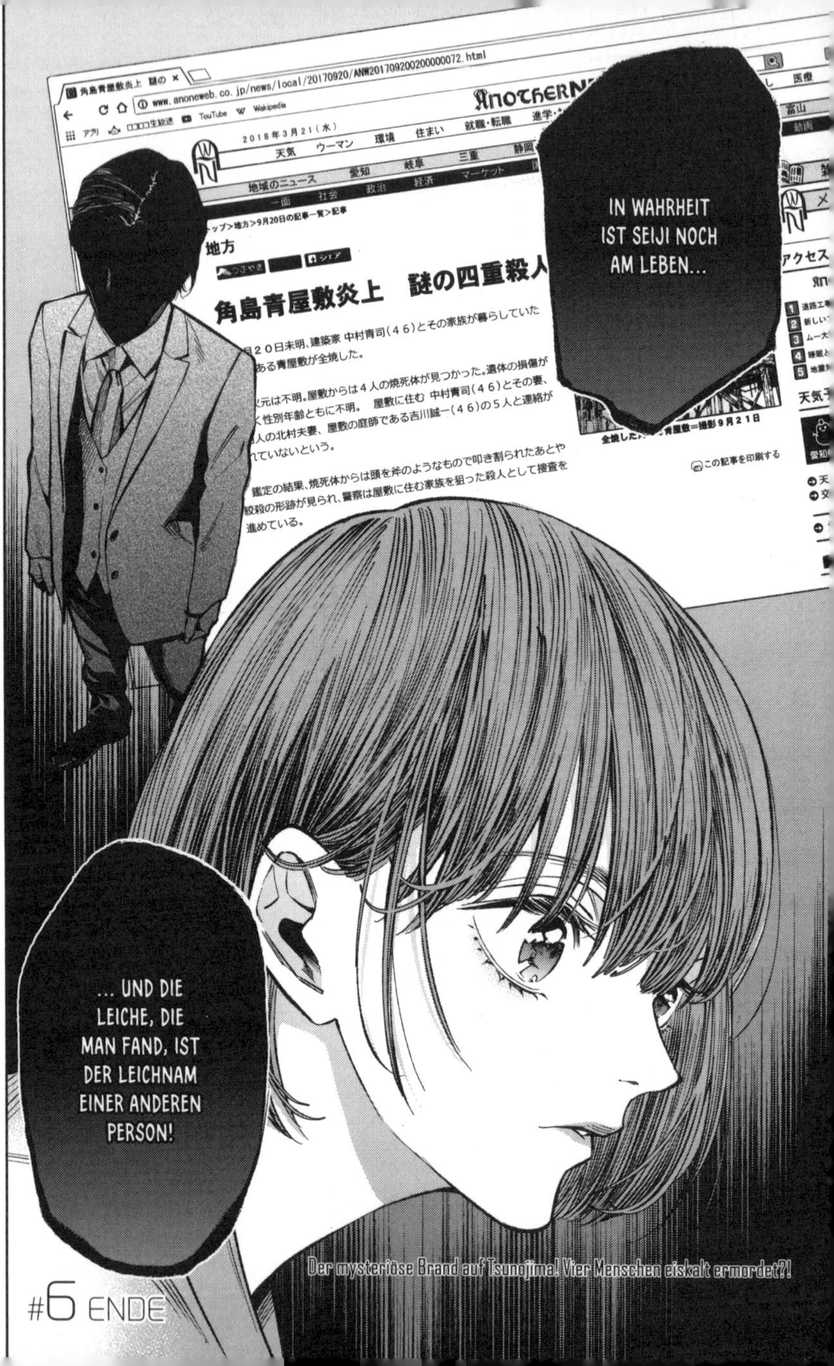
IN WAHRHEIT IST SEIJI NOCH AM LEBEN …
… UND DIE LEICHE, DIE MAN FAND, IST DER LEICHNAM EINER ANDEREN PERSON!
角島青屋敷炎上　謎の四重殺人
Der mysteriöse Brand auf Tsunojima! Vier Menschen eiskalt ermordet?!
#6 ENDE

MORD IM DEKAGON

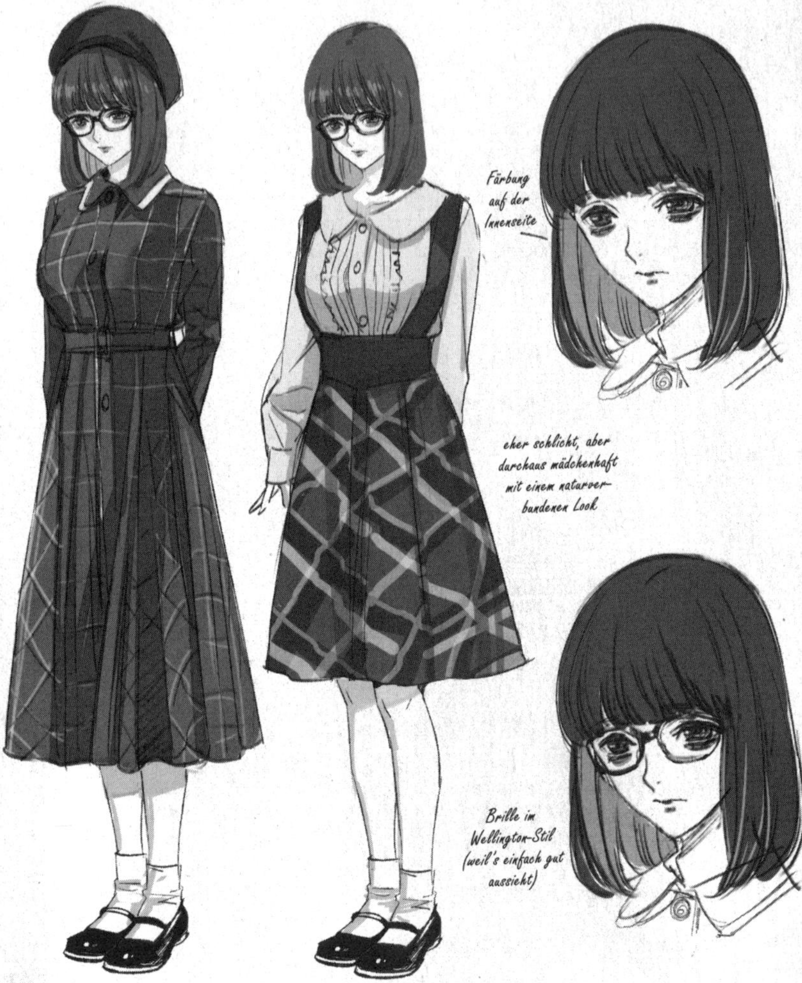

[Orczy]

Literatur- und Philosophiestudentin im zweiten Jahr an der K.-Universität. 20 Jahre alt, 158 cm. Die Romane, die sie schreibt, sind leicht und energisch, aber ihre Persönlichkeit ist eher introvertiert.

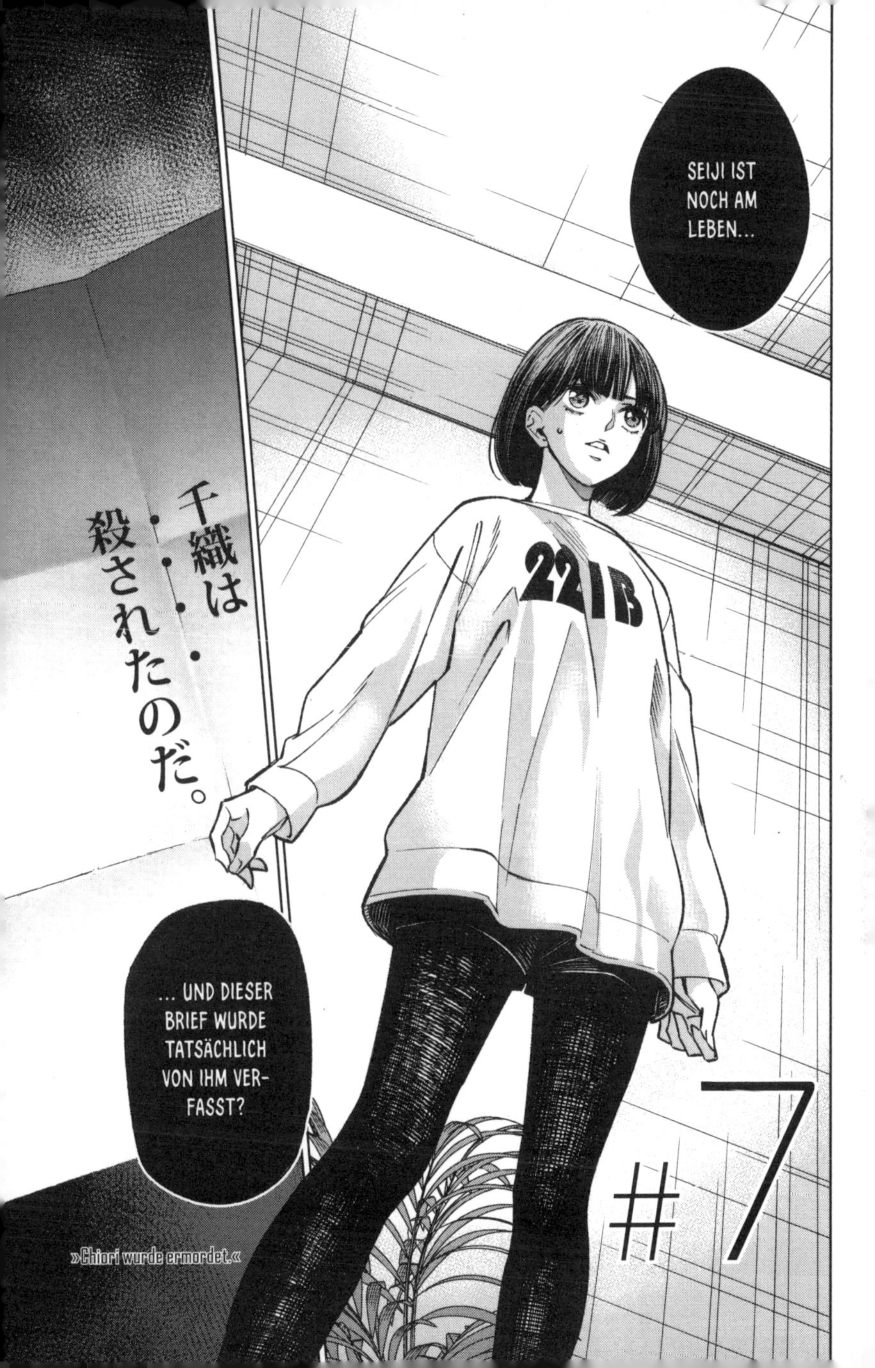
SEIJI IST NOCH AM LEBEN…
千織は・・・殺されたのだ。
… UND DIESER BRIEF WURDE TATSÄCHLICH VON IHM VERFASST?
22 1B
#7
»Chiori wurde ermordet.«

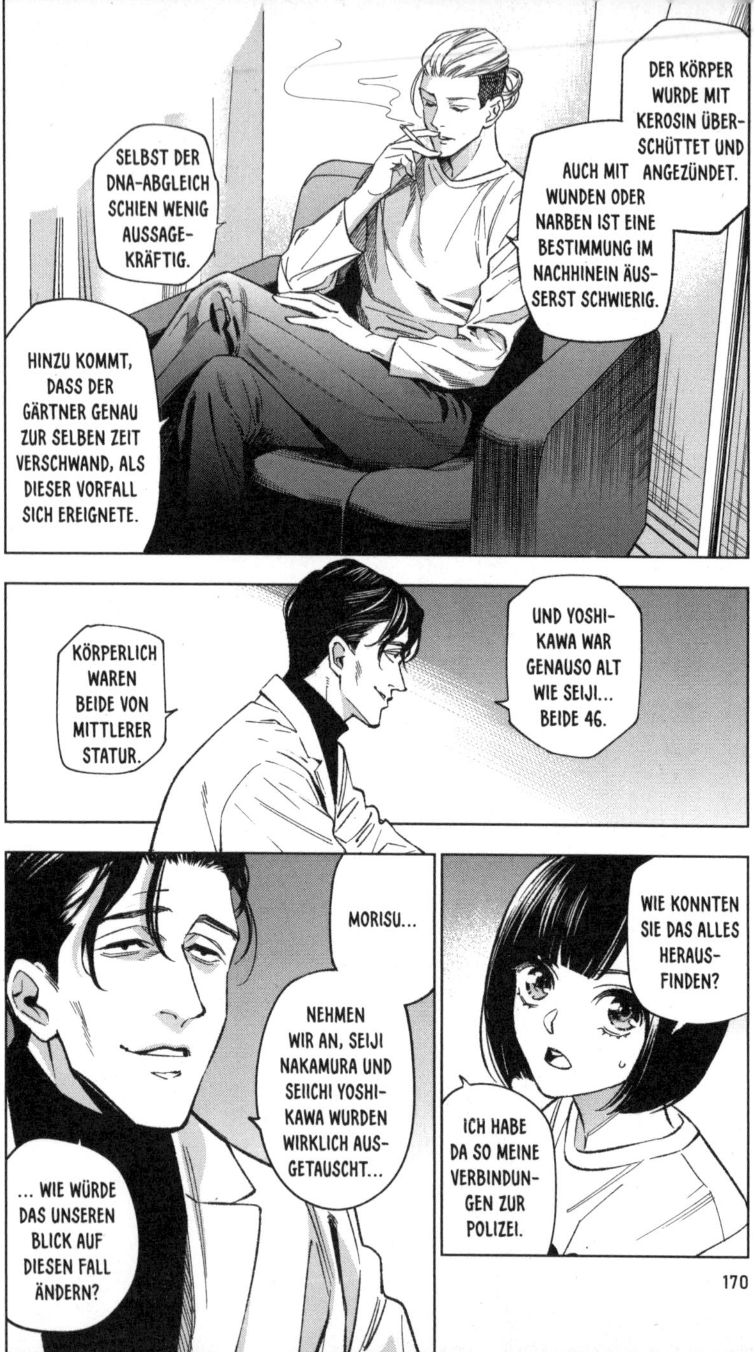
DER KÖRPER WURDE MIT KEROSIN ÜBERSCHÜTTET UND ANGEZÜNDET.
AUCH MIT WUNDEN ODER NARBEN IST EINE BESTIMMUNG IM NACHHINEIN ÄUSSERST SCHWIERIG.
SELBST DER DNA-ABGLEICH SCHIEN WENIG AUSSAGEKRÄFTIG.
HINZU KOMMT, DASS DER GÄRTNER GENAU ZUR SELBEN ZEIT VERSCHWAND, ALS DIESER VORFALL SICH EREIGNETE.
UND YOSHIKAWA WAR GENAUSO ALT WIE SEIJI... BEIDE 46.
KÖRPERLICH WAREN BEIDE VON MITTLERER STATUR.
WIE KONNTEN SIE DAS ALLES HERAUSFINDEN?
ICH HABE DA SO MEINE VERBINDUNGEN ZUR POLIZEI.
MORISU...
NEHMEN WIR AN, SEIJI NAKAMURA UND SEIICHI YOSHIKAWA WURDEN WIRKLICH AUSGETAUSCHT...
... WIE WÜRDE DAS UNSEREN BLICK AUF DIESEN FALL ÄNDERN?

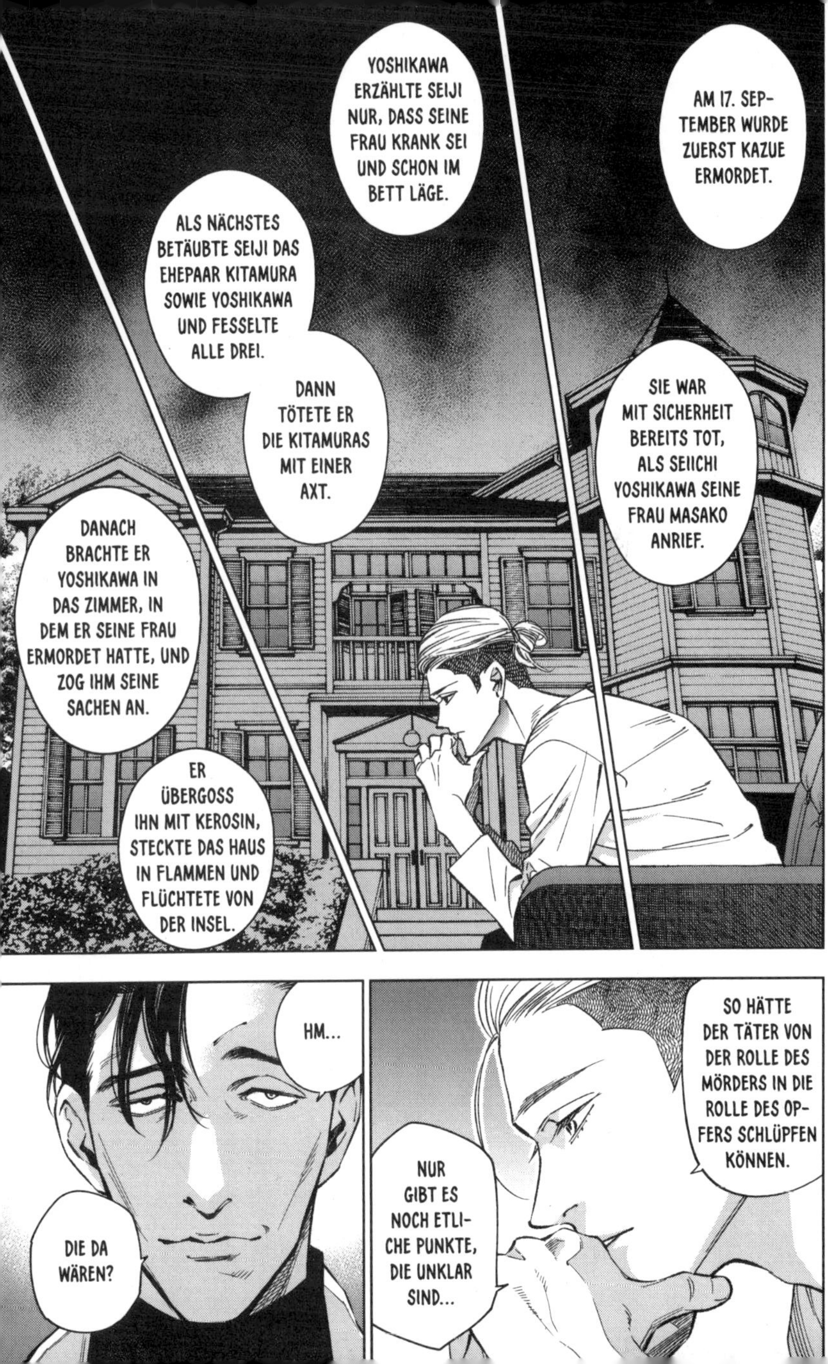
AM 17. SEPTEMBER WURDE ZUERST KAZUE ERMORDET.
SIE WAR MIT SICHERHEIT BEREITS TOT, ALS SEIICHI YOSHIKAWA SEINE FRAU MASAKO ANRIEF.
YOSHIKAWA ERZÄHLTE SEIJI NUR, DASS SEINE FRAU KRANK SEI UND SCHON IM BETT LÄGE.
ALS NÄCHSTES BETÄUBTE SEIJI DAS EHEPAAR KITAMURA SOWIE YOSHIKAWA UND FESSELTE ALLE DREI.
DANN TÖTETE ER DIE KITAMURAS MIT EINER AXT.
DANACH BRACHTE ER YOSHIKAWA IN DAS ZIMMER, IN DEM ER SEINE FRAU ERMORDET HATTE, UND ZOG IHM SEINE SACHEN AN.
ER ÜBERGOSS IHN MIT KEROSIN, STECKTE DAS HAUS IN FLAMMEN UND FLÜCHTETE VON DER INSEL.
SO HÄTTE DER TÄTER VON DER ROLLE DES MÖRDERS IN DIE ROLLE DES OPFERS SCHLÜPFEN KÖNNEN.
NUR GIBT ES NOCH ETLICHE PUNKTE, DIE UNKLAR SIND...
HM...
DIE DA WÄREN?

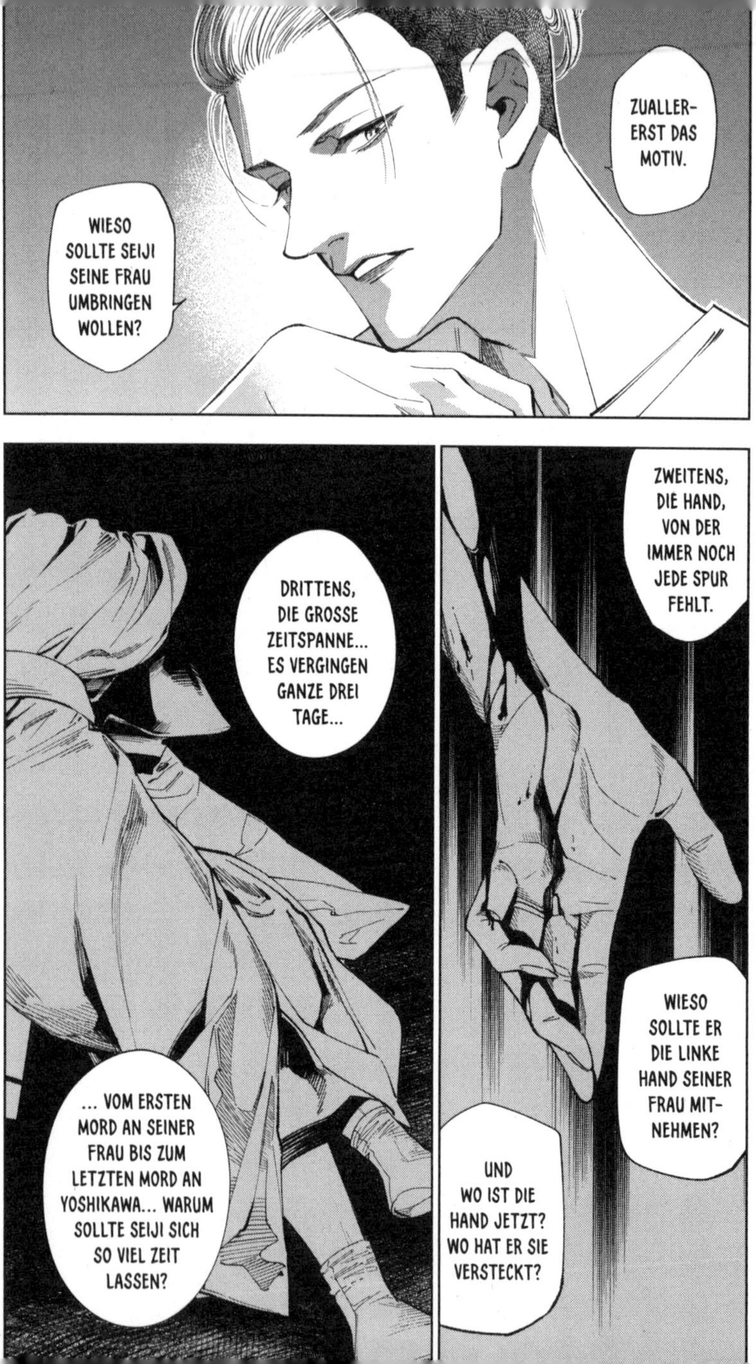
ZUALLER-ERST DAS MOTIV.
WIESO SOLLTE SEIJI SEINE FRAU UMBRINGEN WOLLEN?
ZWEITENS, DIE HAND, VON DER IMMER NOCH JEDE SPUR FEHLT.
WIESO SOLLTE ER DIE LINKE HAND SEINER FRAU MIT-NEHMEN?
UND WO IST DIE HAND JETZT? WO HAT ER SIE VERSTECKT?
DRITTENS, DIE GROSSE ZEITSPANNE... ES VERGINGEN GANZE DREI TAGE...
... VOM ERSTEN MORD AN SEINER FRAU BIS ZUM LETZTEN MORD AN YOSHIKAWA... WARUM SOLLTE SEIJI SICH SO VIEL ZEIT LASSEN?

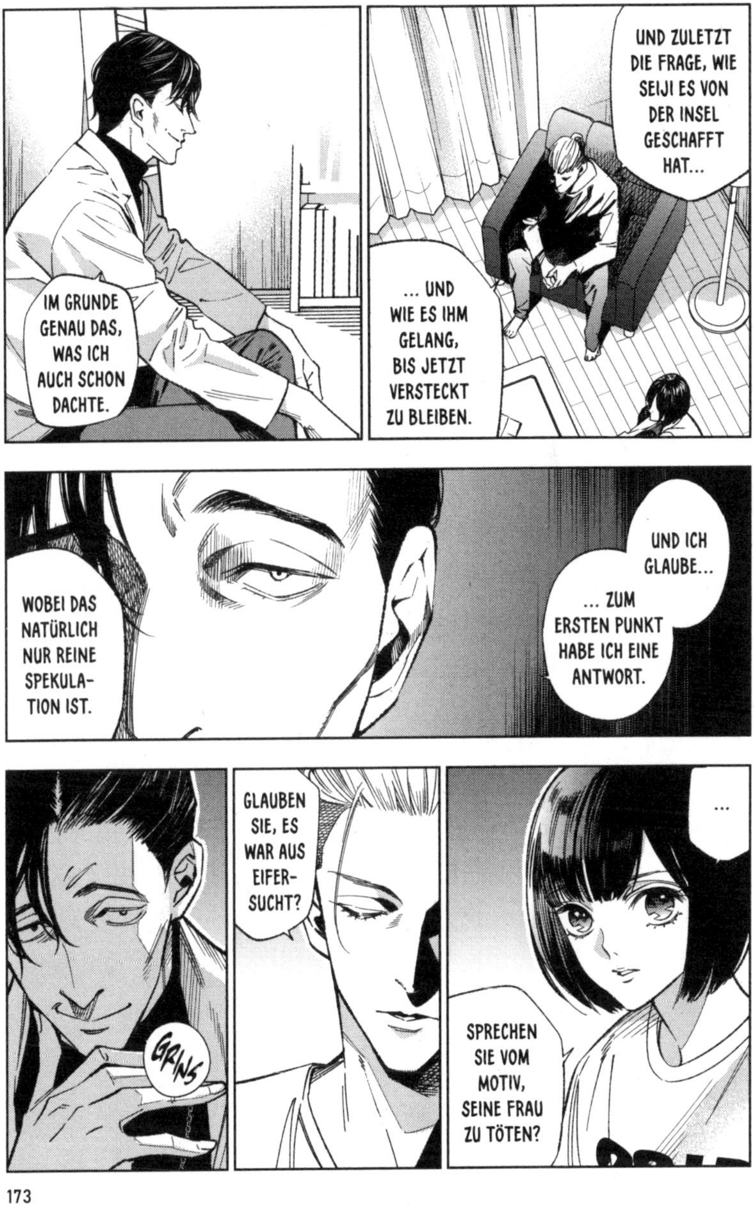
UND ZULETZT DIE FRAGE, WIE SEIJI ES VON DER INSEL GESCHAFFT HAT...
... UND WIE ES IHM GELANG, BIS JETZT VERSTECKT ZU BLEIBEN.
IM GRUNDE GENAU DAS, WAS ICH AUCH SCHON DACHTE.
UND ICH GLAUBE...
... ZUM ERSTEN PUNKT HABE ICH EINE ANTWORT.
WOBEI DAS NATÜRLICH NUR REINE SPEKULATION IST.
...
SPRECHEN SIE VOM MOTIV, SEINE FRAU ZU TÖTEN?
GLAUBEN SIE, ES WAR AUS EIFERSUCHT?
GRINS

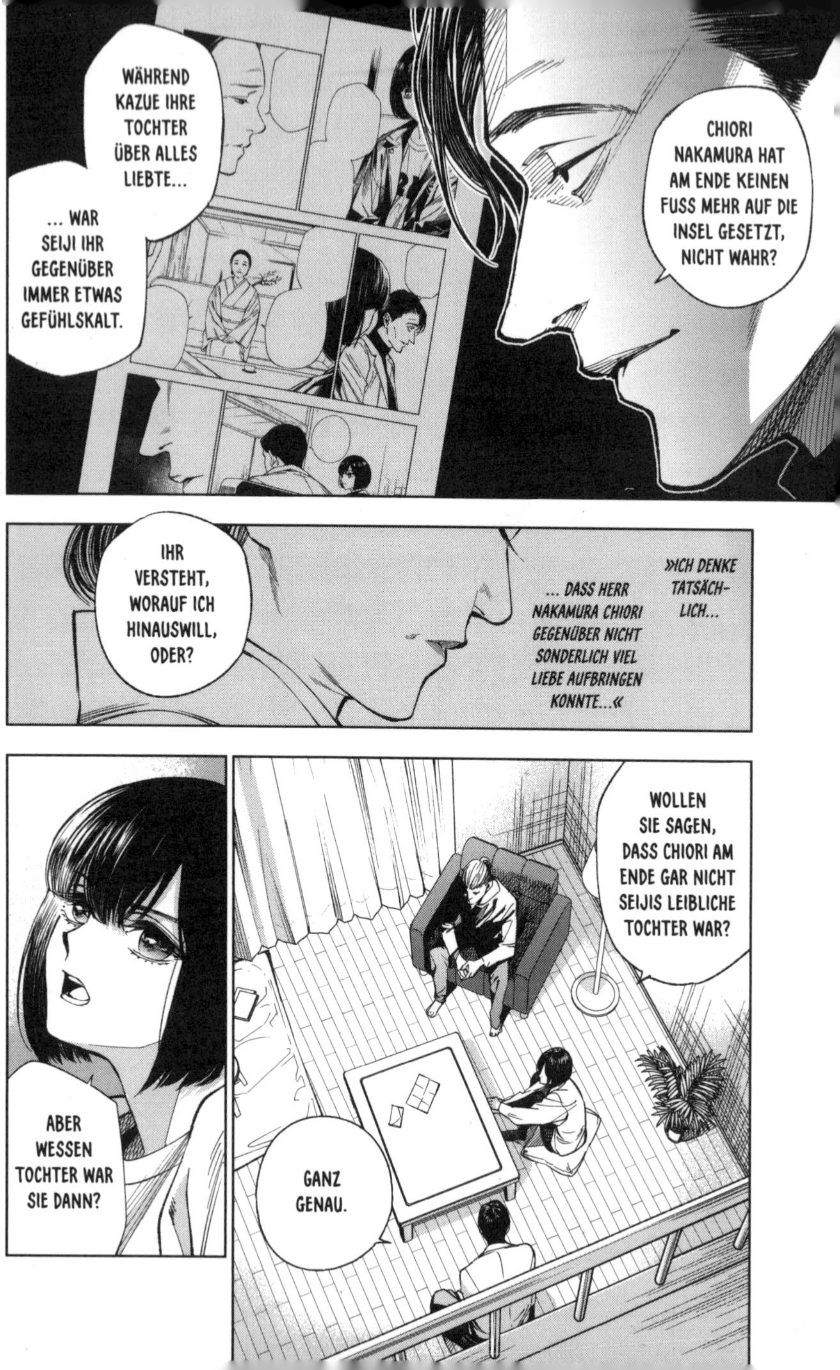
CHIORI NAKAMURA HAT AM ENDE KEINEN FUSS MEHR AUF DIE INSEL GESETZT, NICHT WAHR?
WÄHREND KAZUE IHRE TOCHTER ÜBER ALLES LIEBTE...
... WAR SEIJI IHR GEGENÜBER IMMER ETWAS GEFÜHLSKALT.
»ICH DENKE TATSÄCH-LICH...
... DASS HERR NAKAMURA CHIORI GEGENÜBER NICHT SONDERLICH VIEL LIEBE AUFBRINGEN KONNTE...«
IHR VERSTEHT, WORAUF ICH HINAUSWILL, ODER?
WOLLEN SIE SAGEN, DASS CHIORI AM ENDE GAR NICHT SEIJIS LEIBLICHE TOCHTER WAR?
GANZ GENAU.
ABER WESSEN TOCHTER WAR SIE DANN?

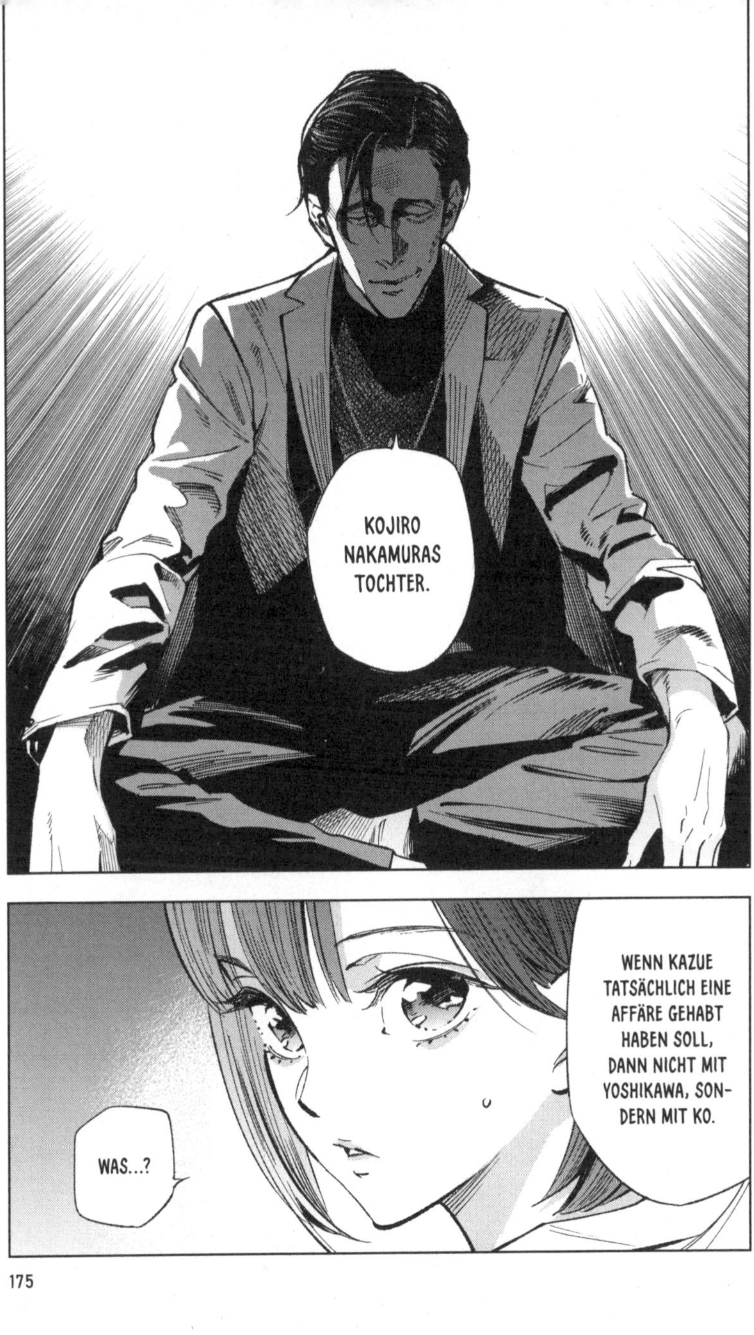
KOJIRO NAKAMURAS TOCHTER.
WENN KAZUE TATSÄCHLICH EINE AFFÄRE GEHABT HABEN SOLL, DANN NICHT MIT YOSHIKAWA, SONDERN MIT KO.
WAS...?

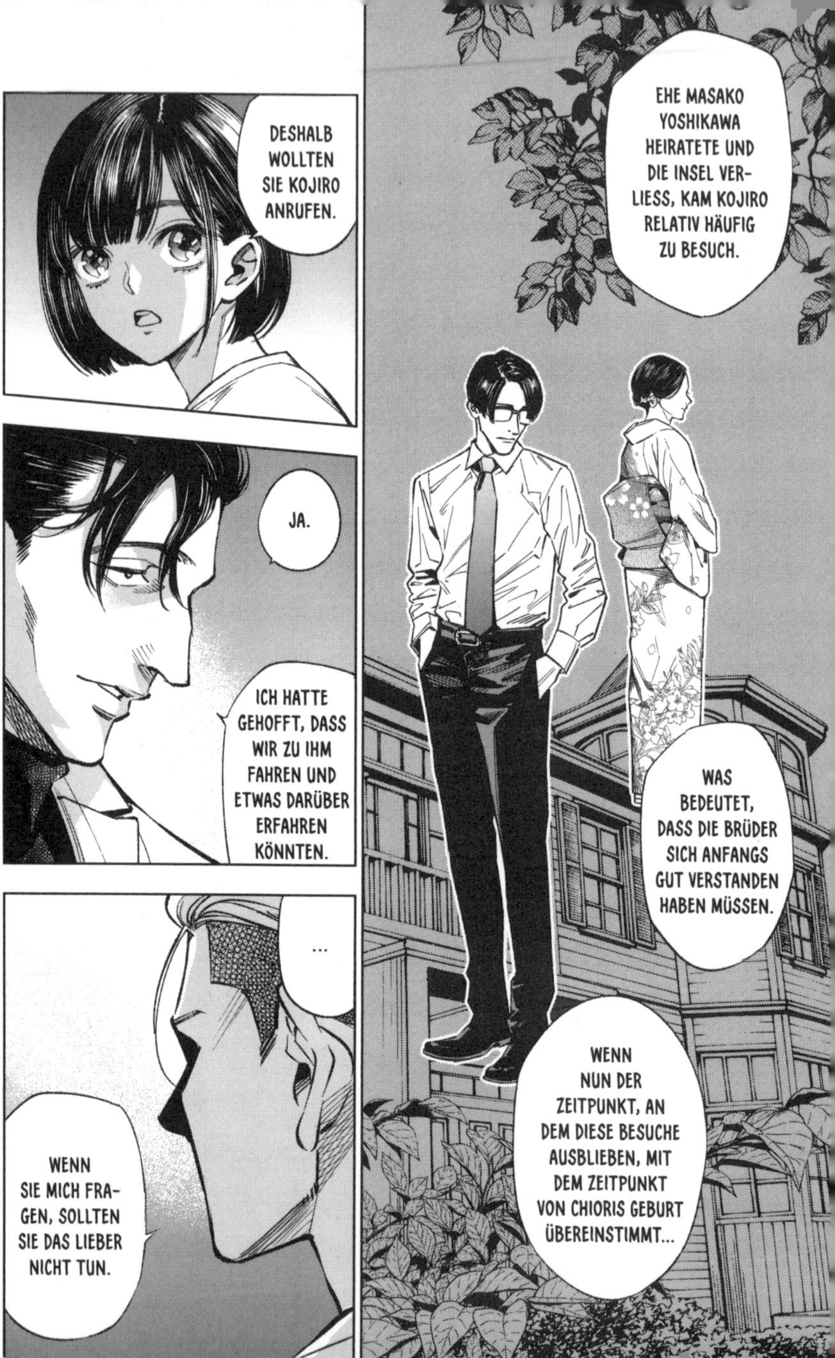
EHE MASAKO YOSHIKAWA HEIRATETE UND DIE INSEL VER-LIESS, KAM KOJIRO RELATIV HÄUFIG ZU BESUCH.
WAS BEDEUTET, DASS DIE BRÜDER SICH ANFANGS GUT VERSTANDEN HABEN MÜSSEN.
WENN NUN DER ZEITPUNKT, AN DEM DIESE BESUCHE AUSBLIEBEN, MIT DEM ZEITPUNKT VON CHIORIS GEBURT ÜBEREINSTIMMT...
DESHALB WOLLTEN SIE KOJIRO ANRUFEN.
JA.
ICH HATTE GEHOFFT, DASS WIR ZU IHM FAHREN UND ETWAS DARÜBER ERFAHREN KÖNNTEN.
...
WENN SIE MICH FRA-GEN, SOLLTEN SIE DAS LIEBER NICHT TUN.

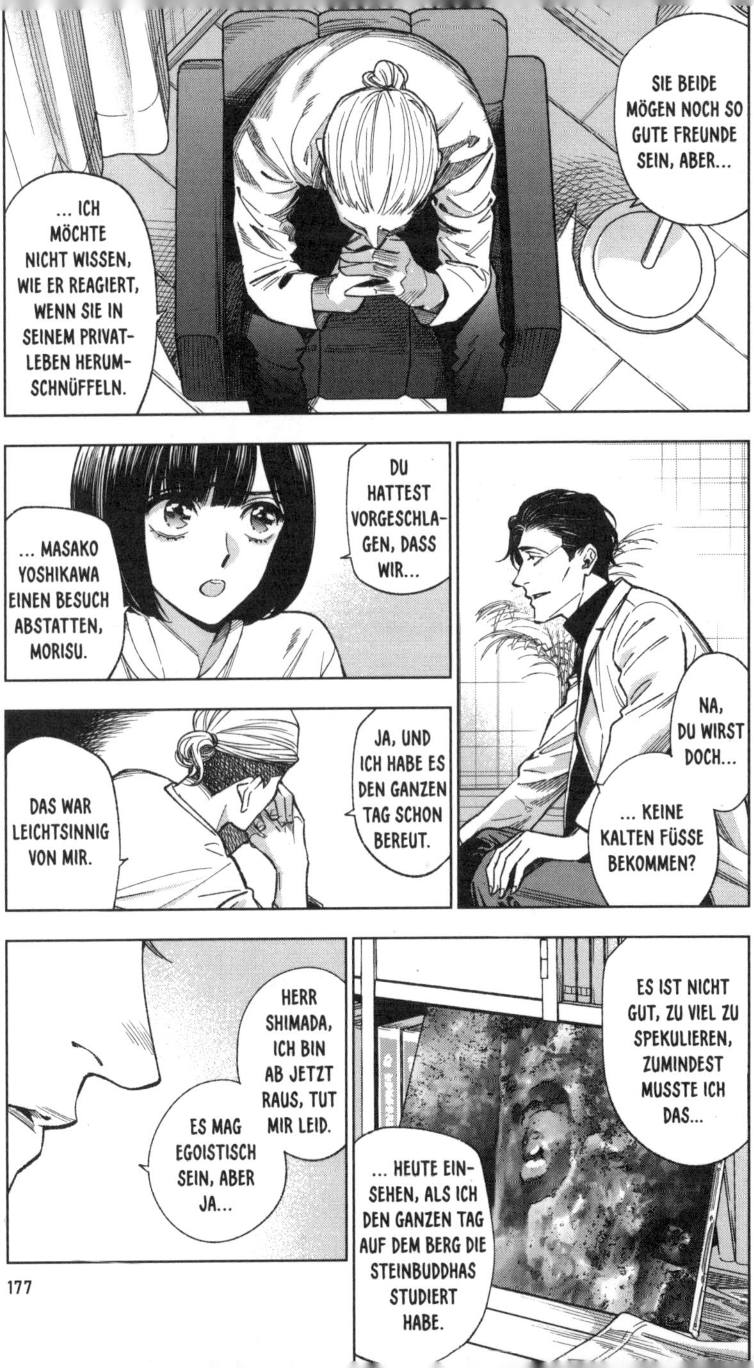
SIE BEIDE MÖGEN NOCH SO GUTE FREUNDE SEIN, ABER...
... ICH MÖCHTE NICHT WISSEN, WIE ER REAGIERT, WENN SIE IN SEINEM PRIVAT-LEBEN HERUM-SCHNÜFFELN.
NA, DU WIRST DOCH...
... KEINE KALTEN FÜSSE BEKOMMEN?
DU HATTEST VORGESCHLA-GEN, DASS WIR...
... MASAKO YOSHIKAWA EINEN BESUCH ABSTATTEN, MORISU.
JA, UND ICH HABE ES DEN GANZEN TAG SCHON BEREUT.
DAS WAR LEICHTSINNIG VON MIR.
ES IST NICHT GUT, ZU VIEL ZU SPEKULIEREN, ZUMINDEST MUSSTE ICH DAS...
... HEUTE EIN-SEHEN, ALS ICH DEN GANZEN TAG AUF DEM BERG DIE STEINBUDDHAS STUDIERT HABE.
HERR SHIMADA, ICH BIN AB JETZT RAUS, TUT MIR LEID.
ES MAG EGOISTISCH SEIN, ABER JA...

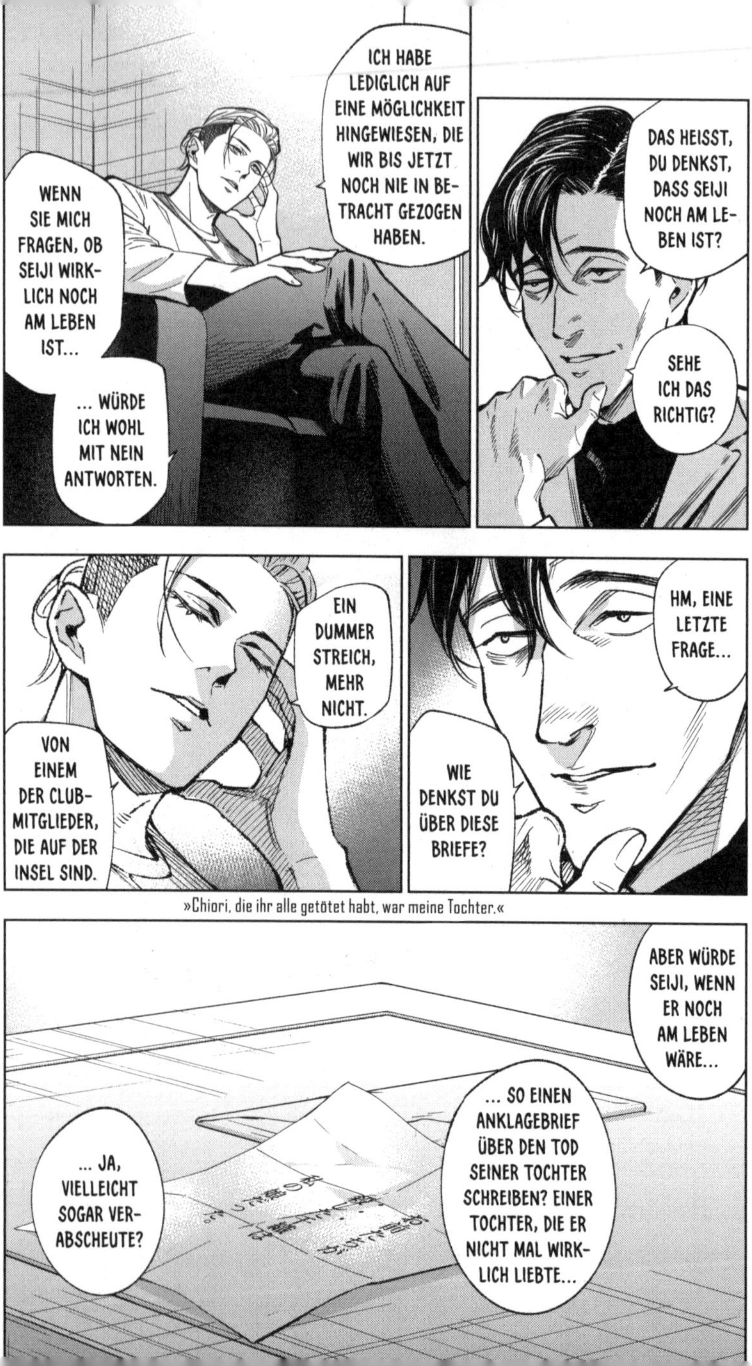
ICH HABE LEDIGLICH AUF EINE MÖGLICHKEIT HINGEWIESEN, DIE WIR BIS JETZT NOCH NIE IN BETRACHT GEZOGEN HABEN.
DAS HEISST, DU DENKST, DASS SEIJI NOCH AM LEBEN IST?
SEHE ICH DAS RICHTIG?
WENN SIE MICH FRAGEN, OB SEIJI WIRKLICH NOCH AM LEBEN IST...
... WÜRDE ICH WOHL MIT NEIN ANTWORTEN.
HM, EINE LETZTE FRAGE...
WIE DENKST DU ÜBER DIESE BRIEFE?
EIN DUMMER STREICH, MEHR NICHT.
VON EINEM DER CLUB-MITGLIEDER, DIE AUF DER INSEL SIND.
»Chiori, die ihr alle getötet habt, war meine Tochter.«
ABER WÜRDE SEIJI, WENN ER NOCH AM LEBEN WÄRE...
... SO EINEN ANKLAGEBRIEF ÜBER DEN TOD SEINER TOCHTER SCHREIBEN? EINER TOCHTER, DIE ER NICHT MAL WIRKLICH LIEBTE...
... JA, VIELLEICHT SOGAR VERABSCHEUTE?

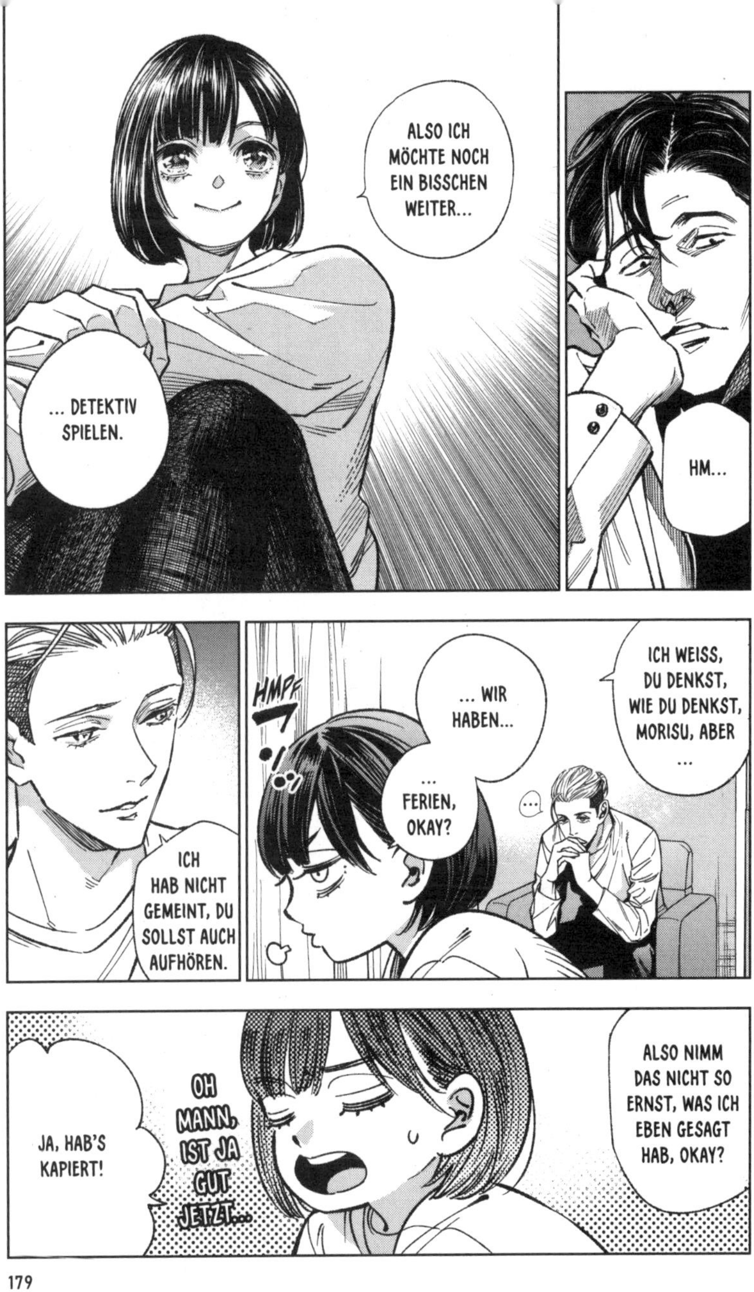
ALSO ICH MÖCHTE NOCH EIN BISSCHEN WEITER...
... DETEKTIV SPIELEN.
HM...
ICH WEISS, DU DENKST, WIE DU DENKST, MORISU, ABER ...
...
... WIR HABEN...
... FERIEN, OKAY?
HMPF
ICH HAB NICHT GEMEINT, DU SOLLST AUCH AUFHÖREN.
ALSO NIMM DAS NICHT SO ERNST, WAS ICH EBEN GESAGT HAB, OKAY?
OH MANN, IST JA GUT JETZT...
JA, HAB'S KAPIERT!

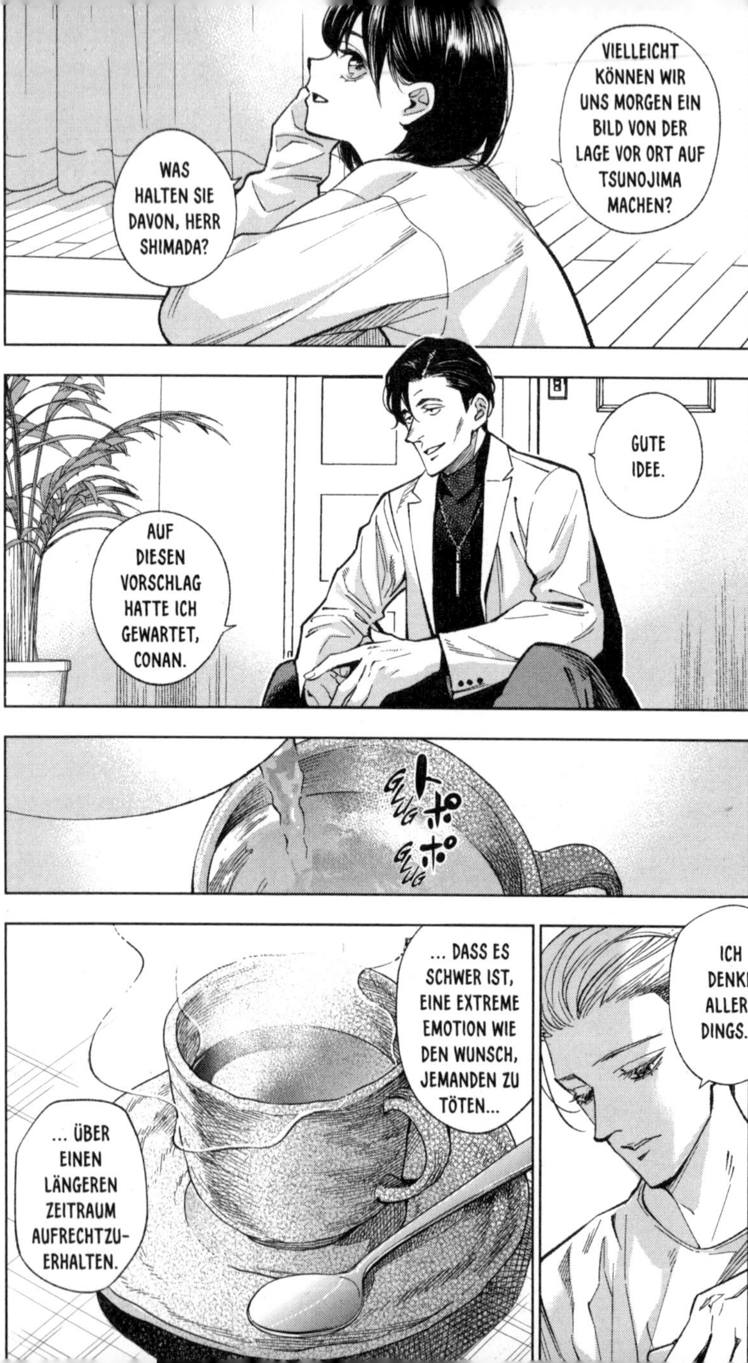
VIELLEICHT KÖNNEN WIR UNS MORGEN EIN BILD VON DER LAGE VOR ORT AUF TSUNOJIMA MACHEN?
WAS HALTEN SIE DAVON, HERR SHIMADA?
GUTE IDEE.
AUF DIESEN VORSCHLAG HATTE ICH GEWARTET, CONAN.
GLUG GLUG
ICH DENKE ALLER-DINGS...
... DASS ES SCHWER IST, EINE EXTREME EMOTION WIE DEN WUNSCH, JEMANDEN ZU TÖTEN...
... ÜBER EINEN LÄNGEREN ZEITRAUM AUFRECHTZU-ERHALTEN.

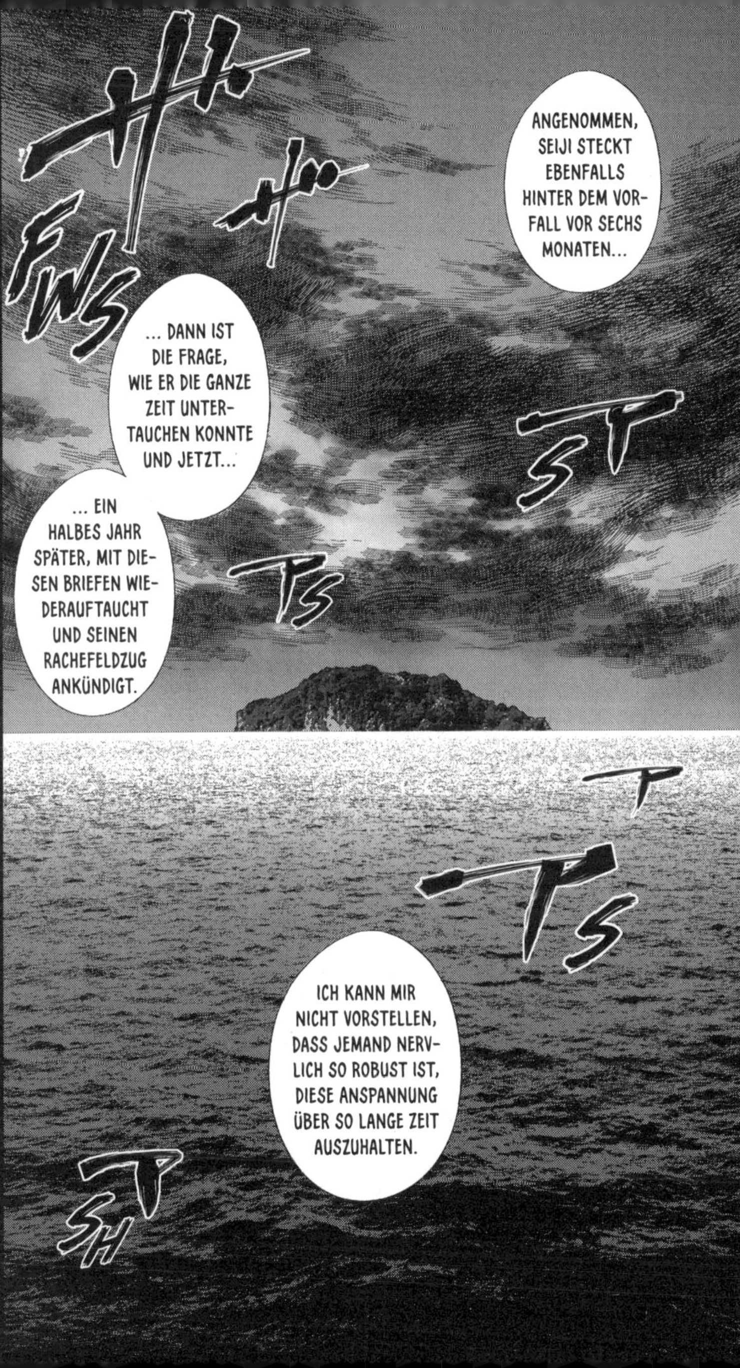
ANGENOMMEN, SEIJI STECKT EBENFALLS HINTER DEM VORFALL VOR SECHS MONATEN...
... DANN IST DIE FRAGE, WIE ER DIE GANZE ZEIT UNTERTAUCHEN KONNTE UND JETZT...
... EIN HALBES JAHR SPÄTER, MIT DIESEN BRIEFEN WIEDERAUFTAUCHT UND SEINEN RACHEFELDZUG ANKÜNDIGT.
ICH KANN MIR NICHT VORSTELLEN, DASS JEMAND NERVLICH SO ROBUST IST, DIESE ANSPANNUNG ÜBER SO LANGE ZEIT AUSZUHALTEN.

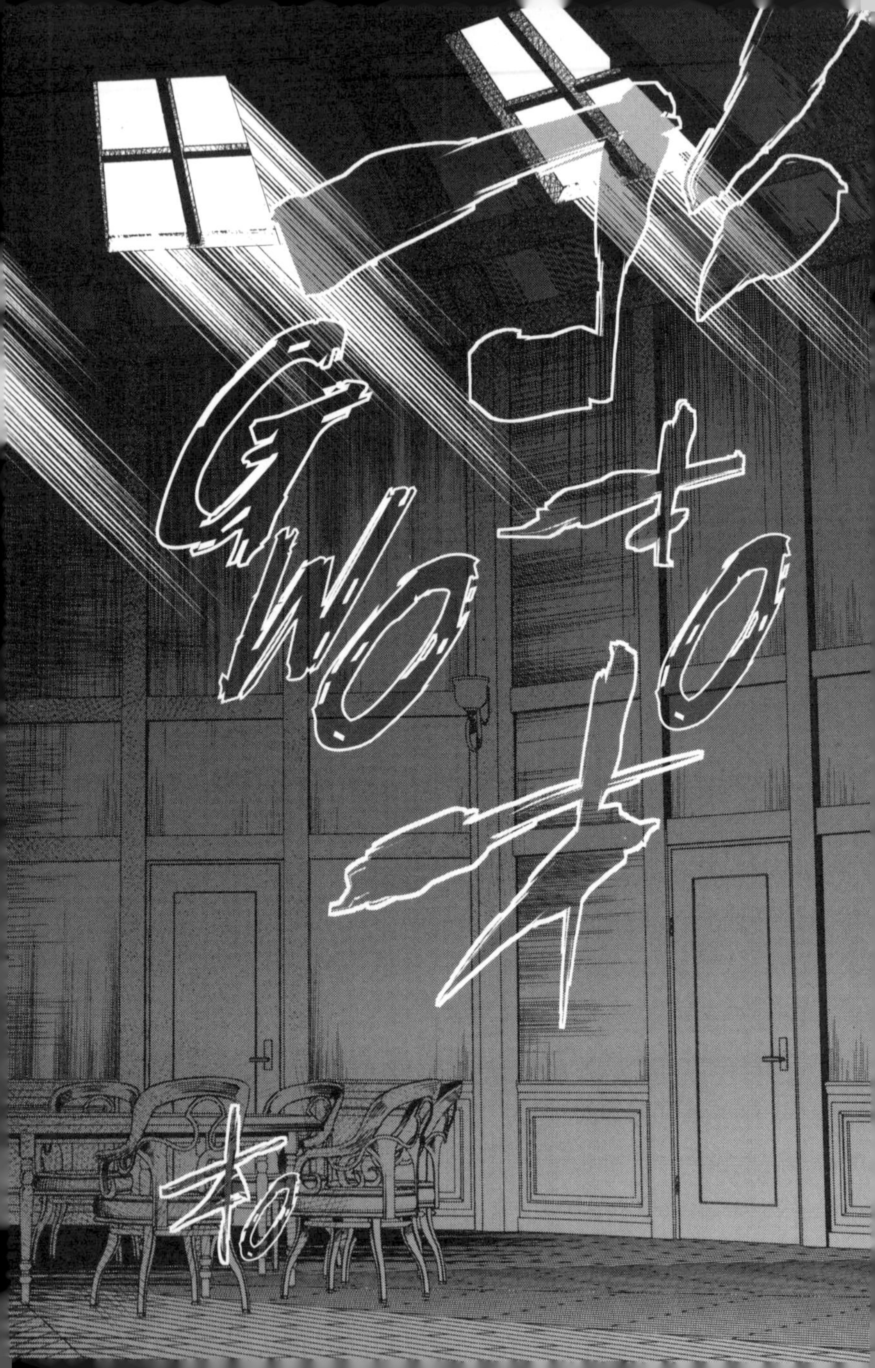

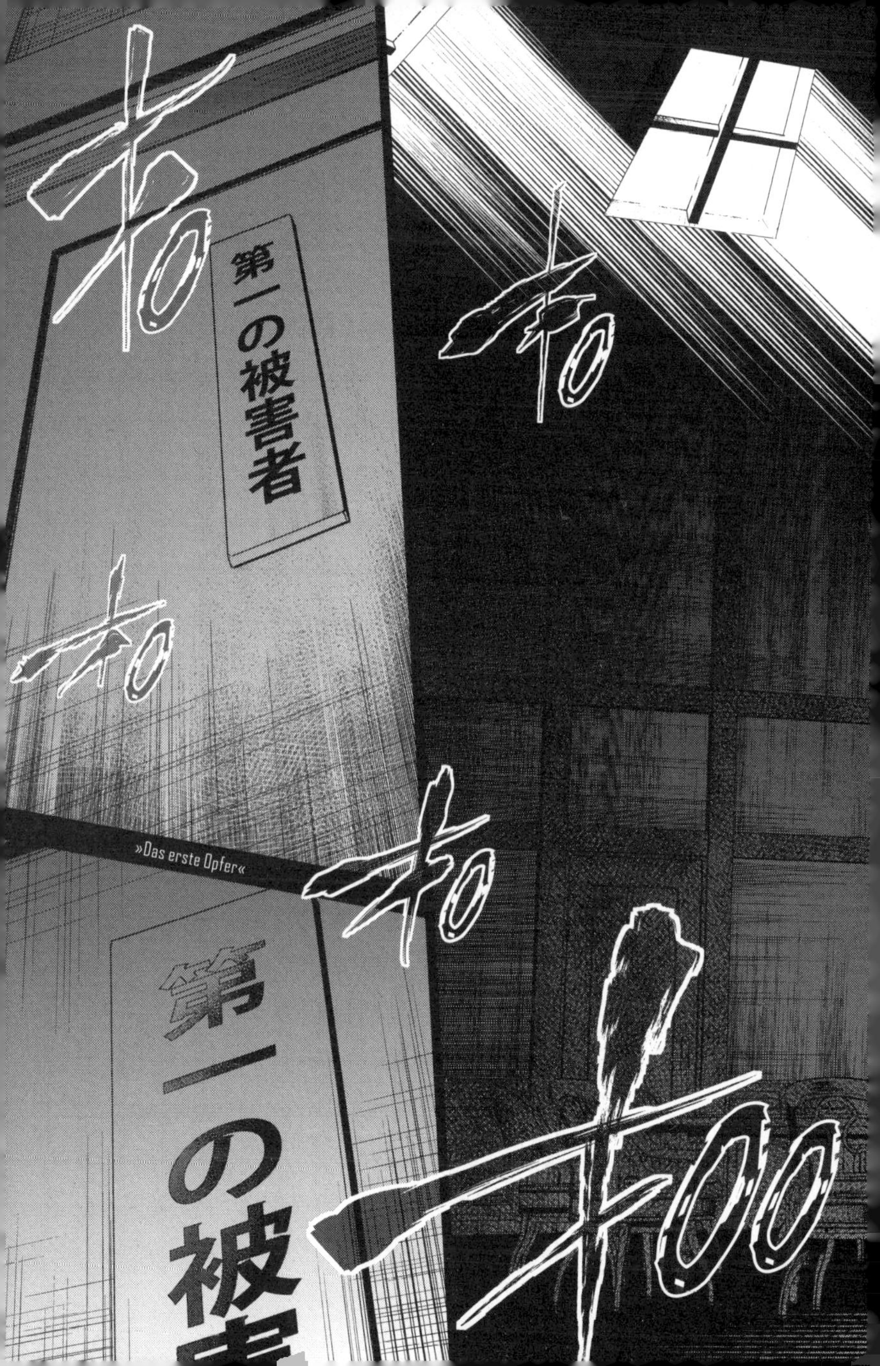
第一の被害者
»Das erste Opfer«
第一の被

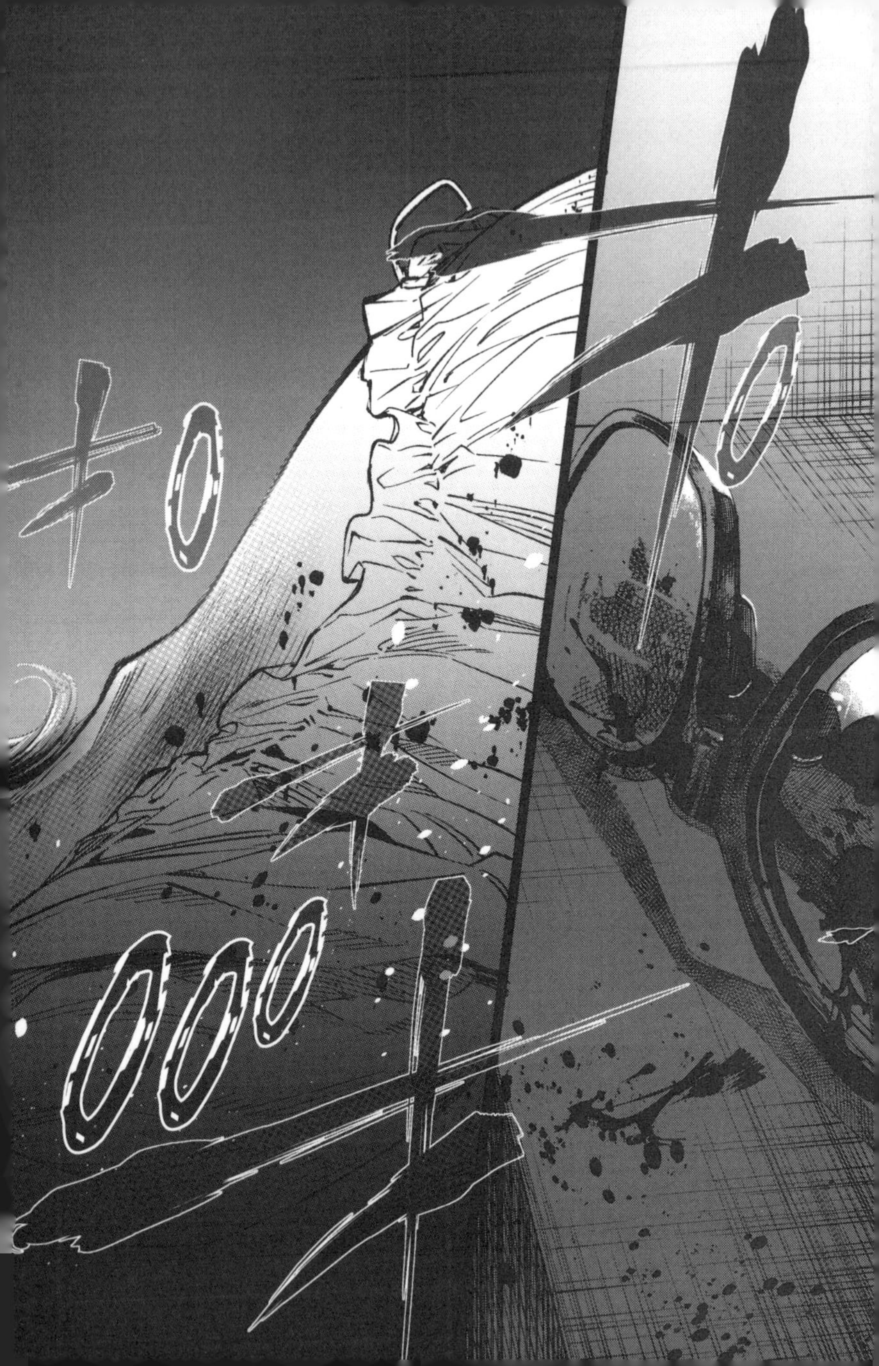

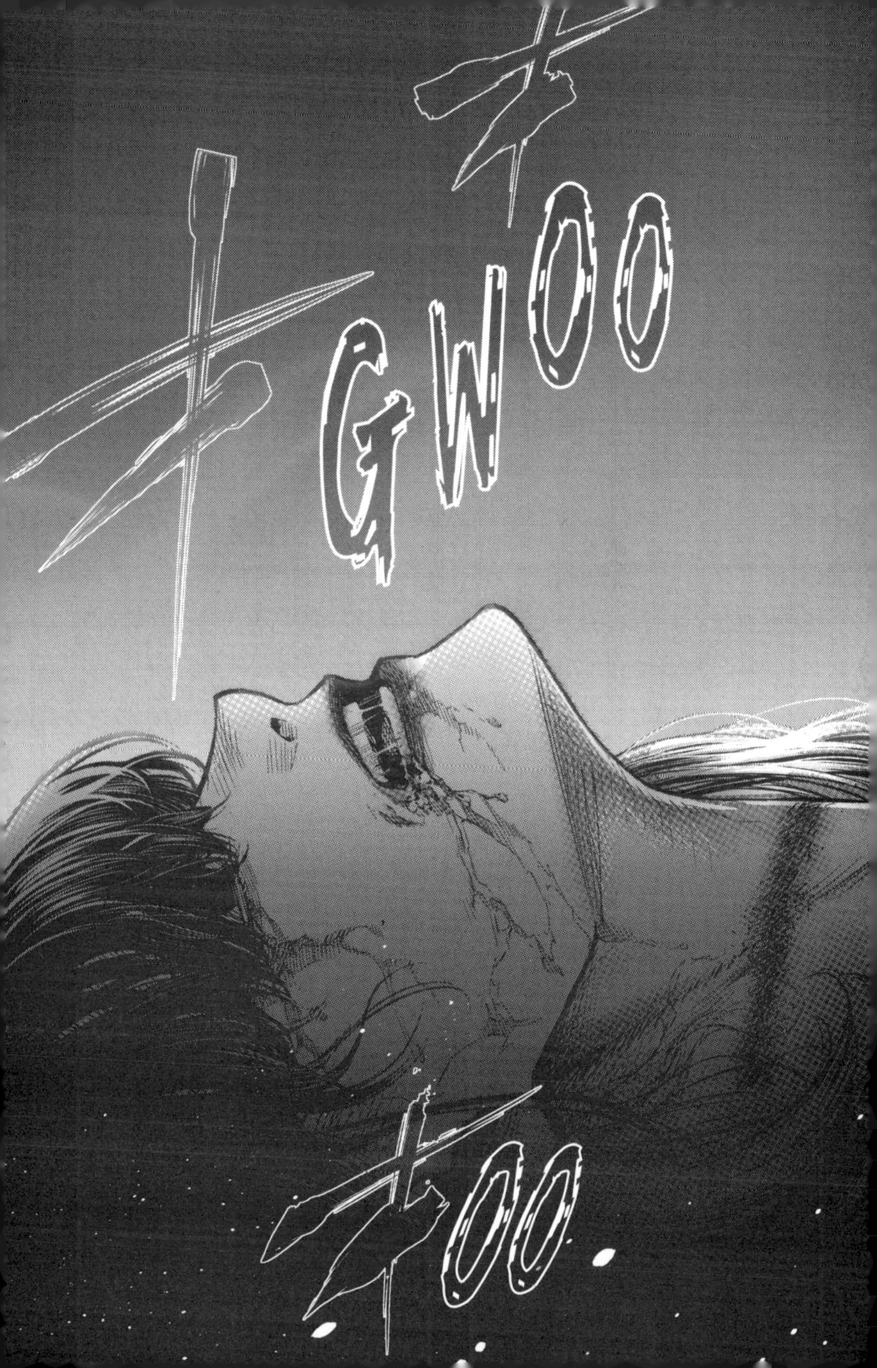
GWOO
OO

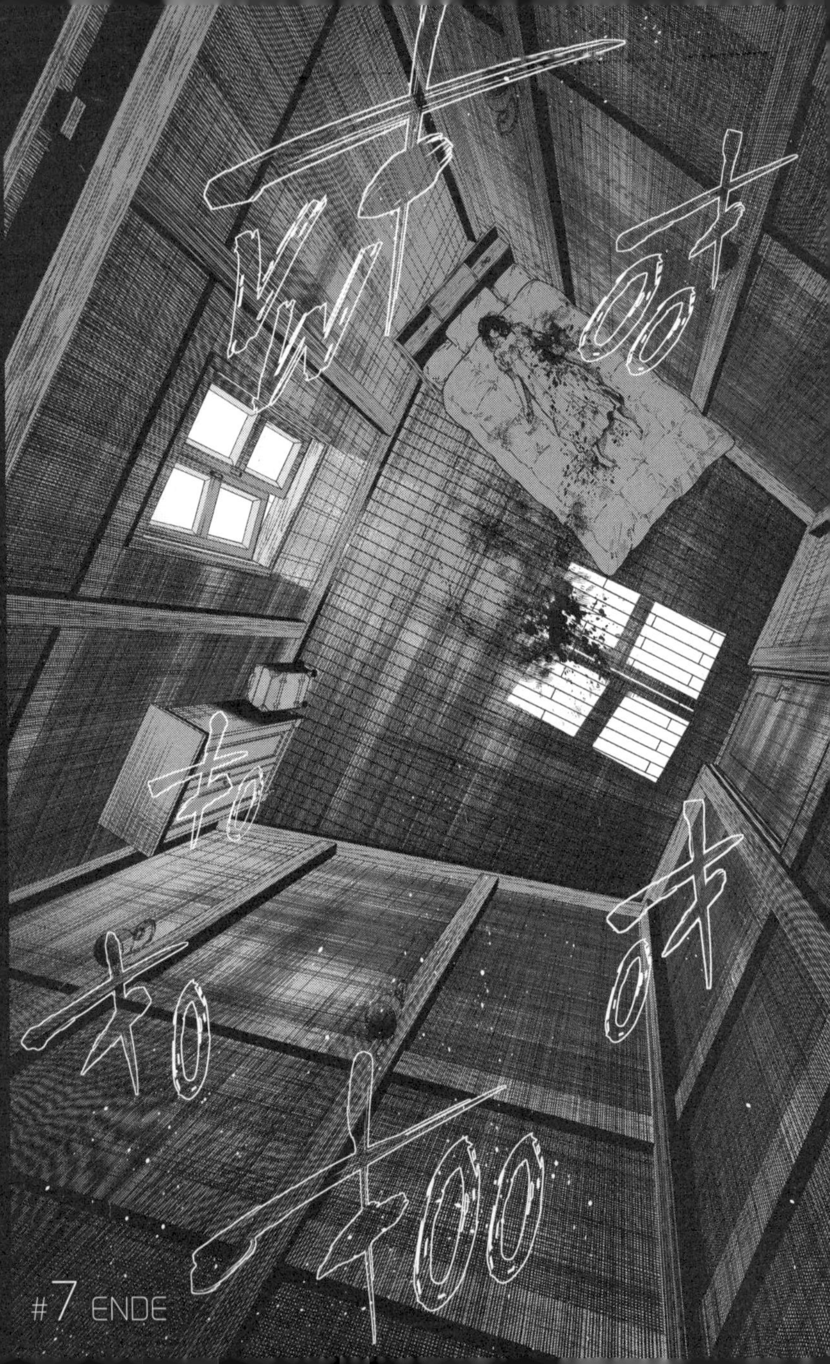
#7 ENDE

MORD IM DEKAGON

[Poe]

Medizinstudent im vierten Jahr
an der K.-Universität, 22 Jahre alt,
182 cm. Sieht älter aus, als er ist. Leiter des
Mystery- und Krimi-Clubs. Kennt
Orczy seit seiner Kindheit.

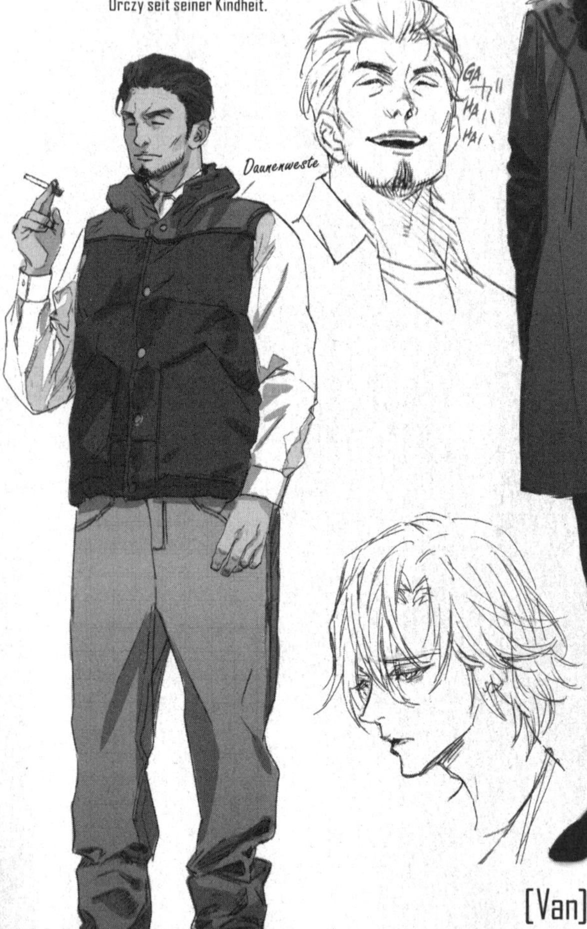

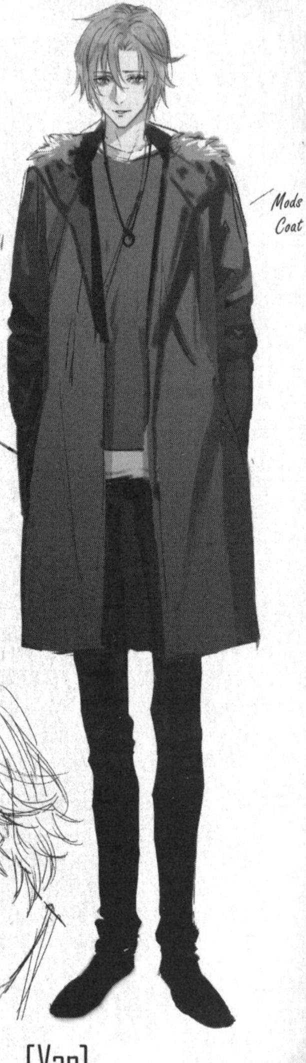

[Van]

Physikstudent im dritten Jahr an der
K.-Universität. 21 Jahre alt. 175 cm. Hat eine etwas
strenge, aber auch launische Persönlichkeit. Fühlt
sich momentan unwohl. Relativ vernünftig im
Vergleich zu den vielen Exzentrikern im Club.

Mord im Dekagon

4-Bilder-Theater

Story: Yukito Ayatsuji Manga: Hiro Kiyohara

Carrs Akribie

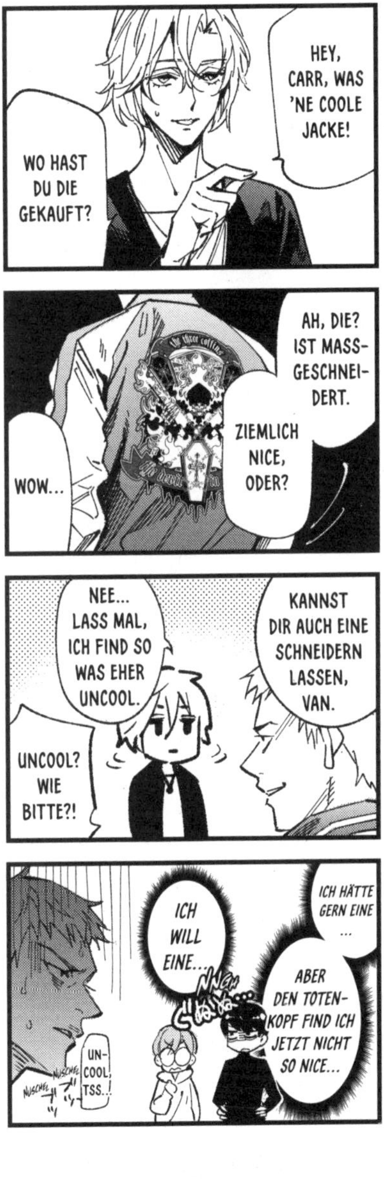

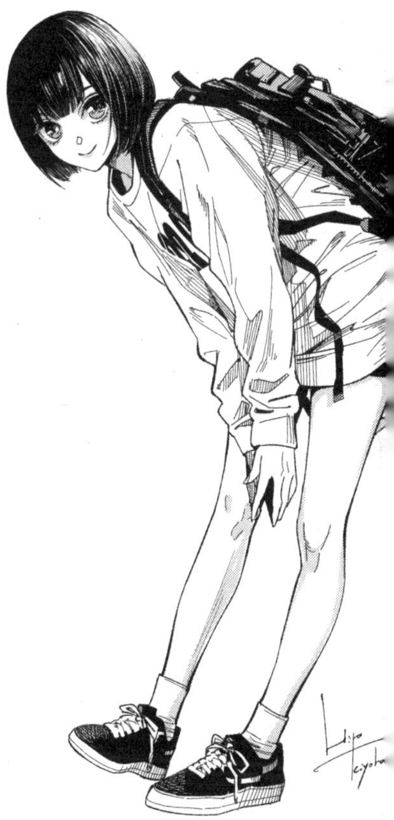

Wenn's fertig ist, bin ich fertig

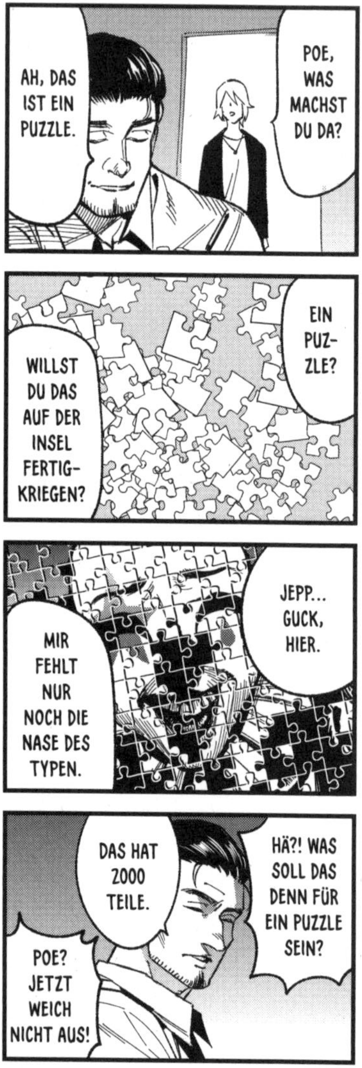

Etwas frühreif, hm?

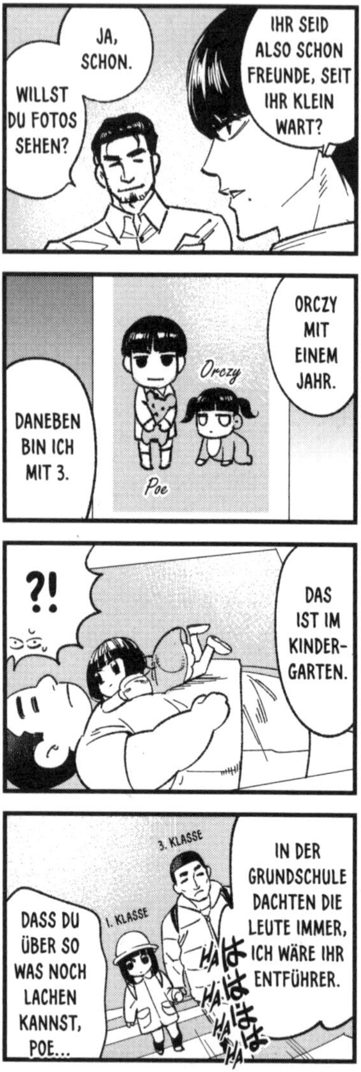

Agathas Schwermut ①

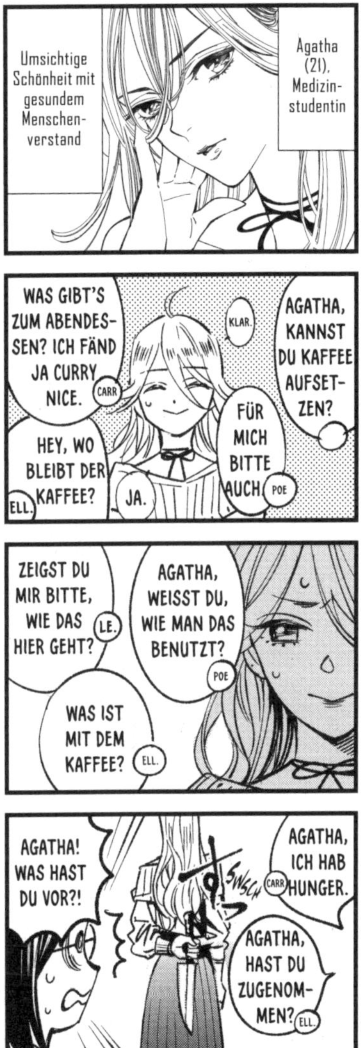

Agathas Schwermut ②

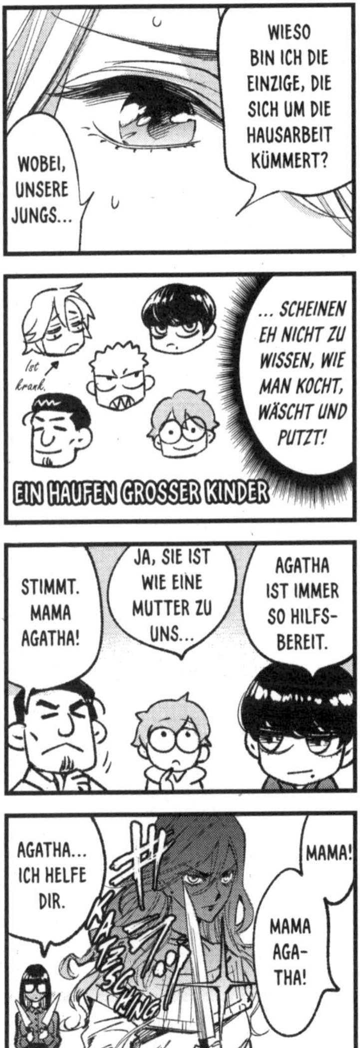

Du siehst ja nur süß aus…

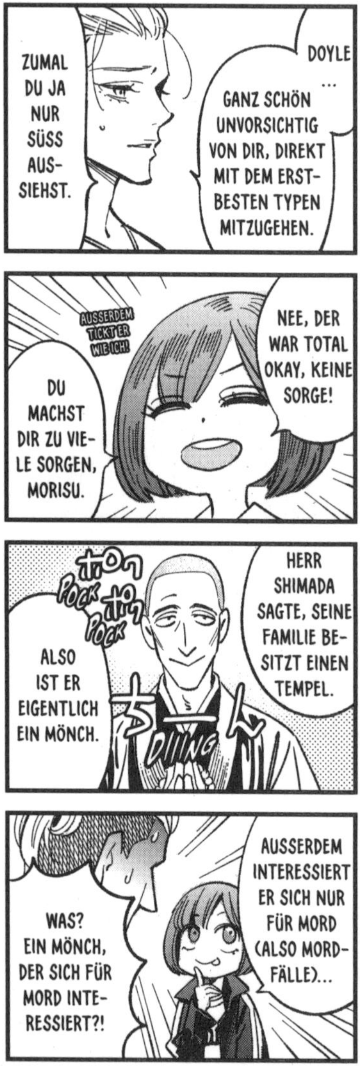

Liebe, Schmerz und Elend

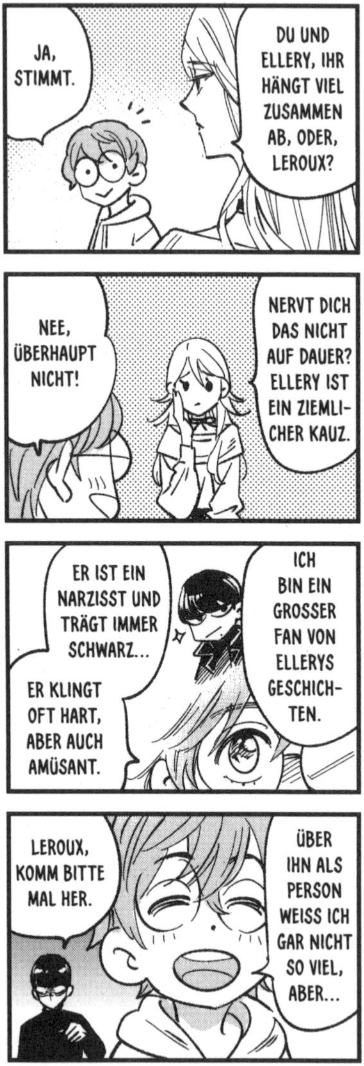

Nie und nimmer

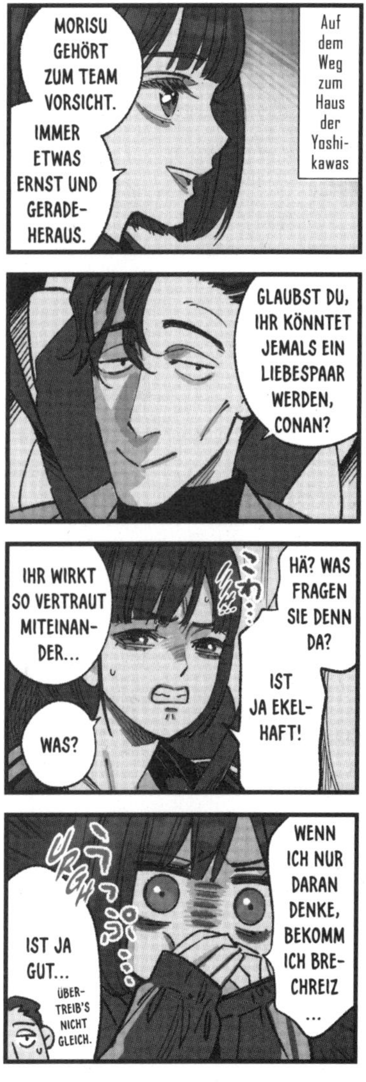

Voll der Nerd

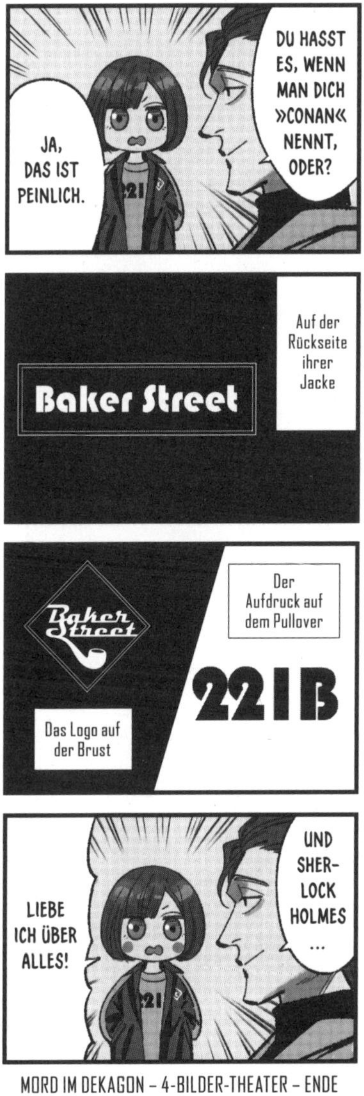

MORD IM DEKAGON – 4-BILDER-THEATER – ENDE

Ermordet.
Erwürgt.

Bist du sicher, dass du der Einzige bist, den man nicht töten kann? Nur ein Mörder kann sich da so sicher sein.

Nun, da »das erste Opfer« bittere Realität wurde, bleibt den Mitgliedern des Krimi-Clubs keine andere Wahl, als in den eigenen Reihen nach dem Mörder oder der Mörderin zu suchen.

Unterdessen verfolgen Kawaminami und Shimada auf dem Festland das Rätsel rund um Seiji Nakamuras Brief. Sie machen sich auf den Weg nach Tsunojima, um dem Ursprung des Mysteriums auf die Spur zu kommen.

Die Leiche war ab dem linken Handgelenk verschwunden.

Das Meer beginnt zu verblassen. Conan steht auf einer Böschung und beobachtet den Schatten der Insel, der vage mit dem Meer zu verschmelzen scheint.

MORD IM DEKAGON #2

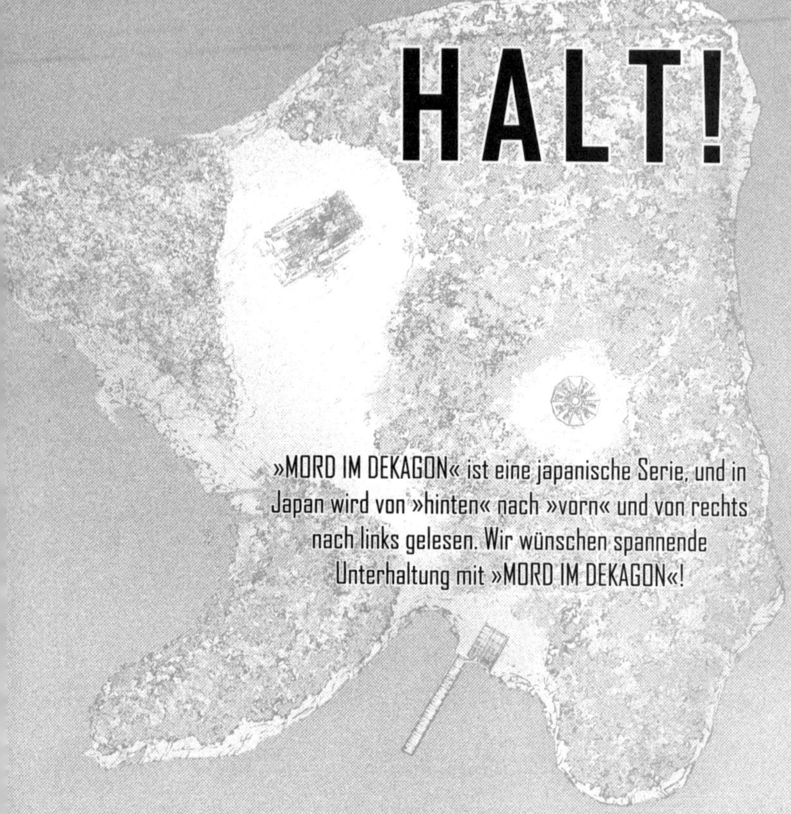

HALT!

»MORD IM DEKAGON« ist eine japanische Serie, und in Japan wird von »hinten« nach »vorn« und von rechts nach links gelesen. Wir wünschen spannende Unterhaltung mit »MORD IM DEKAGON«!

CARLSEN MANGA
Deutsche Ausgabe/German Edition

Aus dem Japanischen von Martin Gericke

First published in Japan in 2019 by Kodansha Ltd., Tokyo
Publication rights for this German edition arranged through Kodansha Ltd.
Redaktion: Petra Lohmann • Produktionsmanagement: Tobias Hametner

ISBN: 978-3-551-80044-2